他知道少女具有一种堪称决定性的力量。
他从她眼睛里、嘴唇上和皮肤上得到的东西，
不仅是一种幸福的允诺。

写作是宿命。而少女是他的文学水妖，
他的爱欲之火，他的生命之光，
他生命中一连串的失败与灵感。

Kafka et les jeunes filles

一页 folio

始于一页,抵达世界

卡夫卡与少女们
KAFKA ET LES JEUNES FILLES
Daniel Desmarquest

[法]达尼埃尔·德马尔凯 著

管筱明 译

北京联合出版公司
Beijing United Publishing Co.,Ltd.

献给 M.

为了弗兰茨和埃莱娜

"我在天使中间有个女友。"

卡夫卡,《美国》

代译序

卡夫卡：一只毁灭少女的文学「螳螂」

管筱明——文

    2002年，法国当代作家达尼埃尔·德马尔凯的《卡夫卡与少女们》甫经问世，就受到读者和批评界的热烈欢迎，好评如潮，以至于当年法国著名文学大奖美第奇奖把"ESSAI"奖授予了这部作品。按照通常的译法，ESSAI应该译作散文、随笔或者评论。然而，这部作品却是个四不像，既非传统意义上的传记，亦非论著，说它是散文或随笔也有点牵强，似乎都靠得上，又都靠不上。依愚见，不如新设一个名词，叫作"专题传记"来得恰当。

    近百年来，以卡夫卡为题材或者传主的作品，世界上出版的恐怕不下数百部。优秀的肯定不少。而达尼埃尔·德马尔凯这部作品之所以能脱颖而出，受到欢迎，除了优美动人的文笔，翔实可信的材料，也许还要归功于作者选择了一条与众不同的叙述路径，也就是从"少女们"这条线索，来探究卡夫卡的内心世界与文学创作。全新的角度，全新的路径，自然表现的也就是一个全新的卡夫卡，一个从未为人所知的卡夫卡。尤其要指出的是，作者并不为尊者讳，在表现卡夫卡对文学近乎病态的热情的同时，给我们展现的是一个与我们印象中不同的卡夫卡，一个病态的卡夫卡，一个像魔鬼一样折磨人、折磨少女们的卡夫卡。作者曾写过四部长篇小说，小说家的修养非常深厚，因此，他可以说是以小说家的才华、眼光、体会和分析，带领我们深入到卡夫卡的私生活世界，一个既让人反感却又吸引人的世界，一个生理和心理皆残缺不全之人，在生活中苦苦挣扎，不断与焦虑、疾病、幻想作斗争，同时又想尽法子伤害恋人，以此求得安慰与力量的畸形世界。

据作者叙述，卡夫卡是个十分喜欢少女的人。从书中的描写来看，卡夫卡短暂的一生中与异性的交往，似乎也主要体现在他与少女们的关系上面。他十分喜欢法国作家福楼拜的长篇小说《情感教育》，把它当作枕边书，其主要原因之一，就是他和书中的主人公弗雷德里克·莫罗有个共同的雅好：喜欢单纯懵懂、完好无损的少女。他每天都要上街散步，其实就是为了去看漂亮的少女，去闻她们的芳香，去享受与那些衣着时尚、打扮艳丽的少女擦肩而过的快乐。从街上回来以后，他的心就踏实了，焦虑就暂时消失了，就可以安稳地睡上一觉，或者熬一通宵，写出作品。可以说，他患有某种"少女饥渴症"。

《卡夫卡与少女们》就抓住这个重点和特点，以卡夫卡短暂而不幸的一生为经，以他人生旅途上遇到的众多少女为纬，结构出一部不同凡响的作品。作者把描写的重点放在那些与卡夫卡长期保持通信联系，在情感交流上更密切、更曲折的少女身上，如菲莉斯、格蕾特、尤莉叶、冈策、朵拉等。除了外面的少女，卡夫卡的三个妹妹，尤其是奥特拉，也给他带来了芬芳的少女气息，以及难得的亲情。作者在这方面没有吝惜笔墨。与卡夫卡来往较多的女子，只有一个是结了婚的，这就是才华横溢的文学翻译、专栏作家密伦娜。不过卡夫卡却是把她当作少女对待的。他曾在一封信里对密伦娜说："在我眼里，你不是妇人，还是个少女。我还没见过有哪个少女比你更像少女。"

这些女子正当妙龄，青春似火，情感热烈，对未来充满希望，对人生充满幻想，每一个都像一朵盛开的鲜花，或像一首秾纤的小诗。有她们在身边点缀，卡夫卡的日子应该过得姹紫嫣红，幸福美满。可是，卡夫卡在这方面，却有自己的怪癖。他喜欢见到少女，并不是渴望与她们肌肤相亲，享受现实的欢乐，而是满足于给想象提供养料，品味梦中的甜蜜。他与少女们交往，往往只是一面之缘，很少要求再次相见，只是靠通信来往，以文字来表达情愫。他是怕少女们在面谈中发现他的窘迫，感到他的不安。一般卡夫卡与少女通信，总是要求对方寄照片，而且要童年的照片。他拿着这些照片私下里不时地欣赏，从中感受慰藉，获取力量。因此，他与少女之间的交往，主要的方式就是索取和交换照片、书信往来。

卡夫卡患有肺结核，这样的人，尤其是这样的艺术家，一般都才华横溢，性格内向，阴郁孤僻，情绪冲动，如波兰钢琴家肖邦、俄罗斯作曲家柴可夫斯基、我国作家蒋光慈等都是如此。卡夫卡这种心理状态，表现在男女关系上，则像是患有"爱情恐惧症"（能否这样称呼？），害怕接近异性，不敢面对面地与异性打交道。从书中的描写来看，他与女性的初次接触似乎还算容易，但是继续深入交往却十分艰难。因此他一般不主动去看人家，也不同意人家来看自己。即使有些时候推不掉，他同意在布拉格、维也纳、柏林，或者在疾病迫使他住进的疗养院里接待来看他的少女，但往往也是场面尴尬，气氛紧张，最后不欢而散。对于特别喜欢的姑娘，他有时虽同意去外地见面，甚至发生更亲密的关系，但结果总是灾难性的。由于不好客，待人冷漠，他自然也得不到别人的热情对待，就连与他相恋长久，已经宣布订婚的女友对他也十分冷淡，随他来去，既不迎接也不送行。

他的"爱情恐惧症"还体现在他对性关系亦抱有反感，一生都在婚姻的门口徘徊又逃跑。他到威尼斯旅游时说过一句"名言"："我要是想让自己恶心，只消想象与一个女人在一起，并且用手揽着她的腰肢。"他有好几次曾经试图结婚，比如与柏林姑娘菲莉斯就先后两次订婚，但他随之又发出感叹："这下我成了什么人！我会把她折磨死的。我自己一辈子也不会安生!"于是两次都在迈入婚姻的最后关头逃跑,把人家扔在屈辱与难堪之中,让她备受折磨。他与布拉格的鞋帽女工尤莉叶也曾试图结婚。结婚预告发出去了,举行婚礼的日期定好了,房子看好了,家具也买下了,可到最后一刻,卡夫卡却是一走了之。

其实,卡夫卡这种类型的病人有不少。通过折磨别人来折磨自己,或者用别人的痛苦来缓解自己的痛苦,并不是只有天才人物才有的怪毛病。世界上许多不幸的病人以阴郁的乐趣来滋养自己的不幸。他们通过粗暴或不良的行为把自己的苦难扩大成众人的苦难。卡夫卡既然也有这种毛病,折磨那些少女,把自己的不幸扩大为她们的不幸,也就是自然而然的事情。因此从书中的叙述来看,不论是菲莉斯还是尤莉叶,是格蕾特还是别的无名女子,都为卡夫卡作出了巨大牺牲,为自己的错觉付出了惨重代价。

然而卡夫卡并不是恶人,也不是性虐待狂,他只是一个有着强烈的主观意志和独特精神追求的病人。而且他自己也是疾病的牺牲品,一辈子都在孤独和不幸中度过。他折磨少女,虽然让她们也跟着自己一起不幸,却并没有为自己获取快感,或者缓解自己的痛苦。但是他毕竟还是从少女们身上得到了一种东西,这就是,支持他文学创作的力量,滋养他的作品的素材。他这么做,从主观上说,是疾病使然,从客观上说,则是为了一个高尚的追求。不管是有意还是无意,他是把自己的不幸,还有别人的不幸，都当作创作时必不可少的材料。他把自己为人之幸福的希望整个儿奉献给了一个残酷的神，一个名叫文学的神。

其实，卡夫卡并不是不通人情，不谙世事。每遇到一个新的少女，他总要在为人之幸福与写作之渴望间作一番权衡。可是每次较量，都是写作获胜。因此，从卡夫卡与少女们交往和恋爱的一连串失败中，诞生出一批非同凡响的长篇与短篇小说：与菲莉斯断情后，诞生了《审判》；与密伦娜断情，则催生了《城堡》。而本书提到的少女，我们都可在《美国》和卡夫卡的其他作品里看到她们或清晰或模糊的身影。

本书作者达尼埃尔·德马尔凯认为，卡夫卡之所以执意地追求少女，并且像"落水遇险的人那样不顾一切地抱住碰到的漂浮物，那是因为他知道少女具有一种堪称决定性的力量"。卡夫卡梦寐以求的是那种纯洁的、喜欢沉思的少女。其实他需要的并不是那份纯洁，而是她的魅力和引力。他要求少女助他抵达写作的福地，给他以创作的力量。他要借助被少女唤醒的欲望，来打开写作的大门。因此，对于卡夫卡的文学创作，少女不仅是灵感，是素材，而且是力量。

据说，螳螂这种昆虫，会把配偶吃掉，以给新生的后代提供营养。从这个意义上说，卡夫卡难道不像一只文学界的"螳螂"，通过毁灭与他交往、相恋的少女来为自己的作品提供灵感和素材？

只有最后一个少女，命运才好一点。这个少女名叫朵拉。并非因为长得天姿国色，或者有什么异禀，她才逃脱卡夫卡的折磨，而是因为这时卡夫卡已经身患重疾，身体极为虚弱，需要的是照料与安慰，而不再需要灵感和素材，因此也就无需亦无法折磨少女了。他最后死在朵拉的怀抱里，死在迟来的浪漫精神之顶点。

第六章	魏玛条约	085
第七章	赌一局	115
第八章	唯有这是爱情	153
第九章	披毛皮披肩的少女	163
第十章	血、泪与少许蜜糖	177
第十一章	我的妹妹，我的女友	219
第十二章	被点燃的年轻姑娘	253
第十三章	在天使的注视下	271
第十四章	波莫瑞的女园艺师	317
第十五章	在幸福门口	341

目 录 Contents

代译序 卡夫卡：一只毁灭少女的文学「螳螂」　　i

第一章 弗兰茨与卡夫卡　　001

第二章 就像林中迷路的孩子　　015

第三章 给K.的奏鸣曲　　027

第三章 字母Z　　041

第四章 白裙与怜悯　　049

第五章 木偶剧场　　061

不要触碰少女,
把决定命运的时刻推迟,
但是要把她抓在手里,而且要不惜一切手段。

弗兰茨与卡夫卡

文学、少女与死亡：弗兰茨·卡夫卡就在这个三角中游戏人生，消耗人生。他只愿意自己创作，即使搁了笔，也还在写作：一部日记，给一些少女的书信。在这个文学的边缘地带，我们听见一颗孤独的、得不到慰藉的心在跳动，在喘息。在这里我们寻找什么呢？卡夫卡熬夜写就的东西与文学的秘密混在一起，而他自己也与文学成为同一。卡夫卡就是文学本身，正如莫扎特就是音乐本身。法国诗人勒内·夏尔说，他是"我们的金字塔"。而一座金字塔，就是一座陵墓：在它黑暗的墓穴里，埋藏着一个谜，一个吞吃人的谜。当我们走近卡夫卡，就预感到几乎可以用指头触摸他。对于文学，他提出没法满足的要求，正如对少女们，他提出不可能答应的要求，虽然这些要求是私下提出的，相互间却联系在一起。

　　如果少女仅仅是绝望者的慰藉，她早就得到赞美了。她就是沙漠中的绿洲。她身体的幻影在与写作的力量对抗，可惜这只是微不足道的保护体。作家之所以执意地追求她，像个落水遇险的人那样不顾一切地抱住碰到的漂浮物，那是因为他知道少女具有一种堪称决定性的力量。他从她眼睛里、嘴唇上和皮肤上得到的东西，不仅是一种幸福的允诺。作家与少女的结合不仅较为大胆，甚至迹近乱伦：两者都很相像，简直你就是我，我即是你。也许这就是他们互相着迷的原因。少女因为希望得到爱慕，在作家的眼睛里看到了一个盟友，而作家则在递给她的镜子里，认为自己认出了一个同谋。卡夫卡说，我们"既对她生出觊觎之心,又装出满不在乎的样子"。

海明威、福克纳或者川端康成(仅举这几个人就行了)都在这种"奇特之乡"冒险。他们和纳博科夫一样,都企图捉住那只蝴蝶,把它别在标本纸上。漫无止境的追求。如果不是一份好感,像蜉蝣一样执着的好感解释了这种不懈追求的原因,如果一纸书页或者一部作品没有通过一个少女之口说出这种追求的代价——河那边,大树下,正是海明威隐约窥见的天堂——这种崇拜就难免有几分可笑。另一个,别处的一个,同样的追求,同样的魔法。与其说作家追求的是一只蝴蝶,不如说是一只黄蜂。作家永不满足地要求得到它的螯刺。这样一来,少女就在文学火热的心中架好床铺,在人家迫不及待地观察她的时候,她却假装睡着了。从她身上长出浇灌作品和作者的血管。

19世纪法国作家热拉尔·德·奈瓦尔身边也是姑娘如云。他曾指望在她们那里看到同样的奇迹:让我们重读他的《西尔薇娅》,围绕一幅"图像"跳起那圈令人难忘的圆舞。为了保留这份魔力,他怕走近"真实的女人"。我们知道这种"柏拉图式的悖论"会引发什么灾难:天使是魔鬼的造物。法国诗人安德烈·布勒东头一个看出了奈瓦尔与卡夫卡的相似之处。年轻时的卡夫卡坐在布拉格的一座山丘上,承认生活是"一个梦,一种漂浮不定的状态"。在日记和书信里,他记下了自己的梦境。他"清醒的睡者的幻觉"给他的内心生活蒙上了某种"梦幻色彩"。他受奈瓦尔的影响,也迷上了戏剧和女演员。和奈瓦尔一样,他相信一切都是征兆,尤其是少女。这是一些危险的征兆,因为它们展现了疯狂和死亡。这种交往,卡夫卡把它发展到了极致。

"面对大多数少女,"卡夫卡对密伦娜承认说,"我始终感到慌乱。"她们近在眼前的身体让他困惑不安。从她们的目光里看到焦渴的期待,他不免大吃一惊。少女们是偶然出现的,但这种出现既是机会也是威胁。这是朝未知世界打开的一面窗户:一种可能性得以生成。卡夫卡对少女的信任,对女性使者天然的信任与他对性的恐惧不相上下。不要触碰少女,把决定命运的时刻推迟,但是要把她抓在手里,而且要不惜一切手段。卡夫卡梦寐以求的少女若有所思,微低着头,露出一截颈项。其实卡夫卡是准备以另一种方式来占有她的。问题并不在于她是否"纯洁",而是在于她的魅力、引力。他要求少女助他抵达写作的福地,给他写作的力量。借助少女被唤醒的欲望,他来打开自我写作的大门,而用自己的放弃,来作竞技场上的腾挪跳跃。怀着这份始终是欲望的欲望,他可以埋头在孤独之中,专心写作。少女因为置身在远处,反倒比他更现实:书信与相片成了魔鬼的工具。法国哲学家德勒兹在他对吸血鬼卡夫卡的看法里,是如此真切地感受到了这一点:"书信也许成了原动力,通过它们所吸过来的血,驱动了整架机器。"可怕的机器,在那样大的压力下运转。卡夫卡对爱情的要求只有一个:接受少女的辐射,服从她的情欲冲动。

不论与哪个少女相处，卡夫卡都听任自己使出这个魔法。在点缀他一生的那些少女之星中间，卡夫卡从一些星星身上得到了自己所企盼的光辉。只是这种光辉转瞬即逝，冲劲总是难以持久，这也许部分解释了他的大多数作品总是没有写完的原因。他把生命力和保护力给了那些少女，可是少女们得到的善待却并不比他多。他给她们带来的苦难不能说不残酷。少女总是无比脆弱，与美好的韶华一样稍纵即逝。在他对她们的爱慕之中，怜悯是否因此而占了上风呢？作为陀思妥耶夫斯基的忠实读者，他探询自己为何对她们生出这种感情：是因为她们"会变为女人"，因为她们"命中注定有这种转变"吗？对此纳博科夫回应道："美加怜悯，这是我们可以得到的最接近艺术本身的定义。何处有美，何处就有怜悯。道理很简单，美总要消失，形式随着内容的消失而消失，世界随着个体的死亡而消失。"[1]打开写作之门的少女也是让卡夫卡隐约窥见了死亡的少女。因为他说，他一辈子在保护自己免遭"了却生命的意念"侵扰，所以正是因为这些美丽的女子，他才在自杀的念头前悬崖勒马吗？其中一些少女让他感受到了一些幸福时光。这是他一辈子，直到躺在灵床上感受过的唯一的幸福。他曾企图向她们要求更多的东西：像德国作家克莱斯特[2]一样，在一个少女的守护下

---

[1] 《文学讲稿》，纳博科夫著，申慧辉等译，上海译文出版社2018年版。
[2] 克莱斯特（Heinrich von Kleist, 1777—1811），德国诗人、戏剧家、小说家，其代表作《破瓮记》被称为德国三大喜剧之一。年仅34岁时自杀身亡。

死去是卡夫卡最后的愿望。写作、少女与死亡就在这一点上交会。这是他命运的重力中心。在这个深渊里面,他的谜像个黑太阳一样闪闪发光。

　　作家的想象就是现实与梦想的交会场,是通过长篇小说的自由把与少女们的交往加热到白炽状态的洪炉。文学就是少女们引力的证明,欲望渗入作品,赋予其活力。活生生的少女变成了白纸黑字的少女,注入了更为透明更让人心慌的情欲力量。在他们的孤独之中,在他们有所控制(作出决定就像少女们一样羞涩)但是混乱的关系里,卡夫卡长篇小说中的人物成了一种缠人扰人之欲望的猎物。他们并不冲破把他们与作家绑在一起的束缚,却也企盼从少女那里得到帮助。他们在暗暗守候一种征兆,哪怕是必然带来不幸的征兆。

　　在《审判》的末尾,K.被捕之后,瞥见的是一个姑娘的身影。他站住不动,似乎决定反抗两个夹着他的男人,这时姑娘从一条小巷的暗处走了出来。她很像走道里那位女邻居。某天晚上,K.曾像一头"饥渴的野兽"扑上去,贪婪地把嘴唇压在她脖子上。面对新出现的这个人影,他明白"自己的反抗是徒劳的",于是顺从地在两个默不作声、听任他选择道路的捕快之间走起来。K.领着他们跟着姑娘走,这并不是要追赶她,也不是为了尽可能长久地注视她,"而只是为了记住她对他的提醒"。她走进一条侧巷不见了,不过这有什么关系,他"现在可以不要她了"。这时他们来到城市边缘,于是他听任两个刽子手处置,

"像条狗一样",当胸挨了一刀。跟着姑娘走,就是去受刑。她是一种劝说,劝他接受心里经常惧怕的命运。

这些偶然遇到的少女,指示一条道路或者用一种可能的援救来引诱人的少女,贯穿于卡夫卡的作品始终。她们经过,引诱人或者让人引诱,轻轻地拉住你,像《审判》中那个手指之间长着蹼的随和的列妮一样,她蜷曲在 K. 的膝头上,以她的方式来帮助他。每个少女都被卡夫卡以困扰他的双重形象来描绘,不是姑娘就是妓女。有时,她们像《审判》中纠缠 K. 的蒂托雷里画室里的那些堕落姑娘,邪恶性情突然爆发出来。如果性是人最大的困惑,是最为隐秘的东西,那么在长篇小说中,尤其是在他的日记或者散见于书信的告白里,卡夫卡则探索了性的需求及其模棱两可的地方,让它最充分地展示了自己。卡夫卡是个现代人,给予性欲以很高的地位。用米兰·昆德拉的话来说,他并没有掩饰其"可怕的无聊"和"吓人的力量",亦未遮盖其"令人陶醉的黑色之美"。

《城堡》里的土地测量员 K.,到了小客栈后,就是这样落进金发白肤的侍女弗丽达的诱惑之中。在柜台后面,就在地上,在一摊摊啤酒汁中间,他几乎立即感到怀里的陶醉,他试图挣脱出来,可是无法抽身,因为这个"小小的肉体"热情似火,很难对付。"两人的气息交织在一起,两人的心一同跳动",他迷失在一个"怪异的国度",走不出来,只好继续"迷失下去"。这是让人不安的幸福:"他觉得弗丽达如果抛弃他,他所拥有的一切就会和她一起抛弃他。"在被剥夺幸福权利的人那里，一具肉体是最后的救生浮筒，性是一切。在肮脏的地上滚了一夜之后，K.来到外面的雪地上，觉得自己"呼吸稍稍顺畅一点了"，似乎那一片洁白抹去了身上的脏污。在那个忧郁的早上，一切都失落了。他们再次拥抱，尽管非常疯狂，却没有头一次拥抱那样放松。他们激烈地交缠着，运动着，"就像两只拼命在地上刨来刨去的狗"。干完好事，一个女侍进来见到他们精疲力竭的样子，出于"怜悯"，往他们身上扔了一条毯子。几天的共同生活，让弗丽达的容颜憔悴，再说，她偶然间也梦见自己变丑了，甚至面对K.的固执，她也梦想住在城堡附近，住在"一条又窄又深的壕沟"附近，因为那里埋藏着他们的爱情。弗丽达失败了，她认为自己妨碍了K.的寻访："我没法帮您，我总是妨碍您。"

　　除了一个姑娘，一个最普通的姑娘，还有谁能够安慰K.，让他忘记这种抛弃，并阻拦他去巴纳巴斯那帮被社会排斥的人那里堕落呢？面对K.的失望，小说最后几页好像蒙上了同情。小佩碧没有答应领他去城堡，只是提出让他与保姆合住那窄小的安着双层铺的房间。弗丽达与K.分手以后，回到小客栈，向接替自己当侍女的佩碧表明幻想的终结：她收好漂亮的连衣裙，把头发上的系带解下来。从K.开始，所有人都曾试图给她解头上的饰带。可怜的佩碧，纵使生着压都压不住的金红鬈发，射出可以满足那些只想从"一个姑娘眼里找到某种东西"

的人的目光,现在也只好重新拿起水桶和扫帚了。在 K. 身上,佩碧看到的是一个"不幸的伙伴"。她像从未爱过人一样爱他,准备为他放弃一切。她说,与弗丽达在一起,K. 发现了她的空虚;而她则会教 K. 知道什么是"真正的爱情"。只要他来自己的小房间,她会拿出咖啡和糕点招待。他们会热烈地挤在一起,看弗丽达的照片,讲故事。有 K. 陪伴,佩碧和她的女友们就不会惧怕黑夜。一种不事张扬的温馨生活。没有谁能够留住他。来年春天,他可能会动身。而佩碧会告诉他一个地方,在那里,她的帮助和她的爱情诡计都在等着他。

《城堡》令人赞叹的结局,就像卡夫卡当年搁笔时一样完美。我们永远不清楚 K. 会不会接受佩碧的邀请,并且,在放弃他的寻访之后,会不会在无所事事之中等待漫长的冬季结束。在正要举步的当口——或是跟着佩碧走,或是离她而去——是什么事情阻止卡夫卡作出选择?是什么事情让他喉头哽塞?我们只记得这部绝望的长篇小说是在这种沉默中合上的,而不是在一个姑娘的呼唤声中,在她伸出手的情况下结束的。K. 并没有碰"稚气的佩碧",只是摸了摸她的耳环,但他在第一次见到她的时候,还是不得不遮住眼睛,因为他贪婪地看着她,预感到搂着这个圆润的细小躯体,可以增添"对付崎岖道路的勇气"。可是他顶住了这种诱惑,佩碧,或者与弗丽达作对的姑娘。

从第一部长篇小说《美国》开始,卡夫卡就以一种生硬的、几乎是报复性的方式,写出了困扰他的女性形象,其笔触甚至到了过分的地步,好像是要摆脱这些形象。性方面的不如意使卡夫卡走上了流亡之路:性始终是流亡的同义词。在大西洋彼岸,卡尔永远地告别了童贞,因为一个保姆"引诱他,并使他做了父亲"。她像个行事果断的吃人女妖,把卡尔领进自己房间,脱去他的衣服,让他睡在自己床上。卡尔被鸭绒被罩住,陷在枕头窝里,透不过气来,还遭到了姑娘的攻击:她把自己的乳房递给他,将光溜溜的肚皮压在他身上,还"令人不快地"在他胯间掏来掏去。受到强暴之后,他非常沮丧,流着眼泪回到自己床上。

有天晚上,卡尔受人邀请,来到纽约附近的一所别墅,在那里,等待他的几乎是同样的命运。由于他不愿意跟美丽的克拉拉进房弹钢琴,事情演变成了打斗:嘴唇涂得血红的"悍妇",穿着贴身裙袍的"泼妇"把他按在长沙发上,勒得半死。"难道您不喜欢我了吗?"她咆哮道。卡尔受了侮辱,只有一个愿望:逃走,睡觉。

与克拉拉不同的是善良的特蕾泽。这个小打字员一副小女生模样,和卡尔一样,也是流亡来的。她主动来敲他的门。卡尔有些犹豫,因为他在床上,没穿睡衣。特蕾泽挨着他坐下,他就往墙壁上退,并把被子一直拉到下巴上,听她流泪讲述自己的苦难。

由于想不出什么安慰话,他只好"抚摩"她的手臂。"有些事我干得来。"特蕾泽暗示说,手在被子上摸着。可是她白费了功夫,卡尔没有反应。机会就这样过去了。没有办法,特蕾泽只好教卡尔商务英语。

如果我们没有遇到大块头布鲁娜妲叉开两腿,坐在扶手椅上,那么这部小说中的女性形象就会显得索然无味。这个从前的歌唱家、任性而专横的女人一身赘肉,"两片嘴唇之间伸出一条又厚又红的大舌头",一人就把女性的全部可怕之处、魅力与侵略性表现了出来。在这部青春作品里,卡夫卡只是致力于揭露并驱走女人身上让他恐惧的东西。这使人透不过气来的肉感女人,已经不再是少女的女人。因此,重新找到一个少女所带来的幸福感就变得更为显著了。在游历结束时,空中出现了法妮的面孔,似乎是要修饰这个迷住费里尼[1]的怪诞形象。在俄克拉荷马大戏院,也就是卡尔去应聘的马戏场,在打扮成天使模样、吹着金光闪闪的铜号的姑娘中间,卡尔认出了法妮。他总算在天堂有了一个女朋友,于是他开心地笑了。

在接下来的书页里,写弗兰茨的文字与写卡夫卡的一样多。我们把作家的面孔还给他,只留下他的孤独和秘密:这些秘密使我们关注卡夫卡,并且把少女们像尺蛾一样留住。要走近他,做梦是最可靠的路径。让我们逐一唤醒过去那些少女,直到朵拉,那最后一个少女为止;我们听见他和那些少女一起笑闹。

---

[1] 费德里柯·费里尼(Federico Fellini,1920—1993),意大利著名导演。其电影《访谈录》(*Intervista*)改编自卡夫卡小说《美国》中的情节。

她们虽然增添了他的烦恼,可是没有她们,弗兰茨·卡夫卡会更加为人所抛弃。

卡夫卡最喜欢的书是福楼拜的《情感教育》。也许,这部小说最能给我们提供认清他真实面貌的机会,因为弗兰茨就是弗雷德里克,那个像渴望生命一样渴望爱情的年轻人的兄弟。福楼拜伤感的音乐陪伴着他。他虽然声称自己在音乐方面的天赋不会超过在爱情方面的天赋,但还是从中认出了自己的命运。失败只是表面的,写作并没有搞乱他的生活。我们在卡夫卡的微笑里读到的,就是对文学的这份确信,这份无限的自信。即使遇到灾难,这份自信也使他显得不同凡响。

当我们偶然翻开日记,会寻找什么呢?当我们由后往前翻阅他的日记,并且以诗人保罗·策兰的方式来翻阅我们的日记,又会寻找什么呢?卡夫卡微微低着头,看着我们走近。有时,他像华托[1]笔下的吉尔,有时又像贾科梅蒂手下的某个人影,至少在他不像梅诗金公爵[2]那样微笑的时候。他和我们生活在一起。我们有时在梦里碰到他。我们谈论弗兰茨,就像谈论让-雅克或者热拉尔一样——这种亲近是个征兆,表明作家不仅会得到我们的赞赏,还会赢得我们的心。文学的第二生命:卡夫卡原来认为,作品的"真正生命"始于作者逝世之后。可是他

---

1 华托(Jean-Antoine Watteau,1684—1721),法国洛可可时代的代表画家。《丑角吉尔》是华托的重要作品。
2 俄国小说家陀思妥耶夫斯基的小说《白痴》中的人物。

的面孔还没有磨灭,作品的生命就已经开始了。少女们继续为他——也许还为我们说情。即使我们予以否认,我们在所喜爱的作家身上寻找的秘密,也是我们自己的秘密。这大概就是我要引用亚历山大·维亚拉特[1]的话的原因。他是这么说的:"出于需要,我曾对卡夫卡形成了一些错误的看法。"

此文失去了一位读者,一位最挑剔的读者:吾友罗热·拉波特。

---

1 亚历山大·维亚拉特(Alexandre Vialatte,1901—1971),法国文学批评家。

"我能感觉到,
幸亏少女们身体轻盈,才把我们拉住,没有掉下深渊。
这就是我们应该喜爱少女,以及少女应该喜爱我们的原因。"

第一章

就像林中迷路的孩子

一切都是征兆：卡夫卡亲手找出的最早的迹象存在于一个少女的纪念册里。那是很久以前的某一年，在乡间，夏天快过去的时候，就像在契诃夫写的一出戏里。弗兰茨的父母在布拉格附近的罗茨托克租了一层别墅用来度假。别墅属于一个警长，他有个女儿，名叫泽尔玛，正是从前的年轻男子喜欢调情的对象。9月4日，分别的时候到了，两个年轻人最后一次在花园里走了一回。花园外面，是一座山丘。平常每天晚上，他们来到山丘上，面对着银丝带一样的伏尔塔瓦河，展开自己的梦想。弗兰茨手持一根蜡烛，屈腿坐在俯临峡谷的长椅上，烛光在欣赏他的姑娘的眸子间闪闪烁烁。

朝圣归来，泽尔玛把纪念册递给他，请他在上面题字留言。这就像一份保证，是为过冬储备的榛子。男孩儿们头抵着头，在膝头上摊开纪念册：写些什么呢？十七岁的年纪，干什么事都那么认真。他们感到词语是那样笨拙，无法准确表达自己的热情。弗兰茨即兴创作，祈求"鲜活的记性"能够像"一只抚摸人的手一样"轻轻地激活往事："当这堆灰烬上升起通红的热烈的火焰，当您入迷地凝视它们，那就……"他没有把话写完，是觉得这个意象过于暴露了自己的激情吗？在那个严加控制的年代，姑娘们只会精打细算地付出她们的热情。五十年后，泽尔玛仍然对1900年那个美好的夏季保留着"美好的回忆"："我们以当年的方式彼此相爱。那时我美丽，他很聪明，我们都还那么年轻。"

两人相聚的日子过于短暂，两人散步的时间亦如此。他们有那么多话要说，那么多计划要构想。泽尔玛想继续上学，却遭到父亲反对，弗兰茨就给她打气，叫她不要让步。姑娘通过接受教育获得解放已经是他喜欢谈论的一个话题，于是在树木下面，他要充当解放者的志向就确定下来了。一条崎岖的小路通到森林中一块草木稀疏的空地上。他坐在一棵橡树脚下，从口袋里掏出一本书，大声朗读。平常他喜欢用大声朗读来款待姐妹或者朋友。泽尔玛躺在草地上，关注得更多的是那两片翕动的嘴唇，而不是诵读《查拉图斯特拉如是说》那些如歌的词句的声音。"我又能听懂什么呢？"她坦白地说。不过这有什么关系，弗兰茨的声音就是一种迷药。如果他是法国学生，肯定会朗诵波德莱尔的诗来取悦她。

　　当青年卡夫卡在罗茨托克的森林里用《查拉图斯特拉如是说》的词句魅惑一个少女之时，尼采却在昏倒于都灵街头的十年之后，于1900年8月25日在魏玛去世。"偶然的"神灵并不吝惜于征兆：1883年，即卡夫卡诞生之年问世的这本书，其写作源头不正是那个叫露[1]的少女给尼采带来的创伤吗？那个俄罗斯姑娘就像是后来卡夫卡的女伴密伦娜的一个姐姐。尽管少女们不愿意，尽管她们在爱情上不忠，却能够促使一些书籍诞生，给另一些少女在美好夏日充当精神食粮。

1　此处指露·安德烈亚斯－莎乐美，一位特立独行的女性。她为尼采所深爱、受弗洛伊德赏识、与里尔克同居同游。

《查拉图斯特拉如是说》写于痛苦之中，书中的情绪时而阴郁，时而明亮，文字的激流中满含人类最深的厌倦和最浓的醉意，还有最苛严的要求："在所有作品中，我只喜欢作者用自身的血写出来的东西。"在发现尼采的十七岁青年身上，心脏跳得更为有力；在自身风暴的齐鸣之中，他突然认出了自己的晕眩以及在内心咆哮的所有元素，认出了自己的孤独和企盼，命运的重量和偶然的美丽，以及忽视过久的肉体和感官，甚至还有沉沦的光荣。尼采让他成为他自己，而这却是贯穿于他一生的斗争，其中所有的谜团，要用一把大胆而灵活的刀子来层层剖析。首先最叫人头痛的是年轻人叫饿、渴求女人的时候。弗兰茨听到过这样的警告："女人是最危险的玩偶。"又或者说："最甘甜的东西也有苦涩的味道。"我们是否应该选择贞洁呢？有人回答说，当心贞洁变成地狱！在写作道路上不安行走的年轻诗人并未得到更多的照顾：人家应许给他的只是"痛苦和变化"。也许，这是一丝慰藉：在烦恼的大沙漠里，"映射出一片少女的绿洲，美妙的少女一个个步履轻盈，翩翩起舞"，对于加入舞圈的人，她们露出"一张樱桃小嘴"，一口"雪白、冰冷、锋利的犬牙"。可是她们一旦离开，查拉图斯特拉就变得"忧伤"。

　　弗兰茨停止朗诵，因为他不会跳舞。当初母亲让他去学跳舞，他却因为不喜欢礼服，嫌衬衣浆得太硬而不肯去。他把裁缝打发走，让母亲十分难受。糟糕的是，他不肯置办舞会服装，不仅是"放弃了跳舞的乐趣"，而且似乎是判决自己"永远与少女们保持距离"。泽尔玛微微一笑，站起身来，一只手撑撑连衣裙，另一只手拿着刚才听他朗诵时采摘的风铃草。现在，让我们默默地行走吧。像尼采在山岩间那样，像歌德在乡野中那样：弗兰茨踏着他们的足迹——他的一心一念都已经放在文学上了。

尼采并不只是他在学习与少女交往过程中的监护人。两年后，即 1902 年秋天，正是因为尼采，卡夫卡才认识了马克斯·勃罗德。这是他最亲近的朋友，在我们看来，这也是他作品的救星。在一次关于叔本华的讨论会上，还是个年轻大学生的马克斯就大胆宣称尼采是个"伪君子"；卡夫卡一改平时的持重，向这位发言人提出激烈的质问。那天晚上，在布拉格街头辩论了几个钟头之后，两人结为朋友。

泽尔玛这个插曲虽然只持续了一个夏季，但其中却显露出处在萌芽状态的卡夫卡的恋爱模式。要走近一个少女，必须离开布拉格。度假、旅行，或者疗养都行，只是要离开布拉格——这个他一生都没有实现的梦想。少女只在别处出现，只在外地才可以发现少女。城市使卡夫卡沦落成了一个乞丐，一个扒手：他所得到的东西，充其量就是偷偷的一瞥，几根头发丝，一只护耳，从胸衣或者短裙里落下来的一块皮子。来自刺激性欲的人行道的折磨：游荡者寻找的是爱情，在这里触及的却只是性欲。在这一点上卡夫卡仍像尼采。他可以说，他喜欢森林胜过城市，因为在城市，"太多的人处在发情期"。

在大自然里，诱惑者可以用更巧妙的方法来展现自己。那是他在泽尔玛身上使用过的技巧，因为他知道，用词语和静默可以留住少女。弗兰茨的羞怯其实是最好的办法。一切都是阅读，要像读一本摊开的书一样去阅读少女们的眼睛。他说，在少女们的眼睛里，闪现出故事、"亲吻、雷鸣电闪和一见钟情"。少女上钩以后，为自己的心思被人猜中而入迷，便听任人家用美丽的故事来包裹自己，因为那故事讲的只是她的事情。弗兰茨禁止自己进入少女的世界，在让她开心的同时，认真对待她，让她欢笑。尤其是给她朗读诗，用还能够吸引她的词语唤醒她，哄骗她，催她入眠。少女听你说话，就已经是主动投入爱河了。分别的时刻来到了，就给她写信，以延长魔法的效果；索取照片，日复一日地用书信淹没她：正是在远处，词语的陷阱才把猎物套得最牢。但愿她最终放弃抵抗。再次见面是特别危险的事情，他会尽力避免。

泽尔玛似乎并没有遭受频繁的书信轰炸。十二年后，菲莉斯却未能幸免。当时卡夫卡的书信都写给了奥斯卡[1]，那是他中学时的朋友，跟他是不分"彼此"的知己。不久奥斯卡就接替卡夫卡跟泽尔玛有了来往，而弗兰茨则显得"格外高兴"。但是当他知道奥斯卡和泽尔玛在一起，自己却索然无味地独自留在房间里时，他就想象他们快活的情形，发现自己"蹦"到了

---

[1] 奥斯卡·波拉克（Oskar Pollak, 1883—1915），捷克艺术史家。"一战"时志愿入伍，死于伊松佐河战役。

他们中间。"我们谁也甩不掉谁,"他在信里对奥斯卡说,还加上一句,"难道我们真会成为冤家对头?"两个年轻人有过暧昧的分享:阅读同样的书,拥抱同一些女孩子,努力打破孤独和并不明确的男女界限。卡夫卡还在信里对奥斯卡说,"我很爱你"。

忘记泽尔玛以后,卡夫卡度过了一个又一个夏季,可它们都是一个样,并没有带来他所企盼的"奇迹"。弗兰茨终日躺在床上,看着天上的流云,认为假期就是最让他觉得"时光飞逝"的时期。尽管他的书信显得轻松洒脱——"我知道该怎样和女人说话"——但在"夏季开头他并没有这么容易快乐",也没有这么容易生出"莫名其妙的希望"。弗兰茨很快就满二十岁了,他渴望到慕尼黑读书,但是预感到布拉格"不会放过"他。"这个小妈妈长着爪子呢",他写信对奥斯卡说。他感到"愚蠢的沮丧",他的生命在"外面,在街石上跌倒"。他因为生性羞怯而举止笨拙,言辞激烈,他渴望克服内心封闭的毛病,"把闷在心里的东西一吐为快"。可是,他即使在最亲近的友伴面前也戴着"假面",这玩意儿怎样才能摘下来,又怎样用无用的玩笑来掩饰自己的焦虑?大家"碰"到一起,因为不能交谈而觉得"失望、不快、厌倦";即使大胆说句话,人家也会从"别的方面"理解,把最微妙的意思弄错。如果作为朋友无法理解对方的痛苦、对方最晦涩的苦恼,一个夏季的轻浮爱情又有什么用呢?也许解决这个问题有个办法,那就是把不肯当面说出来的话写下来。奥斯卡去给人家做家庭教师,他离开布拉格时,机会来了。这个朋友动身时,带走了卡夫卡"用几页稿纸包着的一小块心"。卡夫卡说,他是"我的一面窗户,我可以透过他看街景"。奥斯卡离去的时候,卡夫卡立即感到了孤独。"我们真正被抛弃了,就像林中迷路的孩子。"拘谨的引号也无法束缚1903年的这段告白,因为它引起的回声经久不息:"我早早地背上了不幸的重负。"

卡夫卡在这个时期写的诗沉浸在里尔克式的朦胧光线里——卡夫卡总是在布拉格过冬,而里尔克,另一个布拉格人,在二十一岁时就逃离了这座城市的魔咒。他的分身"靠着堤岸的护栏,俯视傍晚的河水",或者吟咏这句颇有《城堡》意境的诗句:"一个男人,默默地在雪中行路……"这个人影,就是二十岁时孤零零地在布拉格迷蒙的街头踯躅的弗兰茨本人。少女到哪儿去了?从树枝间漏下,在白裙上映出斑斑点点的阳光到哪儿去了?空有对姑娘的渴望罢了。要是能写出来多好啊!这时他已经有了些许抱怨,后来就再也没有止歇:"上帝不希望我写,可是我应该动笔。"

恋爱、读书、写作:年轻时的三位一体。书籍,它们就像"打开我们城堡未知厅堂的钥匙",从未抛弃过你。不仅如此,它们还"咬你,螫你",不然它们又能做什么事儿呢?一本书的用途,并不是像亲爱的奥斯卡认为的那样,是让人"愉快"的。而且,说了这要命的话以后,他们的交流就结束了。卡夫卡在一篇热烈颂扬读书的文章里写道，我们需要的书，"是那种对我们产生的效果有如遭到一种不幸，这种不幸要能使我们非常痛苦，就像一个我们爱他胜过爱自己的人的死亡一样，就像我们被驱赶到了大森林里，远离所有的人一样，就像一种自杀一样，一本书必须是一把能劈开我们心中冰封的大海的斧子"。[1]我们阅读卡夫卡的某些篇章，得到的不正是这种感受吗？

1903年，一个前途无量的年轻人在三十岁之前发表了《托尼奥·克律格》，纵使它没有表现出时代的特征，还是描绘了那个时代令人不安的色彩。和里尔克一样，出生于1875年的托马斯·曼也属于点亮20世纪初德语文学之光的一代；罗伯特·瓦尔泽生于1878年，其《唐纳兄妹》于1907年面世；罗伯特·穆齐尔生于1880年，比卡夫卡大三岁，其《学生托乐思的迷惘》出版于1906年；赫尔曼·布洛赫出生于1886年。瓦尔泽与卡夫卡的作品有许多明显的相似之处。穆齐尔未完成的遗作《没有个性的人》使其享有与普鲁斯特并驾齐驱的地位，他很关心卡夫卡，可是1914年卡夫卡邀请他为一份杂志投稿时，穆齐尔却觉得"没什么东西"好投的。与这些在黑暗中探索，注定享受迟来的荣光的人相比，托马斯·曼则扮演了"备享尊荣"的大作家的角色。也是命运弄人，克劳斯·曼[2]这个

---

[1] 引自卡夫卡致奥斯卡·波拉克的信（1904年1月27日），《卡夫卡全集》，叶廷芳主编，中央编译出版社2015年版。本书主要引文及译名参考该书。

[2] 克劳斯·曼（Klaus Mann, 1906—1949），德国作家、剧作家，托马斯·曼的长子。

受到诅咒的儿子，如今却比他父亲更令我们触动。

托尼奥·K.，这姓名的起首字母就像是一种征兆。在二十岁上，卡夫卡从托尼奥·K.的故事里读出了主人公过多的烦恼：并不是要么写作要么生活，他没有选择，不过当写作让你无法过日常生活时，你又能怎样过日子呢？托尼奥同所有的年轻诗人一样，也就是说，像个失落的孩子。一个被排斥在欢乐之外，命中注定愁肠百结、埋头写作的孤独家伙。他喜欢汉斯和英格波尔，可是他们不喜欢他。当他透过玻璃橱窗，看着这两个人在里面翩翩起舞的时候，对他而言，离别的痛苦感受就终结了：允许人家拥抱如花似玉的姑娘、把她们娶回家的世界，绝不是他的世界。在那个世界，忧愁或者嫉妒都是无济于事的，人家不肯给他那份幸福，他再追求也是不切实际的。此时另一场战斗，远离一切设有路标的道路，在等着他，尽管他"最深切、最秘密的爱情也属于金发蓝眼的姑娘，属于活泼、清丽、欢乐、可爱的佳人……"在托马斯·曼的小说里，这种有点过时的困境掩盖了另一种困境，但是弗兰茨认为自己已经尝到了苦涩的滋味，他渴望超越这种困境，不被它粘住。因此，他更愿意请马克斯·勃罗德注意，《托尼奥·克律格》的新意不在于这种"吓人的对比"，而在于"能将我们带向我们对立面的独特而有益的爱"。

写作一些"喜忧参半"的书信，把作品读给别人听，让人家看出自己的尝试，这就是展露自己的面貌。弗兰茨说："当你在那儿,脱得一身精光,被人触摸躯体的时候,会惧怕得发抖。"这也是一种支持,"勉强把你拉扯住,不让你跌下罪恶的深渊"。写作,就是"被一根绳索捆起来"——与查拉图斯特拉一样,或者几乎一样的话:"人是深渊上头的一根绳索。"绳索的意象"触动"了年轻的卡夫卡:只要绳索一松,他说,人就开始坠入虚空;绳索一断,人就会跌落渊底,而这是"非常可怕的事情"。在诱惑的洞窟里没完没了地堕落。突然,就像文德斯电影里那长了翅膀的柏林天使一样,直觉不由自主地将卡夫卡领到了少女们面前:"我能感觉到,幸亏少女们身体轻盈,才把我们拉住,没有掉下深渊。这就是我们应该喜爱少女,以及少女应该喜爱我们的原因。"

情欲与写作遭受同一种不幸,
为同一种烦恼所支配。

第二章 给K.的奏鸣曲

1903年夏初，热浪压得布拉格透不过气来。弗兰茨反复思考他的罗马法历史，直到感到恶心为止。7月3日那天他满二十岁，不住地在房间里转来转去。房间在楼上，窗户临街。对面一家服装店门口，有一个身材娇小的女店员，正在想入非非。也许弗兰茨早已见过她了，不过今天，在潮湿闷热的下午，她那身裙袍就像一层皮肤，紧贴在身上，惹得弗兰茨不停地朝她瞟过去，总嫌看不够。他向她示意，打手势，她也开心地回应：虽然没说一句话，他却已经跟她约好，晚上见面。

弗兰茨准备参加一次考试。这考试十分重要，比法律测验要让他担心得多。在等待那个勾引人的女店员用指头表示的时刻到来之时，弗兰茨又生出一丝怯意。这份"畏怯"总是与欲望相伴，他从未能将二者分开。他接近的姑娘都被认为是碰不得的，这是些可爱的小保姆、洗衣女工或者刚刚工作容易接近的女店员。跟他有过一晚交情的姑娘也都是少女：让我们在此向他接触的第一个女性肉体表示敬意，那是个慷慨的姑娘，不但没有通报姓氏，连名字也没留下，让弗兰茨连个念想都没有。将近二十年以后，他把这段情事说给密伦娜听，似乎这场艳遇预示了其他所有艳遇的结局。

晚上八点，他下楼来见被自己征服的那位姑娘，却发现自己的位置被一个僭越者占据了。那家伙挽着美人的膀子，美人却不为这个意外事件而生气。她暗暗鼓励弗兰茨，让他跟着走。于是弗兰茨像条狗一样慢慢跟在后面，来到一家小酒馆。那两人走进里面，喝啤酒。弗兰茨学他们的样，独自在邻桌坐下，也要了一杯。最后，僭越者又陪姑娘回家，在那里，姑娘把他打发走，假装进屋，待了一会儿又来到人行道上，与等在这里的弗兰茨会合。弗兰茨后来回忆时，认为那个伎俩"很可恶，但是很刺激，很有挑逗性"。他们后来进了客店，在那里做了"无非大家都会做的事情"。

不眠之夜，紧闭的大门被记忆的过滤器缩小成了一张驴皮。头一个夜晚，与一个可爱少女共度的整个夜晚，似乎过得不会比规定价格的一刻钟沉重。他虽然没有忘记任何细节，却把所有的废话藏在心里，没有说出这场艳遇的种种不快之处：来到客店的情形，得先把租金付清的房间，关闭着的楼梯和房门，锁眼里转动的钥匙，床罩的颜色，壁纸的图案，像法官一样稳坐在宝座上的洗脸池，朝夜晚打开的窗户，还有街上涌进来的市声。对于匆匆套上的裙袍，对于她瘦弱的上身，他没作任何描述。如果天气没有那么热，他准会把身子藏进被盖。对于垂涎已久的肉体，对于他发现的那探寻的、驯服的裸体，对于那对圆鼓鼓的或者细小的乳房，对于金色或者褐色的鬈发，他未置一词。似乎他既没有注视，也没有抚摸那姑娘。那姑娘放肆的说笑，让人不快的温情，面对新手时小脸蛋的主动，她的嘴巴、舌头，她的贪吃，以及她咸咸的汗味，肩胛处的汗味——因为少女们也是有腋窝的——他提都没提。他对自己迫不及待、笨拙地占有的这个肉体，对事后倾听姑娘的喁喁情话时的疲倦，都缄口不言。姑娘先是躺在他身边，后来起身去喝水，又到水龙头下洗了身子，回来后再次伸手摸他的性器。这种沉默意味着这件事不过如此：一次激烈的摩擦运动，没有爱情的逢场作戏。

把这些扔回、推回黑暗中吧。一种虚假的解放。床铺上并不是欢乐的节日，因为厌恶在刺激欲望的同时，也抑止了欲望。当时弗兰茨还没有通过写日记来排遣不适和羞愧；一段沉重的缄默覆盖着这段插曲。他只是后来在密伦娜面前才提到这件事，才把面纱揭开一半。他为自己安排的这个夜晚确证了他化不开的心结。这不仅是一场升级考试，而且是一次全面的排演，更是一场失败的战争。在"那个美丽而温暖的七月早上"，两人一同离开客店的时候，姑娘并没有觉察到弗兰茨的沉默和如释重负的心情。如果弗兰茨觉得"自己无疑是幸福的"，那么这种幸福只是"一具长久在痛苦下呻吟的肉体所感到的慰藉"。他尤其觉得满意的是，事情并没有变得"更糟，更可恶，更肮脏"。过了两天，他与姑娘再度上床，不过这一夜的滋味，与"头一次差不多"。

这时正好赶上放假，两人的游戏中断了。在乡间，他与一位穿白连衣裙的少女"调了几天情"，回到布拉格后，就躲着那个小售货员，不肯跟她见面，甚至不再给她写信。可怜的姑娘便成了他的"敌人"，甚至成了他所厌恶的化身。那姑娘本来一心想把两人的情事继续下去，可是眼睁睁地看着昨天还千恩万爱的大学生视若无人地从身边走过去，只当她不存在似的，她真不明白是怎么回事。对一颗朝三暮四的心来说，哭泣是断断不会的，不过难受却少不了。这个转变也来得奇怪了点：短短几天外出，就不但让他变了心，而且像换了个人，变得不可捉摸，甚至抱有敌意。在乡下他究竟冒出了什么想法？之前他认为姑娘"可爱，是个好孩子"，现在又责怪她有什么不对，才这样把她抛弃？后来他跟密伦娜讲心里话，说自己之所以突然生出厌恶，是因为那姑娘在旅馆的一句话，一个动作，让他马上悟出：打在身上的烙印是"永远抹不掉的"。姑娘究竟在"无意中"做了什么"可恶的小动作"？究竟说了什么难听的"脏话"？他不肯说得更明白，因为这事"不值得细说"。人家爱怎么猜测就怎么猜测好了。不过，他承认，"那种粗俗、肮脏是那样有诱惑力，一直把我吸引进旅馆"。命运的骰子掷下了："这回开了头，下回就跟着来了。"他与女性的关系受到损害，被认为是邪恶的。爱情的景象遭到破坏。

不过我们也不要指责那位售货员，因为她的淫荡面具是他给戴上的。就算她行为不端，举止下流，或者言语放肆，换了别的男人，也会乐意与之来往。除非是她对他割了包皮的生殖器说了什么含讥带讽的话，才使他产生反感。如果是这样，或许能够解释弗兰茨受到冒犯而退缩的原因。他丑化她的言行，如愿以偿地给她泼上毒汁，打上下流的记号，其实，这只是让他确认了自己不幸的想法。在跟她去旅馆时，他就知道自己会不幸，因为他是在把小售货员当作摆脱魔鬼的工具。在那个潮乎乎的夏夜，他得到了努力谋求的东西。身体接触是可耻的，败坏名声却是他兴奋的动力。性欲是肮脏的同义词，卡夫卡的长篇小说后来致力于宣扬这种看法。让我们原谅那个不露面目的小售货员吧，因为她只是个头脑简单的下层女子。

如果一句羞耻的话决定了单纯的溃败，那么许多别的话则早就开始了它们的破坏活动。对于这句话，纯真少年也许会塞上耳朵，坚决不听，可是在街头，男孩子通常都是粗鄙的。卡夫卡去世前两年在日记里写道："我小时候和现在一样单纯，那时对性的问题，就和今日对相对论一样不感兴趣。"如果人家不"硬逼"着他把眼睛张开，他也许会长久地处于懵懂状态。正如他后来告诉妹妹艾莉的，在上中学的路上，有两个同学让他懂了人事。他是在艾莉问他有什么办法给外甥启蒙时说出这事的，因为他外甥对一个姑妈怀孕感到不解。弗兰茨因为懵懂无知，觉得在人行道上遇到的女人都是"最美丽优雅的"女人，一点也没有怀疑她们的职业。那两个擅长在草地上做野事的同学便决定让他开窍。他们一左一右夹住他，竞相把自己所知道的告诉他。一个以"快活的、慈爱的"方式，带着"各个年龄的男人"提到"那事"时都有的浪笑，另一个"作为实践家和理论家"，则向他传授比那位同谋的淫笑更可恶的知识。卡夫卡后来说，这两个魔鬼的未来似乎在那天就已显现：结婚后，淫笑的家伙死于梅毒，卖弄知识的那位则当了性病学教授。放荡堕落的结局就是如此!

　　这是一种罩在攻击形式下面的觉醒。在他看来,两个启蒙者的传教热情,可以在每个男孩身上都有的"下流"里找到源头。而且他还补上一句:"每个成年男子身上都带着男孩的身影。"面对让自己苦恼的事情,男孩只有向词语求助。他用痞话来玷污妇女的形象,把她说成一架娱乐机器,以抗击自己弄不明白的事情,否认烦恼。通过贬低自己觊觎的对象,他为自己的畏怯报了仇。通过启蒙自己的小伙伴,展示想象的战绩,他从说痞话里获得了一种暧昧的快乐。弗兰茨和所有小孩一样,也接受了这种痞话的教育。在他的脑海中,已经有一些影影绰绰面目粗俗的怪物出没。虽然还是个孩子,但为了摆脱中学平淡无奇的生活,他在进入梦乡之前总爱想象自己带着大队人马,开进犹太人街区,"做出一个威严的手势,救出一个遭受鞭笞的美丽少女",然后带着她乘坐马车离去……

　　一直有人在对他说痞话,他也感受着那些话的冲击力。十六岁时,有一晚弗兰茨跟着父母散步,第一次接触了这种"有趣的事情"。二十年后,他在《致父亲的信》里写道,他"糊糊涂涂"做了那事。这封信表明了那件事给他打上的烙印。他摆出"个中老手"的架势,装出满不在乎的语气,可是说起话来照旧结结巴巴。他怪父母不了解情况,让他遇到了很大的危险。在一个尴尬的母亲面前,为什么要编出这一套说辞?他说,他那时似乎是想报复,因为他"什么也不知道"。他这个冒充老手的行为给他带来了无情的侮辱，到了三十七岁，他还耿耿于怀，不忘心头的创伤。他父亲只限于直截了当地给他提"建议"，以便他能够"平安无事地做这种事情"。卡夫卡不再说什么。父亲的回答"没有分寸，直率得让人难以接受"，他觉得受了冒犯，便"傲慢无礼地"中断了交谈。其实是父亲的话让他无言以对。弗兰茨陷入沉默，反复回味父亲的建议，更觉得受了侮辱。他气愤地写道，父亲这是在让自己做想象得到的最肮脏的事情。"你在把我往泥坑里推，仿佛我命该如此。"

父亲也该受指责，因为他的做法似乎还没有中学的几个小调皮讲究。弗兰茨在朝着侮辱走过去的时候，还能指望什么结果？他暗中把自己的苦恼告诉母亲，除了让母亲产生罪恶感，他又能从中得到什么好处？在那个年代，家庭尤其忌讳谈这类秘事，有哪个年轻人又敢在父母面前放肆呢？他藐视禁令，表达了自己的厌恶，谁知又转弯抹角地蒙受了羞辱，只能把粗俗的建议当作一记轻蔑的耳光而收下。为了让儿子避免危险，父亲是不是暗示他用手淫解决问题呢？奇怪的是，卡夫卡在日记里从未提到手淫，好像这是个很大的禁忌。但是这并不意味着他没有手淫。无论如何，受到伤害的少年从另一个方面理解了父亲的回答：你还不配占有女人。那天晚上，他内心最深处都受到了震动，而且是十分无情的震动。我们且相信他的话吧，即使时间和接二连三的挫折可能使回忆变得冷酷，使伤口裂得更深。家庭这个安乐窝给他对性事的憎恨提供了养料。他说，甚至一来到世上，他就觉得自己与"这种可恶的事情"，与那个孕育了他的房间密不可分地联系在一起。这就进一步肯定了他对菲莉斯说的那番厌恶的话："注视着家中的那张双人床，用旧的床上用品，精心折叠的睡衣，这足以使我激怒到呕吐的地步，简直能使我内脏翻到外面来。"弗兰茨写这些话的时候已过了三十三岁。

少年时期的另一个插曲促成了他的爱情生活观的成形。对此事"令人气愤"的回忆出现在十年后的日记上。十五六岁的时候，有一天降了点温，他被迫留在床上。家庭女教师巴依小姐坐在床头，给他朗读托尔斯泰的《克鲁采奏鸣曲》。巴依小姐应该是个法国女人，当时布拉格的中产阶级家庭都兴找法国人做家庭教师。弗兰茨回忆说："我一边听她朗读，一边就兴奋起来。"从作品里，从朗读者本人，从她带有外国口音的嗓音，以及她那三十岁女人充分发育、丰满得"已经碍事"的身体里源源不断地散发出性的意味。小伙子有点激动，一边听着女教师的朗读，眼睛却完全被她吸气时鼓起的胸部迷住了。

可她选择的是多么独特的一本书啊！我们知道托翁是把这部中篇小说作为论说肉体之爱的著作来构思的，这是一篇毫不留情地控诉性欲和婚姻的作品。中心人物到最后竟然把妻子杀死了，他在书里忏悔自己心智昏乱，与众多女人保持关系。弗兰茨大概从一开始就竖起耳朵听着："我那时还不到十六岁，在上中学；我还不了解女人，但不再单纯了；同学已经把我教坏了，我整天就想着女人和女人的裸体。不是某个具体的女人，而是作为让人兴奋之物的女人。我独处的时候是不正经的……"命中注定的堕落之路一直通到窑子，就是在那里，在眼泪和忧伤中，"私通者"完成了自己"决定性的堕落"。直到三十岁，叙述者一直过着一种"猪猡"般的生活，不是与娼妓、女佣鬼混，就是与厨娘和别人水性杨花的妻子睡觉。然后，一个美丽的日子，有人把一个清纯的少女交给这个放荡家伙。他不想瞒着未婚妻，想让她了解自己以前过的那种鬼日子，决定把私人日记拿给她看。可是未婚妻吓坏了，思量着要离开他。托尔斯泰本人也这么做过，把自己的桩桩劣迹摆在失望的索菲娅面前。卡夫卡没准是受了这个榜样的影响，才决定让密伦娜读自己的日记的。

托尔斯泰说，男人欺骗少女，用"心意相通"来诱惑她，其实男人这么做只有一个目的——"为自己谋取最大的快乐"，贪婪地享用一个肉体。结婚是一个"无耻行为"，订婚是一场"堕落的开始"，蜜月旅行是一段"卑鄙的行程"；人们把一个少女卖给一个道德败坏的家伙，一个患梅毒的家伙，正是社会从医学开始，安排了这场交易，普及了这种放荡，把世界变成一家"巨大的妓院"，那里面的一切东西，吃的、喝的、娱乐的，都竞相刺激男性的胃口。结果女性处于被奴役的地位，便施加报复，在侍候男人的同时，让男人着迷、发疯。托尔斯泰被他那些魔鬼折磨，于是写道，"在所有欲念之中，要数性欲最强烈，最阴险，最持久"。这是一种欺骗。文学艺术赞美女性的肉体是"销魂工具"，是"甜品"，也参与了这种欺骗。夫妻的谎言终于改道流向了困境：这一天到了，妻子年过三十，生了孩子，憧憬另一片天地，便重新打开钢琴。不久在键盘上移动的就是四只手了，与妻子联弹的是一个临时房客——托尔斯泰是凭经验写的，索菲娅也曾这样来安慰自己。音乐"刺激了"情欲，并成了其最高雅的形式，加速了悲剧的到来。

很少有人把爱情放在如此可怕的光亮下，将其打回到最低级的动物状态来观察。这个最新风格的托尔斯泰极端仇恨肉欲，在小说里成了贞洁的卫道士。他的目标是"消除女人的欲念"。卡夫卡在学习性知识期间读到这篇小说，自然受到一种可怕的——甚至毫不夸张地说——决定性的影响。十年之后，他还记着这事。这篇小说具有双重作用：卡夫卡从小记住了一个人堕落到深渊终于犯罪的教训，但是处于巅峰状态的作家的艺术却转而反对道德说教。控制情欲战胜了指责情欲。弗兰茨把巴依小姐当作自己欲念的对象，因此在听她朗读小说时，是又慌乱，又被其吸引。她察觉了这一点，于是便用那带有色情意味的朗读捉弄起他来，点燃起他内心的一团欲火，并小心地维护不让其熄灭。可惜最后"错失良机"。受挫就像毒药，他后来回忆道，由于当时"感情未得到宣泄"，家庭教师的那些小伎俩就像他无法实现的创造力，引出体内被压抑已久的力量。情欲与写作遭受同一种不幸，为同一种烦恼所支配。

整个一生，卡夫卡都在阅读托尔斯泰。托翁对"纯洁"的渴望与他的渴望不谋而合。两人都视性欲为洪水猛兽，而且声调是如此接近，以至于可以把1913年《卡夫卡日记》上那句著名的话看作是对《克鲁采奏鸣曲》的回应。那句话写在菲莉斯事件旁边的空白处，表述如下："性交被认为是对同居的幸福的惩罚。"巴依对少年弗兰茨产生了什么影响，她自己是不知道的。服装店那位小售货员多次让弗兰茨生出"缠人的欲望，想干一桩小小的坏事，极其确定的丑事"，可是她也不见得更清楚。真是迷人又吓人的邪乎事。后来，回忆用这种事来纠缠他，"一直纠缠到最销魂的时刻"。他说："我不清楚是什么气味，有点像硫的气味，又有点像地狱的气味。"一种使他的爱情复杂化，使他在少女面前手足无措的色情就这样显现了出来。其中起决定作用的，是一件或是一些"无足轻重的小事"，我们看到的，只是这些事情的泡沫。在觊觎与厌恶之间，他责备自己被人家骗了。去世之前，如果有人问他："你既受惠于性欲，可又拿性欲来干了什么？"他会回答："终于可以说，性欲被糟蹋了。"

《思考者》
弗兰茨·卡夫卡 绘

写作即是最优雅的诱惑方式。
写些故事来征服她,
那将是奇迹般的结合——爱,阅读,写作。

第三章 字母 Z

对于楚克曼特尔镇那个陌生女人，我们几乎一无所知。似乎 Z 这个名字拦住记忆，不许它进入自己的领地。不过伤疤上留下的抓痕却是持久不退，就像黑夜中的一道闪电，爱情的印迹一旦被人瞥见，便会成为永不磨灭的记忆。

楚克曼特尔是西里西亚一个小小的温泉疗养点。1905 年的 8 月卡夫卡是在这里度过的。他是一个人来的，二十二岁，还不是到这里来疗养治病的年纪。他想要逃出布拉格，来这里呼吸清新空气，恢复元气，忘掉繁重的法学功课。当年的照片上能看到施韦因伯格大夫的水疗康复院的外观：治疗大楼上建了一个装饰性的小穹隆，和 20 世纪初的疗养院别无二致。底层大厅装了玻璃的大窗户，和上面楼层一排排的病房窗户一样，都朝着草木葱茏、丘陵起伏的田野打开。田野里有一眼池塘。稍偏一点，从被杉树团团围住的房子上，高高地耸起一根烟囱。

卡夫卡在那里逗留的日子，只留下了一丝痕迹，就是寄给马克斯·勃罗德的一张明信片。弗兰茨向这位朋友吹嘘，说自己"经常与许多人来往，尤其是与许多女人来往"，又变得"生气勃勃，充满活力"。这番轻描淡写的话掩盖了在楚克曼特尔镇发生的事情，后来在日记或者书信里，只有很少几处文字一鳞半爪地提到了那一个月里发生的事情，以及那份无可慰藉的思念。

"相爱到披肝沥胆、直达骨髓的地步，这种情状我也许只发生过一次，那是在七八年前。"显而易见，这里指的是 1905

年夏季的那场恋爱，虽然谨慎地加了一个"也许"，其实是1913年春天卡夫卡对菲莉斯作的特殊告白。菲莉斯虽然是他的"未婚妻"，但已经不可能嫁给他了。卡夫卡作了努力，想与她缔结真正的关系，但是未果。楚克曼特尔镇，或者弗兰茨的初恋，他后来闭口不提并用团团迷雾包裹的真正的初恋，突然在绝望中冒出来，然后复归沉寂。在他的爱情生活中，存在这么一段非常清楚的空白，他在这个空白里埋藏了自己的一部分感情。对于他认为最重要的部分，卡夫卡缄口不谈，不肯透露半点细节。那份情义有多深，沉默就有多么坚定。问题不仅仅是害羞，还在于保守秘密，要把它埋在心底，就怕一时冲动，讲错话，伤害和玷污那份感情。万万不可亵渎那个幸福的时刻。他只允许自己讲述与一些白裙傻大姐的情事，而绝不说出让他心慌意乱、让他的生命深受震动的爱情。这样一段感情是不能说的，是不能与人分享的，哪怕是最亲密的朋友也不行，否则就会失去。唯有回忆的洞穴才能保存它带来的启示。作家更不会在作品里背叛自己，至少不会以显眼的方式。因此，要在漂亮又年轻的贝蒂身上认出楚克曼特尔的陌生女子是危险的，虽说描写这个少女的小说《乡村婚礼筹备》正是成于他遇见陌生女子那年。

可是饥饿的心灵记起来，有一天自己也曾满足过。卡夫卡与菲莉斯日渐疏远，这件伤心事让他怀念失去的乐园。1915年2月，他在日记里写道："爱一个女人，与之交往，那种甜蜜滋味，我曾在楚克曼特尔和里瓦体验过，但和菲莉斯交往时却从未感受到。"1916年7月，卡夫卡与菲莉斯在马里昂巴德短暂停留，气氛渐渐紧张起来后，他又开始抱怨："除了楚克曼特尔的那个女子和里瓦的那位瑞士少女，我再未与别的女人有过亲密关系。"较之于从前的两个例外，这份思念就更显得可怜："头一个是妇人，可我并不清楚；第二个还是孩子，害得我那时十分不安。"里瓦的少女后来也被迫保持沉默。在卡夫卡的记忆里，他总是把她们两个召集在一起。而她们一旦走到一起，就形成了他不切实际的爱情螺旋中闪闪发光不可超越的核心。

关于楚克曼特尔的那个女人，我们甚至连她姓名的起首字母都不知道。有人猜测她比弗兰茨大。她结婚了吗？如果未婚，为什么这么谨慎呢？她是个病人吗？我们所知道的，就是她是个成熟女人，独自来此疗养，觉得十分无聊。偶然之中，她遇到了一个渴望爱情的大小伙子。一部疗养院的爱情传奇开始了，就和后来弗兰茨的那些爱情故事一样，只不过这是"头一次"。不难想象，弗兰茨和那位女子一起吃饭，一同在树下、水边散步，编织美梦。一个又一个漫漫长夜，他们总有说不完的话。分手的时候，他们轻轻地在走廊里走过来又走过去，好像那块地毯没有尽头，虽说两人的房门挨得那么近。可是我们怎么知道，是什么样的目光，什么样的沉默，什么样的爱抚巩固了他们初生的情投意合？是什么样的赞叹用烙铁在他身上留下印记？她在情感上给弗兰茨启了蒙，是否在性上面也是如此呢？弗兰茨的肉体是否不顾瘦弱，沉湎于狂欢呢？如果不排除这点，那我们就可以对此存疑，因为回想起那些日子，一缕纯洁的青春馨香似乎熏得他如痴如醉。我们将看到，爱情的光环凝固了他的情欲，爱慕就是禁止的同义词，这些情形是那么经常地出现，以至于禁欲在他似乎是可行的。除非弗兰茨完全被那位女子征服，在楚克曼特尔成功地做出了引人注目的事情——这也许说明了他对往事难以忘怀，也可能预示了他未来的挫折。

我们且把这些推测搁置起来，看看卡夫卡之所以对福楼拜的《情感教育》十分崇拜，其源头是不是楚克曼特尔那场情事。我们可能忍不住要给那位起了决定性作用的陌生女子配上阿尔努夫人的面孔，扎上她的头发，戴上她的红丝带草帽，穿上她的浅色平纹绸连衣裙，披上她的肩巾，拿上她的小阳伞。一如福楼拜，卡夫卡完全可以说，"甚至连占有身体的欲望都消失在一种更深的欲念之下，消失于一种痛苦无边的好奇心之中"。正如阿尔努夫人在船上所做的那样，她肯定要阅读什么作品，当她的"两个嘴角翘起来"，或者"一缕快乐的光芒照亮她的额头"时，弗兰茨大概也会嫉妒"发明了这些似乎把她迷住的东西的家伙"。写作即是最优雅的诱惑方式。写些故事来征服她，那将是奇迹般的结合——爱，阅读，写作。看到她，接近她的幸福，失去她的担心，留住她的意愿。楚克曼特尔镇的女子，或者《情感教育》里弗雷德里克的阿尔努夫人。

马克斯·勃罗德提到自己曾收到弗兰茨寄来的另一张明信片，但他没有公之于众，这就更使此事变得迷雾重重。明信片上面是同一地点的森林风景。在朋友的信文下面，作为附言，出现了一个陌生女性写下的这些文字："这是一片森林。林中可能会很好玩。来吧。"次年，即1906年夏天，卡夫卡重返楚克曼特尔镇。在那里他是否与神秘的情人重逢？勃罗德提到的那张明信片是否寄自这第二次逗留期间？卡夫卡在信中邀请马克斯前去会合，并给他在离疗养院不远的地方订好了客栈。那段楚克曼特尔之恋是否又开始了新的一幕？是否带着同样的激情？这些情况，我们都一无所知。不过梅开二度的奇迹还算不算奇迹？

归来以后，弗兰茨陷入长久的失望之中。后来他对菲莉斯说："我几乎整个儿冷了下来，对什么都不感兴趣。"明知不可能实现的爱情，他却要在里面安营扎寨，当然要遭遇"溃败"。他的健康每况愈下，即使他不肯承认新近的爱情与这种转变有关，我们又怎么可能不相信他把楚克曼特尔的珍宝装进了记忆。从此他就成了遭受幸福放逐的人。那段爱情如果不是幸福的完美图景又是什么？只因为它太完美，才不可能重演。此后，卡夫卡找到了同样的自信，同样的从容，对所爱女人同样的信任吗？分手之后，他一反常态，未写一封信。连一行文字、一个符号、一声再见也没有留下，只有比所有的情话、甚至坦白更意味深长的沉默。静寂无声的结晶过程，把这段经验变成了绝对的参照。且让我们把密伦娜和最后的朵拉留在死亡的大门之外。当我们看到卡夫卡憧憬着几乎永远求之不得的"亲近"时，不要忘记1905年夏季留下的淡淡印记：楚克曼特尔镇，或者一张无与伦比的丰满面孔。

"您爱我，多少是出于怜悯，
我爱您，则是出于恐惧。"

第四章 白裙与怜悯

1907年夏,弗兰茨获得了他的"缓期服刑"。一年前,他就已经把法学博士文凭装进了口袋,一段学业已圆满完成。在正式走进工作这个陷阱之前,他试图拖延时间,并清楚地知道等待他的将是什么:在办公室是不大可能写小说的,因而创作只能沦为"晚间的慰藉",只能在夜里,在睡梦中进行。怎样让写作与职业协调一致?这个问题困扰着这个优柔寡断的夏天。为了守护文学,他决定找个与之毫无关系的职业。剩下的事情,就是希望人家允许他按照个人实际来制订作息时间表。不过且慢,地狱可能在等候他。

8月,他来到摩拉维亚的特热什季,在舅舅西格弗里德家住了一段时间。西格弗里德是个乡村医生,善于骑马,信奉自然主义。他见外甥身体羸弱,便要他来乡间疗养锻炼。体操、游泳、划艇、骑马,无论是舅舅讲的课,还是他这个独身者令人羡慕的生活,都留在了弗兰茨的记忆之中。弗兰茨借舅舅的摩托骑,下水洗澡,晒太阳浴,翻晒干草,在草场放养奶牛与山羊。他优哉游哉地闲逛,打打台球,喝杯啤酒,当然地平线上少不了一个少女。弗兰茨对朋友马克斯·勃罗德讲述说:"我和一个少女在公园一直逛到半夜,虽然她很多情,但并不讨人喜欢。"

有一个,确切地说是有两个少女来村里度假。她们都很"聪明"。黑德维希是个大学生,年方十九,比弗兰茨小五岁,在维也纳攻读哲学。他勾勒出了这个少女并不怎么迷人的模样:

个子瘦小，两颊红润，戴着近视眼镜，两条腿又短又粗。他有时会梦到这两条腿。他对马克斯·勃罗德说："正是通过这种迂回的方式，我才知道一个姑娘美在什么地方，才因此而坠入爱河。"至于另一个少女阿加莎的魅力，他却闭口不提。为了让弗兰茨显得不那么残忍，让我们来看一帧照片：短发齐耳，面如满月，笑容恬静，黑德维希有一口漂亮的牙齿，两个甜甜的酒窝。

若干年以后，在写给菲莉斯的一封信里，他把年轻时恋爱那种快乐的轻松与和菲莉斯恋爱那种"可怜的借口"作对比，说自己很容易爱上少女们，也很容易抛弃她们，或者被她们抛弃，但一点也不觉得伤心。这话是否属实倒要看看。对这种唐璜式的潇洒，他小心地作了改正，承认那个"们"字有可能让人产生错觉。在特热什季乡间，引诱者使出常用的武器，首先是最喜欢的武器——朗诵。他为黑德维希和阿加莎朗诵了马克斯·勃罗德的一些短篇小说，其中有一篇是写朋友弗兰茨的，只是没提他的名字。这是个小小的伎俩：你们认出我了吗？他还带了司汤达的作品：难道爱情攻略不需要阐释吗？而这种阐释，恰恰就是爱情的前奏曲。不过当心不要自我发现过了头。司汤达和卡夫卡有相似之处，两人都不安，都陷在迷宫之中。尤其不要忘记，他们都对拿破仑怀有敬仰之情！对于年轻作家来说，听到别人劝自己要"冷酷"，这是多么惊人的一课。司汤达在《论爱情》里说："我以为记下了一个真理，却只有一声叹息，我总是为此而颤抖。"弗兰茨的行李中也有一份杂志的最新一期。这份杂志是他订阅的，还带着些油墨味——刊载色情文学作品的《蛋白石》杂志，由一些当代画家绘制插图。在布拉格父母亲的家里，弗兰茨小心藏起整套杂志，与银行存折放在一起。由此可见性与金钱都是秘密。腼腆的小伙子就像"一根杆子"，在黑德维希与阿加莎面前摆来摆去。对他来说，用这些黄色图文来做饵食，诱惑力应该够大了：难道他不总是显得热心于完善少女们的教育吗？

除了不上不下的相貌，还有什么让他留在黑德维希身边？或许是一种活力，一种生活欲望，一种张开大嘴啃咬世界却又照常关注别人痛苦的欲望——他甚至嘲笑两个女大学生的政治信念，要她们"闭紧嘴巴，免得冒失诋毁什么原则"。我们将看到弗兰茨也为一些类似的品质所打动。总之这是两个口无遮拦的少女，这个特征已经让人想到未来的密伦娜。一句话，他在追求自身所缺乏的力量。不管是什么力量，只要在生活动荡时能够依靠就行。

假期过完了，一回到布拉格，他就给黑德维希写信。这是给她的第一封信。他在信中说"自己很累，有点不适"，打不起精神，一晚又一晚地站在阳台上看着河水奔流，连"社会党人的报纸也没有心思读"。黑德维希留在特热什季照料病人。远离那里，弗兰茨当然魂不守舍，焦虑倍增。明日会如何？在女人面前，弗兰茨变成了一以贯之的卡夫卡。在睡上那张空荡荡的大床之前，他给黑德维希写信："您爱我，多少是出于怜悯，我爱您，则是出于恐惧。"恐惧，要命的词已经说出来了。

一到9月，一大堆计划和要作的决定就缠住他，"让他忙得晕头转向"。他打算去维也纳与黑德维希见面，同时摆脱工作的幽灵，准备在那里攻读商贸课程。可是你有你的打算，我有我的主张——与此同时，黑德维希却表示愿意来布拉格。维也纳还是布拉格？他们在两座城市之间"跳起了方块舞"。弗兰茨坚持道："您需要布拉格，可是我更需要维也纳。"由于两人都觉得不可能达成妥协，而且都希望尽快动身，弗兰茨就给她寄出了最后一张明信片：何不一同去巴黎呢？可是黑德维希却会错意了：她不明白，弗兰茨正盼望她帮自己一把，以摆脱办公室虎视眈眈的危险，砸碎看不见的锁链。其实对他来说，去维也纳、巴黎或者别的什么城市都无所谓，只要离开布拉格就行。他已经心灰意冷，唯愿逃离"这可恶的城市"。后来，菲莉斯再度激活了他的这种愿望，届时柏林在他眼里成为唯一的逃生门。面对黑德维希的犹豫，他丢掉幻想，留在布拉格，听任日常生活这张网把自己裹住。她会前来相会吗？他写信催促，不是坐立不安，就是卧床不起，还登了个广告，为她谋求小学教师或者家庭教师的职位。结果两个职位都有人提供，他求她快来。见她一拖再拖，他失望了，写信抱怨："您还在想摆脱我。"

1907年秋天，弗兰茨成了意大利忠利保险公司的囚徒，每天从早上八点到晚上六点都忙着一份索然无味的工作。他对办公室的差使发出第一声抱怨，此后就怨声不断："得挣钱买地修坟。"一份体检表证明他能够胜任工作：身体单瘦，但是体质健康，身高1.82米，体重62公斤，看上去比实际年龄小。工作合同是有理由让他苦恼的，不但要保证每天超时工作，星期日有时也要加班。让人觉得舒服的地方，就是经理部每两年给一次假，为期半月。面对着一大堆活儿，他只有梦想有朝一日被"派到一个遥远的国度，坐在办公室的扶手椅上，透过窗户看种满甘蔗的田野，或者伊斯兰人的墓地"。整个夏季，他都希望"马德里的叔叔"，也就是西班牙铁路公司的经理给他在南美或者亚速尔群岛找份工作。他心情虽然不畅，却在学习意大利语，指望去的里雅斯特。天堂在西班牙，地狱却叫布拉格。他住的那条街通往河边。他说，"在想投水自杀的人看来，这条街就是一块跳板"。后来，在给菲莉斯的一封信里，他提到通往办公室的走廊一角，每天早上，他从那里走过，惆怅就袭上心头。只要性格再果断一点，再决绝一点，他就会因此自杀。短暂的星期日也不能使他活跃："上午睡觉，下午起床洗头，傍晚出去走走"。

给黑德维希写信会不会是治疗无聊的良药呢？于是一种习惯开始形成，其前景非常广阔。为了试着挽留她，弗兰茨向她提了许多问题，希望了解她在维也纳的生活。她要去参加一场晚会吗？他就问她几点钟到，几点钟离开，坐在哪个确切的地方，穿什么衣服，笑了没有，或者跳舞了没有，有没有人盯着她看十几秒钟，回家后能不能睡着。刨根究底问这么细，令黑德维希有点恼火。照他说来，每一个细节都"很重要"。黑德维希怀疑弗兰茨利用书信设圈套，便小心提防，生怕掉进陷阱。"您把我想得这么坏呀"，弗兰茨反驳道，指责她对自己怀有"某种憎恨"。这并不是情人吵嘴、吵过又和好的那种，而是陷入了僵局。弗兰茨还没有学到能够用书信让倔强的姑娘听话的那门本事。再说，他的回复也迟了，倒并不是因为懒惰，而是受到恐惧的折磨。他告诉她说："我怕写作，怕投入这种可怕的工作。此刻我的全部不幸就在于失去了这种工作。"吐露这番实话另有深义，可惜黑德维希没有听出来。在保险公司工作的头几年，卡夫卡一篇东西也没有写。

　　由于黑德维希把一个熟人写的一首诗转寄给弗兰茨，作为交换，他也寄去一点"不像样的东西"。那是一年前写的，是一首诗的片段，名叫《被打发走的恋人》。弗兰茨感到黑德维希在疏远自己，这几句诗就像是对此作的报复性回应。诗中叙述一个男子与一个漂亮姑娘未成的约会。叙述者邀请姑娘"行行好，来会我一面"，可是姑娘却一脸傲气，走自己的路，让他知道了自己的卑微："您又不是公爵，出身名门贵胄；您又不是美国人，长着印第安人的骨架……"男子狠狠地瞪了她一眼，用轻蔑的声音惩罚她："您的胸脯长得还算丰满，大腿和屁股却不成模样。"于是两人各走各的路。大概写于同时期的

《一次战斗纪实》，虽然并没有那么好斗，却以一种残酷的兴致来揭示姑娘们红颜易老，一如她们的裙袍，穿不多久便鲜丽顿消。这些"肌肉紧实，踝骨精致，皮肤光润，秀发翻波"的美女，晚上过了销魂时刻，在镜中便会发现"一张泡肿、憔悴、黯淡的脸蛋，一张看得太多勉强可用的面孔"。这是对姑娘们的同情：她们的性诱惑总是让弗兰茨陷入一种"忧伤的恍惚"。

"生活是可恶的。"1908年年初弗兰茨写信对黑德维希说，但又暗示，如果他们都确认这一点，生活或许就没这么可恶。但这还得要犹豫不决的姑娘不再犹豫才行。一股呛人的忧伤包裹住被办公室遮蔽的地平线。一切都被遮住，一切都被掩盖。如果黑德维希的生活显得有方向有目的，那么弗兰茨的生活则脱离了他的控制，就像"一个少女逃脱你而去一样"。他认为自己可以用来"折磨少数接近他的人的耳膜"。对弗兰茨的抱怨、呻吟，黑德维希感到厌烦吗？整整一年，看不到两人通信的蛛丝马迹，信件也许失踪了，至少没有寄到布拉格。马克斯·勃罗德的一封信让人作出这样的猜测。信里提到6月的一晚，弗兰茨坐在"亲爱的H.床边"，"红被下面掩盖着H.男孩一样的躯体"。松散的关系。同一天晚上，弗兰茨闷闷不乐，和另一个姑娘参观了一个展览。床铺可以等待。

1908年7月，弗兰茨换了一间又一间办公室，不过都是在布拉格，最后进了专门处理工伤事故的劳工保险公司，从此就在这里干下去，一直到去世之前才离开。这里的工作时间表更有弹性，干到下午两点就可下班，即使他被官僚主义"可悲的文山纸海"埋住也是如此。后来他就以自己的方式，成了应付这些事务的专家。秋天，弗兰茨在波希米亚山区住了一星期，回来后承认自己有些"心慌"："谁也不能忍受我，我也不能忍受谁。"他向马克斯·勃罗德诉苦道。说出心里话之后，他内心的苦楚稍稍减轻了一点。为了寻求"友好的"接触，他和一个妓女到客店开房。那女人"太老，还那么多愁善感，不可能了"。他只求她温存一点，她也只求如此。"太需要某个人了"，这次相遇的结果，就是这样一句话："我没有让她快乐，她也没有排解我的郁闷。"

马克斯·勃罗德的订婚让弗兰茨的失落更加明显。作为贺词，弗兰茨对他说："我不知道这种事有什么幸福的。"马克斯·勃罗德拂袖而去。但后来，弗兰茨又在圣母雕像前找到了这位夜游的酒友，两人一起去伏尔塔瓦河边的花园转悠。他们也经常光顾那些小酒吧，那里的侍女殷勤可人。烦闷的人有一大群。有个可怜的女人叫约琪，穿着迷人的服装，愿意把自己的肩膀提供给苦恼的男人靠一靠，对于世道人心，她比大学生黑德维希看得更清，知道"一个人愁苦得很，也就离幸福不远了"。

一年过去了。就像是音乐中的一个主旋律，这一年还是那个沉闷的评语，弗兰茨对马克斯·勃罗德说："两年来，我很失望。"得不到慰藉，也没有回忆，楚克曼特尔镇留下的空白没法填补，对黑德维希也不再抱幻想。那姑娘固执得很，弗兰茨想让她丢掉那份矜持，却没有做到。她为什么要摆脱他，难道她从不曾生出一丝爱恋？弗兰茨察觉姑娘想打退堂鼓。她在以自己的方式为密伦娜的登台作铺垫，即使她苍白的面孔无法与密伦娜相比。我们且不要指责这个少女，因为她察觉到了弗兰茨的焦虑，肯定觉得不知怎么办才好。我们只能指出，在卡夫卡与一生的魔鬼作斗争的关键时刻，特别需要帮助。可是人家答应的事，却没有履行承诺。"白裙与怜悯"作出允诺，把整整一个夏季打扮得那么漂亮，可是却不肯拿出一点爱，来安慰一颗忧郁的心。

"小姐，您的信……"1909 年 1 月，是绝情的月份。弗兰茨试着玩点什么花招，就像后来与别的女人绝交时所做的那样。他先是说服她同意见最后一面，然后又躲开她——她应邀上他父母家吃饭，他却在办公室逗留，不去与她见面。生活在继续。他不是"很有办法安慰自己"吗？为了忘却"不爱他的那位少女"，弗兰茨经常去音乐厅打发时间。那里是"受骗男子"的避难所。难道他曾经相信这段爱情是真的？我们大可存疑。其实他早已披上了忧郁的大衣，只是想给大衣染点颜色罢了，即便如此，也没有多大信心。经历了这场挫败，弗兰茨就更把自己关在孤独之中，次日，在瑞士作家阿米耶尔[1]开始记日记的年纪，他也将开始"抱紧"自己的日记，就像在水中抱住一块

---

1 亨利·弗雷德里克·阿米耶尔（Henri Frédéric Amiel，1821—1881），瑞士哲学家、诗人、批评家，其私人日记在死后出版，在欧洲赢得盛誉。

木板——日记就是他的"美杜莎之筏"[1]。

弗兰茨给黑德维希写了最后一封信。过了四个月,黑德维希把原信退回,结束了这最初一段雁去鱼来的传奇。一如之后的恋情,这段故事也是在"办公室打字机敲出的音乐"之中荡漾出来的。此前一天他曾对黑德维希说,"我的铅笔都恋上您了"。幻想破灭后,他不肯宽恕女方:她怎么敢抱怨孤单呢?这些狠心的话表达了他的怨恨和悲伤。他回信说,"孤单本身含有慰藉"。被抛弃的人谈起了经验,因为他饱尝个中滋味,在那种状态中,"失魂落魄,想自杀都不成"。孤独会挺过去的,在春天比在冬天更容易。"我都能挺过来,您就更不用担心了,因为我确实没有任何办法,只有倒下。"穿白裙的薄情姑娘应该学会忍受。

---

[1] 1816年法国帆船美杜莎号在毛里塔尼亚浅滩失事,船长和其他官员乘救生船逃命,剩下的至少147人被抛弃在临时搭制的木筏上,在茫茫大海上漂流,最后仅15人存活。法国浪漫主义画家泰奥多尔·籍里柯的名作《美杜莎之筏》(或《梅杜萨之筏》)即以这一惨剧为题材。

他在日记里随手写道：
"我乐于想象这样一个场面——
一把刀子转过来，扎进我的心口。"

第五章 木偶剧场

卡夫卡有一张照片，就是那张他戴着圆顶礼帽，略低着头，站在一条狗旁边的照片。那是最有名，也最让人摸不清底细的照片。对我们来说，这张照片**就是**卡夫卡，一看到它，我们就不可能不想起《卡夫卡日记》里的那段话。那是他某天揽镜自照之后写下的："这是一张纯洁的面孔"，"带着谜一样的目光，令人难以置信"。优雅的微笑，若有所思的神态，如果照片不是伪造的，卡夫卡就这样带着那只稍有点忧郁的狗走过文坛。清教徒的剪刀已经对照片动过手脚，把另一半剪掉了。那一半是个姑娘，站在狗左边，也像卡夫卡一样，一手摸着狗头。凝固的微笑，空洞的目光，姑娘穿着一件大扣紧身衣服，一顶法国军帽下面，是翻滚的发浪。她是个咖啡馆的女招待，名叫汉茜，据说"从她肉体上经过了整团整团的军队"。马克斯·勃罗德讲述说，弗兰茨迷上了汉茜，这份痴情让他"非常痛苦"。那把放过了狗的尊容的剪刀，把几乎无足轻重的东西扔进了布拉格的黑夜：一个小馆子的女招待，还是什么大人物不成？

在勃罗德看来，青少年时代的弗兰茨"绝不孤僻"；他"感情虽然忧郁，精神却很快乐"。他们几乎每天都要见面，可是尽管如此，这位亲密朋友的证词，却还得小心采纳。卡夫卡对菲莉斯说："我身上的东西，马克斯看不清楚；要是他说看清楚了，那绝对是弄错了。"与人相处时，孤独的弗兰茨把他的幽默当作面罩使用。在布拉格的晚会上像蝴蝶一样飞来飞去的小伙子留了一份心思，就是不能过于靠近火焰。《一次战斗纪实》

的叙述者说:"白天办公事,晚上搞社交,不论干什么,都要适可而止。"弗兰茨经常出席那些生有小火炉的小型舞会,不是去跳舞,而是做看客,因为那里的姑娘都只在"光溜溜的脖子"上扎条绒带。她们喝了点葡萄酒,两颊绯红,嘴唇微启,听任人家亲吻自己的"嘴巴、耳朵和肩膀"。弗兰茨面前放一杯甜烧酒,想入非非,好像自己"也得到了"姑娘们的亲吻。那是姑娘们给予最幸运的伙伴的奖赏:"她们亲吻他的时候,好像也同时在亲吻我。"

同学生时代一样,比起那些晚会,弗兰茨更喜欢去咖啡店和酒馆,整个青年时期都经常光顾。他喜欢那些小馆子,那些紧巴巴、灰蒙蒙、热烘烘的偏僻角落,如埃尔多拉多、吕塞纳、伦敦、特罗卡德罗酒吧。在雪茄的腾腾烟雾中,钢琴师表演起杂技,姑娘们舞着一根棍子,粗壮的大腿上绷着丝质短裤。弗兰茨与汉茜或者约琪同坐一桌,缩着身子,靠着她们的肩膀。他喜欢这些"满脸皱纹"的姑娘作陪。她们不论唱歌跳舞,穿的衣服都是下等货。《卡夫卡日记》里随处可见她们的身影:漂亮的雷奥妮"动作迟缓,眼皮耷拉","两条长腿踢得呼呼作响"。还有法蒂尼莎,她是从维也纳来的歌手,演了一场青春爱情戏,把观众逗得直哆嗦。她的笑声"浑厚柔和",让弗兰茨想起汉茜。而汉茜"非常美丽",踝骨长得精致,"微笑甜美"。这些昙花一现的人物,像人造的过时的神奇闪电,把夜空划出一道道印痕,弗兰茨对她们生出一种掺杂着怜悯的温情。她们像穿着旧裙子的洋娃娃,虽然快乐地搅动着灰暗的时间之水,他还是在那嘈杂的声音里听出了她们的失望。她们跟卡夫卡一样,就"这么"干着,尽力显得快乐。她们自己需要安慰,却反过来安慰他,成了他夜间的心上人,逗他开心发笑的恋人,甚至弄得他认真起来。他告诉菲莉斯说,自己很喜欢"咖啡店音乐会",对小酒馆那些"节目"也很感兴趣。"我觉得自己深入地理解了它们,达到了深不可测的地步。我看那些节目很来劲,心怦怦直跳。"但是如果结了婚,他绝不会带妻子来这里。

从小酒馆到妓院只有一步之遥。一些同学把他带到这里,他的行为可以预见:他微微一笑,并不反对,但就是小心不让自己喝醉。在世纪之初,布拉格并不缺少妓院。有人作了统计,当时布拉格有三十五家妓院,五百多个职业妓女,至于业余卖淫的,那更有十倍之多。颇有讽刺意味的是,卡夫卡的故居,麦塞尔加斯街角上那座房子,隔壁就是一家妓院。时代的习俗,年轻人自是难以避免,可是快满三十岁的卡夫卡,却是以自己的方式造访了妓院,也就是说,他对妓院既着迷又嫌恶。从《卡夫卡日记》的头几页起,我们就读到了这句话:"我从一家妓院旁边经过,就像从一个被爱的人门前走过。"不过在《卡夫卡日记》第一版面世时,这句话被删掉了。

1913年秋天,受一种"无法想象的忧郁折磨",弗兰茨有意往那些花街柳巷跑:"从那些妓女面前经过,我只觉得有一种可能性在刺激我,虽然是隐隐约约的,可是再缥缈,也是存在的。"他扪心自问,觊觎她们算不算下流,他承认并不觉得"惬意",可又认为实现这个欲望"其实也不算罪过"。他到底要干什么?他的肉体"常常可以让自己忘记好些个年头",却"难以容忍地"渴望再度尝到那种"让人有点难堪的、肮脏的可恶的快乐"。他二十岁时那位售货员让他尝到了那种滋味。有谁比街头妓女更能满足这种烦人的期待?他的偏好把他带向那些成熟一点的庸俗女子,她们用一些不值钱的小玩意儿装饰过时的连衣裙。有时,下午下了班,他就走着去会她们,那会儿她们还穿着厨娘或者保姆的衣服,这身装束激起他的情欲。相互望过几眼,他就注意到:"除了我,没有谁会觉得这身打扮迷人。"晚上,看到妓女做好职业打扮,正要拉客时,他就两次回过身去"望她",然后不声不响地离去。引诱了又逃走,难道不比坐在街头咖啡座,看着"一个妇人挺着大奶子气喘吁吁地"从面前走过更快乐吗?这种街头色情节目,弗兰茨在一边看得有滋有味。

妓院不许闲人旁观,这反倒造就了另一种节目,成了激起欲望的一种手段。那装着多面镜子、挂着红色天鹅绒帐幔的金碧辉煌的场景,处处流光溢彩、交相辉映,搞得人目眩神迷、不知所以。房间里,天真无知的女孩们脱掉衣服,摇晃着臀部,滑稽可笑地模仿着贵妇人的姿态在地板上行走着,镜中映照出无数个她们。在冷漠的空气中,她们讨到一支烟后,就坐在桌子上。所有的倾身、轻触、暗示,都无非是挑逗客人的伎俩。

只需像看场廉价电影一样花上四个铜板,便可上楼尽情享用这些,剧院版的布景自会掩盖掉那刺目的、微微散发臭气的肉体。剩下的事就是挑人和"上场"。没人逼迫你做,尤其没人强迫心脏怦怦直跳的弗兰茨。弗兰茨之所以喜欢这里,就是因为这种被情欲加快的呼吸,以及欲望的伸手可及。在这个场景里,妓女活像"儿童剧场里的木偶",被搅得非常复杂的欲望变得极为有趣。只要付钱,就可以把自己心血来潮迷上的女人抱在怀里,并且突然一下,她的裙子就"从你手指间散落"。

弗兰茨在这剧院般的半明半暗中做梦,似乎色情游戏要求上场参与,才好遏制恐惧。他想象一个妓女跨过他的椅背,跳上舞台,她将在那里表演。他从她赤裸的背上,从"非常白净的皮肤上"看到髋骨上方有一块淤斑,一处擦伤。不过,一旦上台,她就现出一副"清纯的面孔"。另一个梦,被弗兰茨写进了日记。他梦见一幅油画,认为是安格尔[1]的作品。"一个千镜森林中的少女成为呈现在他目光之下的大量女性肉体之一",有一个肉体"扭着腰肢",脱颖而出。诚然,他觉得画技不错,可是他却沉迷在"裸露过多"的姑娘肉体上。"那是真正的裸露,真的让人忍不住触摸。"妓院的这种景象一直纠缠着他,有时甚至到了让他害怕的地步。就像在这个梦里,他"满足于"用一种均匀的节奏抖动一个妓女的大腿根。他从中获得如此大的

---

[1] 让·奥古斯特·多米尼克·安格尔(Jean Auguste Dominique Ingres,1780—1867),法国新古典主义代表画家,其笔下的各类裸女形象堪称艺术史上的永恒经典。

快感，却不需要付费。他为此觉得大惑不解，因为这种消遣委实是最令人销魂的事。那妓女站起来以后，他看见她背上布满了被火漆烫出的一圈圈疤痕，身上也都是那种烙印。"我拿大拇指去按她大腿上那些斑痕，那些红斑粘住我的指头。"我们也无需坚持，梦想与作品是用同一种料子做成的。卡夫卡的长篇小说里，也表现了米兰·昆德拉在安德烈·布勒东之后提出的"梦想与现实的融合"。在这些作品里，妓女是，或几乎是女性唯一的面孔。

在旅途中，逛逛妓院只是一个必经的阶段。1911年夏天，弗兰茨穿过瑞士，沿着意大利的湖泊往南走，与形影不离的马克斯来到米兰。刚刚进城，他们就问自己："去哪儿呢？""找姑娘们玩去。"弗兰茨对一个外形丰满的妓女作了描写："肚子腆出来，悬在双腿之间。"当她下床以后，透明的裙子里面，那只肚子就像戏台的幕布，收拢成一束。他也是无可救药，又描写另一个妓女，夸她有"两只具有丰富细节、有很多话要说、充满情感的圆膝盖"。这些外国美人尽管无比娇媚，可是两个朋友听到霍乱流行的传言，还是决定缩短在意大利的假期，坐火车来到巴黎。

一年前，弗兰茨也在巴黎住过，不过那个假期因为一个突发的状况而被毁了——身上长的疖子裂口了，直往外汩汩流血，迫使他尽快回到布拉格。这次旅行看似兆头很好，于是他让自己在1911年的9月上旬，闲逛上一个星期。他处处觉得好奇，整天在外奔走,以至于晚上一定要泡泡脚才行。他喜爱福楼拜,随着他的足迹四处参观,尝到了"巴黎那股好空气,似乎满含着爱情的气息和智慧的光芒"。看到卡夫卡在巴黎,并通过他的眼睛看巴黎,看这座他感受如此深的城市,那真是赏心乐事。巴黎这个世界之都,就像一个低级酒馆的女歌手,一把揪住他的脖子,目光却是暧昧的。他在日记里写道:"巴黎被划上一道道印痕。"百叶窗的横叶,阳台的栏杆,花园的栅门,露天咖啡馆椅子的脚,埃菲尔铁塔的骨架,城市已经布满线条,画满了影线。烟囱的形状"像花瓶",谁又更清楚地注意过?这位未来的地下作家搭乘地铁,以更好地捕捉巴黎的本质。他注意到天穹下耸立着杜本内酒[1]的广告。他在街上用午餐,吃了一个果子,一只果酱馅饼或者一块杏仁蛋糕。真像过节,虽说他认为巴黎应该出产更精美的糕点。在小丘街,他遇到另一些好吃鬼。那是一些洗衣女工,好像"早上刚刚起床,还来不及梳理"。普瓦松尼埃林荫大道上,有个妇人推着一辆小车卖书,价格过低以至于无人敢买。终于到了塞瓦斯托波尔林荫大道,一座平静的避风港。那里有家咖啡厅,女招待端来一杯酸奶。弗兰茨说:"她好像理解我的哀愁。"

凡尔赛列进了他们的旅游计划,弗兰茨乘火车去那里。在排成一线的小酒吧前面,他快乐地想象着:"一对夫妻开这样

---

[1] 杜本内酒(Dubonnet)是法国名酒,是法国开胃甜葡萄酒的典型代表。

一家酒吧,过这样一种惬意有趣的生活是多么容易啊!"这是他梦寐以求的生活。后来,他计划去巴勒斯坦的时候,又记起了这回事。在那之前,他参观了城堡,那里的一幅油画把他迷住了,画的是拿破仑在瓦格拉姆露营的情景:皇帝寒夜独立,凝视着一堆篝火。卡夫卡对拿破仑十分崇拜,他后来多次用征服者那把战斗的古尺,来丈量他那些可怜的战斗,寻思胜败的不可测量。他把自己性生活的那摊稀泥,拿来与"那些重大历史战役"对照。"那场战役虽是由一件小事决定的,但绝不是因为一件小事而出名的。"在荣军院,他见到了圣艾蕾娜的雕像。接下来是卢浮宫。一些姑娘坐在那里的廊柱之间,埋头写明信片,不时地瞟一眼旅游指南,看是否到了开门的时间。在展厅,他从一面墙看到另一面墙,生怕漏了什么。在巴黎历史博物馆,一幅伏尔泰的画像把他迷住了:伏尔泰从床上跳下来,衣服才穿了一半,就忙不迭地叫人记下他的思想。要是能够这样写作多好!

弗兰茨白天在街上闲逛,在花园里游玩,因为年轻姑娘都去那里。晚上则上剧院看戏。表演《费德尔》[1]的女演员让弗兰茨失望,因为他在拉歇尔[2]身上寄托了太多的梦想。他跑到喜歌剧院,那里正在演《卡门》。"太累了",最后一幕没有看完,他就回了旅馆。导演拙劣,"配角慵懒",跟他在布拉格看到的

---

[1] 法国著名剧作家拉辛的悲剧代表作,也是他最后一部作品。
[2] 拉歇尔(Rachel, 1821—1858),19世纪蜚声巴黎和欧洲剧坛的悲剧女演员。

演出简直没法比。在故乡，他有一天带一个非常年轻的姑娘去看《卡门》，好像姑娘的在场能够抵消卡门的热情。卡夫卡对音乐家比才[1]的痴迷，跟当年的尼采一模一样。作为一个自由、放肆、堕落的角色，卡门难道不是正向他证实了那种"女性爆发的情欲"，那种让他害怕的"本能的淫秽"吗？

如果不上妓院，这次到巴黎的朝圣就漏掉了一站。那些红楼绿馆的组织和妓女大胆厚颜的"女战士风格"让他吃惊。无所事事的嫖客在若明若暗的客厅里等候，就像德加的画作里的人物。生于1881年的毕加索与卡夫卡是同时代的人，他又把这些人物画了一遍。一些"亚维农少女"[2]，身影却像贾科梅蒂刻刀下的姑娘。妓院滋养了一部分现代艺术。姑娘们团团围住嫖客，摆出各种姿势。对弗兰茨来说，她们离人"太近了"，而你也没法观察她们，因为她们"太多了"，而且"直眨眼睛"。一个披着一头金发的妓女走到弗兰茨面前。她身体消瘦，缺了牙，捏紧连衣裙，用拱起的裙角顶住他的下体。"她的大眼和大嘴"张开又闭上，闭上又张开，吓得他赶紧逃跑。这时老鸨邀他上楼看看，他觉得自己不由自主地朝出口走去，也不知怎的就来到了街上。在妓院里，弗兰茨由始至终都戴着帽子。这顶帽子就成了文学的象征，正如福尔摩斯的帽子成了电影的象征。弗兰茨再一次逃了出来，而把嘀嘀咕咕的他领到了旅馆的

---

[1] 乔治·比才（Georges Bizet，1838—1875），法国作曲家，《卡门》是他最著名的作品之一。

[2] 《亚维农的少女》，毕加索的名作之一，1907年在西班牙的妓院中所绘。

那条道路，是如此"漫长、孤独而荒谬"。我们想到了年轻的尼采，不小心误入一家妓院时，在目瞪口呆的妓女们面前，坐到琴凳上弹奏钢琴才脱了身。更想到了《情感教育》里的弗雷德里克参观那"光怪陆离的场所"的情景。那里有一些穿着短衣、涂脂抹粉的姑娘，敲打着门窗玻璃，或者用"沙哑的嗓子哼着曲子"，活像是女妖们站在门口的台阶上，把所有年轻人迷得神魂颠倒。有一天，弗雷德里克与朋友扎了一大把鲜花，决定闯进去："弗雷德里克送上那束鲜花，就像情郎给未婚妻献花。可是炎热的天气，陌生人的担心，某种内疚，以及一眼见到这么多女人的快乐，凡此种种，都让他激动，以至于脸色苍白，一声不响地呆在原地，不敢向前。妓女们见他这么拘谨，都笑起来，觉得开心。他认为大家是在嘲笑他，就跑了出来……"就在这几句话后面，卡夫卡写了那句著名的批语："这就是我们将会得到的更好的东西。"因此，我们得知卡夫卡把《情感教育》当作枕边书就不必大惊小怪了。在意大利和巴黎游历期间，他记了许多笔记，还打算与马克斯合写一部游记，名字就叫《理查德与萨缪尔》。据勃罗德说，他甚至想改写一些导游书，后来这个计划并未实现，弗兰茨反而安慰朋友说："这是个美好的时代，何必要死守在文学上面呢？"

他们仅仅写出了第一阶段的旅途报告，也就是8月26日从布拉格坐火车到苏黎世的那一段。在皮尔桑车站，他们发现一个少女也上了他们这个车厢。她"漂亮，长着一只大鼻子，花边上衣上开着小小的低领",这就是中了圈套的阿莉丝。她看起来并不怕和人交往。由于她的帽子从行李架上落到了马克斯身上,谈话便带着笑容开始了。为了让她放心,马克斯装出结了婚的样子。阿莉丝是去因斯布鲁克[1]看望父母的,说自己是"瓦格纳作品的爱好者"。于是他们就鼓励她唱些曲子,可是她唱得并不准。她"浑圆的腮帮子上长着许多金色的茸毛",脸色苍白,似乎是长期待在办公室的缘故,上衣胸脯以上的部分打了许多褶。不过这有什么关系呢?两个朋友陪她去餐车吃饭。马克斯认为"会成",便建议她在下一站下车,一起去参观慕尼黑。

少女本不愿接受邀请,但是他们"强迫"她接受了,火车到站以后,三个人便钻进一辆汽车。弗兰茨觉得挤在车里"很不舒服"。阿莉丝坐在后座,生着闷气,觉得"一个年轻姑娘,深更半夜与两个男人一起逛街,总归是不合体统"。这一场戏演了不过二十分钟,最后以失败告终:阿莉丝就是不肯跟他们到旅馆去。也许弗兰茨那种过于客套的做派把一切都毁了。在城里,透过纷纷而下的雨帘,他们看到"空荡荡的长街被雨水冲洗,四周一片漆黑"。回到车站,漂亮姑娘换了一趟车,弗兰茨给她提行李。这就是故事的结局。这一幕让弗兰茨想起《白奴》[2],在那部电影里,两个陌生男人走出车站,把一个清白

---

[1] 因斯布鲁克,奥地利第五大城市。
[2] 1910年上映的一部丹麦电影,描述年轻的丹麦女孩被诱拐胁迫、逼良为娼的故事。其导演奥古斯特·布洛姆巧妙地将情色手法与犯罪类型结合,成为了这一时期最重要的导演之一。

女人扔进一辆汽车。劫持阿莉丝,颇有些电影的味道。

偷闲出游只是一种幻想,人其实时刻都把忧郁带在身上。9月底,弗兰茨在瑞士的一所疗养院休养了几天,让身体从巴黎的癫狂中恢复过来,然后又回到布拉格那座陷阱。似乎为了补偿最近的退避,他迫不及待地去了妓院。生活又开始了,确切地说,是一种"生活的替代品",他说在那里,"可能得到的幸福变得越来越不可能"。他放任自流,在办公室与写作之间游移。确切地说,不是写作,而是写作的虚缺。在那些不眠之夜,他从这种可怕的双重生活里看到的结局,那就是"疯狂"。他独自一人,过的是独身生活,也许到四十岁时娶个"门牙龅突"的老小姐为妻。这是他给自己编排的一种酷刑,其实他自己也不相信,因为他认为自己可能活不到那个岁数。

和平常一样,从下午到晚上,弗兰茨都在街上闲逛。街道也是戏台,他在这里大饱眼福,看到一幕幕活剧,并且生出一种闪闪烁烁的欲望。在肉类制品店的橱窗前面,他忽然生出"可怕的饕餮的胆量",想象自己大口啃咬着那硬邦邦的红肠。他的眼睛贪婪地吞吃鲱鱼和醋渍小黄瓜,把整个食品杂货店的东西一扫而光。这种在橱窗前面咽口水的快乐与在妓院门口瞧妓女的愉悦可以一比。在散步途中,如果他与"来来去去"的女人们混作一堆,那也是为了寻找这种刺激。从身边经过的姑娘,离他是近在咫尺,又远在天边。她们都是高贵的公主,其"优雅的脖子"让整条街道生辉。她们有多少人被写进了他那本日记？匆匆擦身而过又匆匆展现的侧影，一条飘荡的裙子，或者一只轻摇的脖颈，这些都在他的日记里被记录了下来，而且一直记到他去世，虽说1912年以后记得少了，但从未中断。

一大群白日里偶遇的姑娘，瞬息即逝的身影、细节、举止，凡此种种，都是伤口："小麦色的脖子上佩戴着金珠项链"的姑娘；"精心描绘的眼睛在嘴和鼻上投下阴影"的姑娘；"不梳头发，一副慵态，以显出云鬓纷乱"的姑娘；"低头听讲座，让一绺头发垂下来，令他不敢长久注视"的姑娘——那个小打字员如此专注，他看也没用，连用一根指头碰碰她的裙子都做不到；还有火车上那个清纯姑娘，她在车厢走道里经过时，手肘擦了擦他的髋部，弄得他心里痒了好久；还有在火车上，那个"肉鼓鼓"的屁股，或者另一个，手肘支在窗口，因为被他注意而得意，不停地回头瞅他；一个朋友的妹妹，靠在他的椅子上读书，不时地朝镜子望一眼，并用指头拨一拨插在袒胸露背的罗纱胸衣上的别针，好像他"望得还不够多似的"；那个连衣裙的袖扣闪闪夺目、美得不同寻常的姑娘。卡夫卡在日记里写道："我很少写出美的东西，可是写那微不足道的扣子，以及写那位无知的女裁缝时却做到了。"还有那个穿着褐黄色胸衣，往水果市场走，消失在远方的姑娘；有轨电车上那个褐头发褐面孔，一身黑衣，领口缀着白花边的姑娘——他看她看得如此"清晰"，仿佛就站在她身旁，触手可及，甚至可以看清她脑门上稍稍蓬起的头发，以及"长得周正的小耳朵的阴影"……

　　同一种幻觉，同一种无声的诱惑，同一种焦虑的寻觅，无数次的重复。在一个简短的日记片段里出现了一个无声的美人，是整理、装订《卡夫卡日记》的那位姑娘的孪生姐妹：如他这般的一个小会计，"见到女人就畏畏缩缩"，每天早上碰到一个姑娘，一连几个月都想同她接触。当他终于下定决心以后，又不知道该说什么，只是扯了扯她的衣服。这一次，通过一个文学试验，卡夫卡差不多把她感动了。一个幼稚而感人的举动，含着乞求又充满爱慕。最残酷的是，偶像虽然没有拒绝他这个大胆举动，却显出并不知情的样子，听之任之，"好像什么也没发生"。

　　走出布拉格足以冲破这层玻璃隔墙。有一天弗兰茨到郊区，想找父亲手下一个职员谈谈，因为父亲威胁要离开家族企业。有人看见弗兰茨在一个做保姆的少女家阳台下扮"罗密欧"。他说，"那少女向他射来垂涎的目光"，同时把两只乳房紧紧地压在栏杆上。他一扫羞怯之态，主动邀请她下来玩。引诱者不肯下来，于是你来我往地在人行道与楼层之间展开了调情。她十七岁，虽然穿着普通，可是在追求者看来，也就"十五六岁"的样子。弗兰茨这个"永远的少年"写道："我们在一起非常快活。"

　　出于工作需要，弗兰茨要到外省巡回视察，要到工厂访问，这些都是遇到姑娘的机会。不过那些姑娘之间也没有多少差别。

他进入那些工厂，眼光变得更为挑剔。20世纪初，守在噪声震耳的机器旁的女工，一副凄惨模样。那些裙子肮脏、头发杂乱、好像刚刚睡醒的姑娘，旁人见了都不理睬，碰着了也不道歉，"都算不上人"。那些受辱的女人，现代的女奴，擅长的无非是执行命令，或者被机器切断自己的指头。对这些可怜的残疾生命，被工业暴力贬低成工具的女人，他感到真正的同情。回到布拉格，卡夫卡博士极为细心地写了一些报告，就预防事故发表自己的见解。当然，这也是为了保险公司的利益，但也可以看出他对出门时见到的那些姑娘的同情。她们摘下头上的毛巾，把身体上下都刷一遍，然后褪下连衣裙。一离开地狱，她们马上焕然一新，"还算是女人"。这些女工"尽管脸色苍白，牙齿残缺"，却还能够微笑。那些年轻妓女，她们过的日子，是否也是这样呢？面对世界的丑恶，卡夫卡并没有闭上眼。虽然在另一个工厂，在"紧裹着工作围裙"的姑娘面前，卡夫卡又感到那好色的魔鬼在蠢蠢欲动。姑娘的装束让他想起包在襁褓里、用绳子系在床上的娃娃，"仅仅是让一种快乐得到满足"。他那双重的目光，投到了女工俗气的衣服下面。他忘记了那些年轻妓女。

"一切都是演戏。"1911年的秋天和冬天，弗兰茨经受了失望而痛苦的考验。一个犹太剧团从东部到布拉格演出，在好几个月里搅得他的生活十分不安宁，把他从孤独之中拉扯出来。他爱上了这些一文不名、默默无闻的街头卖艺人，情不自禁地投入他们的怀抱,为"这些杰出艺人"的"凄惨命运"而大动恻隐之心。剧团的保留节目是用意第绪语演出的。班主是一个叫洛维[1]的人,他与卡夫卡交上了朋友,让卡夫卡了解了东欧犹太人的传统。他就像是从陀思妥耶夫斯基的某部长篇小说里走出来的人物。卡夫卡如饥似渴地记录此人的回忆,在日记里写道,他对此人深为佩服,"简直到了五体投地的地步"。卡夫卡的这种感情,他父亲并不赞同,因为他看到儿子这样体面的法学家与一帮穷光蛋交往,很是不安。他对弗兰茨说:"谁会和惹了一身虱子的狗睡觉呢?"这句轻蔑的话刺伤并激怒了弗兰茨。有人看到他经常去演员所在街区的萨瓦咖啡厅,加入他们的生活,大大方方地花钱帮助他们,对他们的事情,如对外公布戏码子、兜售戏票等都操心出力。他甚至打算为洛维举办一场意第绪语诗歌朗诵会。卡夫卡找到了一些合乎心意的男女,这些人献身于一门得不到理解的艺术,承受了放逐的命运,他因此把他们当作不幸的兄长来敬爱,觉得在他们中间非常自在。他们不但是可恶的办公室和忧郁的布拉格的对立面,是治疗孤独的良药,是可在其中感受真实生活的团体,而且是卡夫卡的另一副面孔:喜欢冒险,热爱自由。后来,这副面孔的卡夫卡在《美国》的长途跋涉产生了很大反响。出走,就是永不可能挣脱锁链或者太迟挣脱锁链之人的信条。

---

[1] 伊扎克·洛维(Yitzchak Lowy,1887—1942),演员,生于波兰华沙,为卡夫卡好友,后死于特雷布林卡集中营。

卡夫卡积极接触这些犹太艺人也有别的动机。由于他经常出入于剧院后台，这点也就可以预见了：弗兰茨不久就爱上了几个女演员。其中一个，契西克夫人，尤其让他生出一段痛苦而秘密的恋情，而她本人也许都没有觉察到。她的年龄已经不小了，虽说把发辫解散，她还像个"古代的姑娘"。她年已三十，嫁了人，且做了母亲，因此只能把激情埋在心底，不可能与人相爱了。可是卡夫卡却恰恰看中了她。他在日记中不厌其烦地提到这个女人，说他"如此喜欢写她的姓名"。尽管他没有暴露其名，只是冠以一个"夫人"的尊称。她身上的一切都让他着迷：由于饥饿而消瘦的两颊，妊娠，巡演，"肌肉饱满的嘴巴"，"歪着脑袋"的样子，修长的身材有时"瘦骨嶙峋"，有时"丰腴圆润"，还有那水妖一般的影子。面对她"真实感人"但也变化不多的表演，好评从不枯竭。其实，这个女演员也热衷于这种情节剧的效果，因为她通常演的是受欺侮被冒犯的角色，这种效果是必需的。她天生就具有表演痛苦的本事：她把两手交叉放在胸前，射出惊恐的目光。又是一个无主见的女人。她们有粉饰感情的本事，弗兰茨因此而喜爱她们。

在台上，弗兰茨喜欢她们"抖胯"的表演，而在萨瓦咖啡厅，羞怯让他心慌意乱，口齿不清。尽管满怀"爱情"，他的表现却极其"糟糕"，有一天他的笨拙达到极点。他打算等"夫人"演完回到后台，送她一束鲜花，并且别上一张小卡片，上面写着"衷心感谢"四个字。可是到了关键时刻，他却不敢亲手交给她，而是把花放在一张桌子上，大幕一落，戏台上便送来了许多没有留名的花。他写道："谁也没有注意到我的爱情。"收花人也几乎没有注意那束花。他本希望通过这个举动来安慰自己对她的爱慕，却只能记下这些话："这完全是白费气力。"通过确认自己的失败，他补上一句："只可能通过文学或者交媾来安慰自己。"大局已定。

这个失败的行动并未让他灰心，相反，他的痴情有增无减。在剧团准备离开布拉格之际，弗兰茨的痛苦倍增。在告别演出的戏台上，在咖啡厅里，他不敢抬眼望一望女演员，因为只要一望，"人家就会看出我爱她"。那么，这个轻率行为就会"引出丑闻"："一个看上去只有十八岁的年轻男子，声称爱上了一个三十岁的女人。这个女人有丈夫，有两个孩子，而且大家并不认为她漂亮……"其实卡夫卡二十八岁了。还是知难而退吧，事实已经说明后退的必要，何况一开始就显示出这份爱情不会成功。于是弗兰茨放弃了这个女人。话说回来，即使她年轻，没有结婚，他也会放弃。我们在此已经触及了他爱情的核心。为这段不可能成功的爱情，他心甘情愿地作牺牲。他放弃了，但是对女演员的迷恋却是分毫不减："她那两只小手，那些细细的指头，那浑圆的手臂，又长又优雅的颈项，真是美啊。"然而契西克夫人的魅力却渗入了另一段记录："见到这些部位的赤裸肌肤，并不会让人想到身体的其他部位。"他带着某种感激的心情——在这个意义上，附在那束鲜花上的四个字似乎不那么合适——接受了她带来的痛苦,因为,他写道,这是个信号,"尽管我十分不幸,我仍然体验到了爱情"。但他旋即补充说:"然而并不是人世间的爱情。"这个"然而"让人伤心:弗兰茨的痴情让契西克夫人成了天使。过了一个月,两人见了最后一面。弗兰茨以同样忧伤的笔调记下了这次见面,因为他已经明白,他对她的爱"没有真正抓住她的心,只不过在她周围兜了一圈罢了"。

他听任自己揣测并捕获过路女演员的心,难道失败了?回答可以有所不同,因为尽管日记里写了许多信誓旦旦的爱情表白,似乎他想以此来说服自己,可是这个结果却不是他希望从她那里得到的。契西克夫人和洛维一样,是剧团再次引出来的另一种生活之梦的化身。把这个幻想与一个女人交叠在一起,他就可以沉迷于这种痴情。女演员把他向往的事情集中在一起,以一种爱情的战栗将它们扩展。一如他接近的所有少女或者少妇,他把契西克夫人也当作达到另一境界的媒介。如果他真有这种幻想,我们可以把这个境界称为自由。演员们一离开,卡夫卡的精神就垮了,重新陷入布拉格的泥潭,其原因就在这里。

这场不幸的爱情让他潜伏的失望显露无疑。他在日记里随手写道:"我乐于想象这样一个场面——一把刀子转过来,扎进我的心口。"恋爱不成,写作也不成,他便生出自杀的念头,而且有两次之多。秋天,寒冷的早晨,他想象自己从"窗口跳出去","伸开四肢在空中飞行",然后摔死在地面上。圣诞前夕,他写下同样一些话,"想要冲到窗边"。他睡得很少,星期日尤其觉得无聊。为了摆脱这种难受的状态,他去听一场有关拿破仑的讲座。主讲人是法国人里什潘,听的人寥寥无几,大厅几乎是空的。皇帝的最后一场胜利。弗兰茨说,主讲人尽管语气夸张,还不断用拳头擂桌子,可是那番演说给他的感受,恐怕和大卫王在让那些小姑娘上他的床睡觉时的感觉差不多。里什潘朗诵了海涅的一首诗,译者是奈瓦尔——一个天使过去了。在这忧郁的几个星期里,虽然仍需要根除痛苦,但是可以察觉到一种轻轻的心跳,一种微微的战栗:弗兰茨觉得自己"充满一种躁动不安的压抑的才华"。在意气消沉之中,契西克夫人种下的酵母开始发酵了吗?

　　弗兰茨是一个"忧郁型"的放荡者,以自己的方式过着放荡生活。这种生活也让他与一些画家经常来往。比如那个库宾,"和鲁本斯一样的"好色者,从堆积如山的裸女图片里抽出最满意的几帧给他看。《卡夫卡日记》的初版删除的一则日记中,显示出卡夫卡对这位画家的"高超技艺"是多么佩服:"他吹嘘自己的本事如何了得,这种叙述让人想到他怎样把巨大的家伙慢慢塞进女人体内。别的时候,他的得意之处则在于把妇女弄得非常疲倦,再也吃不消。到那时候她们简直没有灵魂了,都成了动物。"他还加上这么一段话,显露出一种暧昧的欲望:"是啊,这种屈服求饶的情节,我也可以想象。"弗兰茨还遇到了库宾的一个朋友,这个人是个专画"艺术中的母性"的专家。

他平生有两个爱好，一是搜集这方面的图书，二是与女人做爱。他偏爱孕妇。据他的说法，孕妇的"身体最美，吻起来最有味"。又是被马克斯·勃罗德漏掉的一则日记。

　　弗兰茨并不仅仅是好奇地参观画室。应画家之邀，他还跨出一步，当了模特。他"脱光衣服，当了一回圣塞巴斯蒂安[1]"，又"光着膀子"摆了一回姿势。他在日记中写道，"有裸露癖的经验"。卡夫卡充当塞巴斯蒂安的那幅油画，我们虽然没有见到，但是完全可以想象，要表现那个被万箭击穿的圣人，有哪个作家会比他更为合适？痛苦，恍惚，受虐，以及暗中的快乐。我们想到了日本的三岛由纪夫，他正是通过这样的姿态给人充当模特，拍出了壮丽辉煌的作品[2]。我们可以梦想：某一天，那张失踪的、被遗忘在布拉格某间小阁楼里的油画又出现了，卡夫卡又还给我们了。在此之前，还是让我们用卡夫卡式的方式自慰吧：这也许是一张蹩脚的作品，我们记住它的特征就行了。因为卡夫卡真正的肖像，难道不应该是贾科梅蒂的那座雕塑《行走的人》吗？

　　这一次，在画室里，木偶就是他本人，就是他那可怜的肉体。他不断地呻吟，摆姿势，做模特，也就是要睁大眼睛面对这具肉体。其实作家的工作，有很大一部分也是通过肉体来完

---

[1] 圣塞巴斯蒂安（256—288），古罗马禁卫军队长，天主教圣徒。依据传统信仰，他在迫害时期被罗马皇帝戴克里先下令用乱箭射死，但奇迹生还。这一故事后来成为17世纪绘画颇为流行的题材，因其人物形象和故事极易激发创作欲望、展示古典美学。所有关于圣塞巴斯蒂安的绘画，都在极力刻画其健美的躯体和被利箭穿透身体时的痛苦与毁灭。

[2] 此处指筱山纪信为三岛由纪夫拍摄的写真集《男の死》中的一张著名的照片，照片中的三岛模仿出圣塞巴斯蒂安殉难时的经典姿势。

成的。卡夫卡就是一部书，也是一具肉体。一具可怜的、瘦弱的肉体，他必须"习惯"的肉体。他努力改变自己的体型：多亏游泳、划船、骑马，"腿肚子鼓起来了，大腿健壮了，腹部也有肌肉了。" 1910年夏天，他注意到只有自己的胸脯"还是扁平的"。第二年，他在游泳池露面时，也不觉得"羞耻"了，不过抱怨还是有增无减：拿这样一个"身子"，做得成什么事？他觉得这样一个身子是从杂物间"借来"的。他自觉身体有以下缺陷：身子"太长"，缺乏"维持体内热力"的脂肪，感情柔弱，过早衰老，甚至缺乏"性欲"，以至于面对异性无动于衷。

可怜的身体，又没法重新打造，其偶然的冲动使他感到不安，使得已经对他形成压迫的事物变本加厉。十年后，一直忍受着生命苦恼的他在日记中写道："不论白天还是黑夜，性欲都在压迫我，折磨我。为了使它得到满足，我必须克服畏缩、羞怯，大概还要消除忧郁。"不过这并不妨碍他说自己已经准备"利用头一个机会"。我们开始看到了这些机会，也知道他准备利用这些机会的方式。不幸的性欲逼着他直面自己，他只能去妓院，仅此而已。正如去世前两年，他在日记另一处被删除的段落里所显示的："他能够叫到的，就是这个脏兮兮的、两条大腿皱巴巴的陌生老妓女。她三下两下就让他射了精，把钱往口袋里一塞，就匆匆去了隔壁房间，因为那里还有个嫖客在等着……"作为被放逐的人，他根本就挨不上那些走红的年轻妓女。

浮士德想得到少女,
魔鬼却要先毁了她,再把她交给浮士德。
卡夫卡所有的爱情戏码,不都是这个模式吗?

第六章 魏玛条约

1912年决定了弗兰茨·卡夫卡的命运。他是睁着眼睛进入这个过渡之年的。从1月的头几天开始,他就在日记里制订了一份写作计划与时间安排,它们表明了一个事实:他身上的一切都转向了文学,他的全部力量都朝这唯一的目标施展。写作是他的命运。出于需要,他放弃了"性交、喝酒、吃饭、思考哲学,尤其是听音乐的快乐"。他已经二十九岁了,"身体的发育已经完成","不再需要作什么牺牲"。他虽然把一切都放弃了,但是办公室的障碍却没有消除。这等于是他的心头大患。他以为,只要把这个障碍铲平,"就可以开始真正的生活,而过上那种生活,我就可以在面孔自然衰老的同时让作品不断进步"。至于爱情方面,还没有到下结论的时候:"我喜欢的女人,却没一个能让我忍受。"他用无情的反讽将内心的矛盾表达出来:"爱情方面的事情我很拿手,正如音乐方面我很精通。"

弗兰茨说自己缺乏乐感,他身上的一切都说明了这点。不过他把在蒙眬中听到的音乐与混乱的爱情等同起来,这正好表明了他的煎熬。在音乐会上,由于无法以"连续的方式"领略音乐的妙处,他只能捕捉到零星的音符。他从中得到的印象"很少是音乐性的",因此更加注意一个女歌手热辣辣的红唇,而不是她的歌喉。他的朋友马克斯·勃罗德是个热情的乐手,弗兰茨听他用钢琴弹一首比才根据《美丽的珀斯姑娘》改编的曲子,从中听出来的也只是一支"让腰肢扭摆的"舞曲。乐感的偏移,与扰乱他对爱情的渴望的性震荡相仿。提防音乐,就是防止身上正在苏醒的阴暗部分的伤害。纳博科夫在提到卡夫卡时写道:"那个阴暗部分,其实就是动物性的部分。"卡夫卡吓怕了,退避三舍,躲开尼采所颂扬的酒神的激情。一言以蔽之,放弃音乐,就是放弃爱情。弗兰茨既对音乐怀有怨恨,又有作家的孤寂。按他的说法,比起他对音乐的尊重,公众对"文学的尊重"就差得太远。这句话预告了他最后几篇作品中的一篇。在那篇作品里[1],耗子族人离开了女歌手约瑟芬:"我们年纪太大,听不懂音乐了;她的热情和冲劲,没法给我们解忧消愁。"

1912年的新年总结是转向的第一个信号。弗兰茨刚刚度过了一些不幸的年头,他没法写作,也没法删改草稿,因此他准备作这种转变。由于他觉得特别空虚,便为"那么多事情"所打动。只要它们不是"邪恶"的事情,他就准备彻夜秉笔写出来。如果有什么风险,那就是由此造成的失眠会发出抱怨。他常常处于半睡半醒的状态,这就是他糟糕的避难所。1910年,他在日记里写道,他"清醒的状态"不超过五分钟,因为他过的是一种"可怜的生活",7月这个星期天的情形就是如此:"我睡着了,醒来,又睡着,又醒来。"每隔一段时间,他就会为一股无法解释的幸福所感染——"像是某种清淡的充气饮料"——却没法消除那虽然没有效果但寒气逼人的失望:"我就像我给自己立的墓碑。"

---

1 指卡夫卡的短篇小说《女歌手约瑟芬或耗子民族》。

是什么把弗兰茨从陷阱里拉出来，并给他一时打开了写作之门？这肯定是他一个最秘密的时期。面对赌注，他必须谨慎前进，琢磨字里行间的意思，知道一大堆迹象并不能成为证据。如果一个生命的暗中活动，千百般变化，轻微的摇摆，秘密的冲动，总而言之，一个生命的潮涨潮落一直为我们所忽视的话，那么，1912年的春天，我们却能在卡夫卡的生活轨迹上看出一道彩虹，一种类似于逐渐拥有自我、征服了此前一直处于隐匿状态的地盘的成就。通过在孤独中竭力而为的工作，通过偶然的联结，原来似乎不可能发生的事情发生了。短短几个月间，他就接近了目标，虽然没有触摸到，却像个孩子那样，激动得心里"燃着一团火"。这种状态其实有个名称，叫作"向死而生"。慢慢地，从难以厘清的一团乱麻中扯出了头绪，其核心的元素肯定是一个少女，是那些足以燃烧这堆枯草的女人中的一个。"这堆枯草的命运本就是在夏天被点火烧掉。"不过，这次的大火虽然是决定性的，我们倒也不必着急，慢慢讲下去即可。贞洁的姑娘自有一些助手，一些忠实的朋友正在为她的到来作准备，虽然路上也不排除发生变故。

对于预感之事，欢迎其到来，虽惯于遁世隐居紧闭心扉，却唯独对此事敞开大门。作为一个注意内心感受的人，弗兰茨带着笑容可掬的谨慎，戴着黑毡帽，告别了布拉格的咖啡厅。用一个朋友的话说，他不再像原来那样按别人的规则出牌。我们看见他独自一人，在大街小巷或公园绿地散步，一走就是两个钟头。而且规定自己每晚必走,即使这个想法让他感到"不安",也从不停止。现在,他开始独自面对文学。

　　这位未来的文学家如果不从文坛,不从某些能像情人一样行事的作家身上汲取活力,又该从哪里寻找活力呢？1912年的头几个月,卡夫卡迷上了歌德,"完全"在他的影响下生活,并因此蓄积了一些力气,似乎希望从他那里得到动力,只是那些力气消失得过快了一点。他"自始至终带着热情"阅读了这位《浮士德》作者的回忆录,其中提到他十五年来对格雷琴这个角色的喜爱,还有《歌德谈话录》、一些见证与纪念性的文章,这位巨匠生活的每个细节都被卡夫卡记在心里。他从中学起就崇敬歌德,用天才的花粉酿造自己的花蜜,因此他的日记里充满了与这位伟人有关的逸闻趣事。在歌德的作品里浸润一番之后,他表面上远离了自己的风格,但实际上从敬佩之中获得了这种有力的备受鼓舞的形式。据马克斯·勃罗德讲述,卡夫卡谈起歌德,"就像一个孩子谈起某个生活在更幸福、更纯洁年代的,能直接与神接触的先祖"。这个让人觉得压抑,同时又是保护者的形象,有时甚至吓得他无法动弹：这是他热情崇拜这个尽善尽美的作家所付出的代价,他指望歌德能够带来一丝创作的快乐。

　　透过卡夫卡的眼睛,我们又会怎样阅读歌德？正如德勒兹所说的,卡夫卡敬佩歌德,不首先是因为歌德写了浮士德的那个魔鬼条约吗？同时,不也是因为歌德与卡夫卡一样,都追求年轻姑娘，喜欢昔日人们所说的那种主仆之恋吗？在《浮士德》里可以读到这样的话："星期六手持扫帚的手，就是星期日抚摸你的最舒适的手……"《浮士德》如果不是"激发爱的能力"的作品，又是一部什么作品呢？而为了达到这个目标，就得投身于魔鬼的股掌之间，用鲜血来签署那份魔鬼条约。最让我们感动的一节——大概也是在奈瓦尔之后让卡夫卡记得最牢的一节——就是浮士德在街上看到玛格丽特那个十五岁的"天使"，在梅菲斯特的帮助下，对她实施勾引的场面。"可怜的孩子"天真单纯，懵懂无知，不明白浮士德想从自己身上得到什么。我们知道，由魔鬼导演的这一幕把玛格丽特引向了堕落。浮士德叫喊道："地狱啊，你需要这个祭品。"在歌德作品的核心，有让玛格丽特做祭品的情节：浮士德想得到少女，魔鬼却要先毁了她，再把她交给浮士德。在此，我们是否应该多说一句，卡夫卡所有的爱情戏码，不都是这个模式吗？

　　梅菲斯特对浮士德提出忠告："收起你的忧伤把戏吧，因为它就像一只秃鹫，会吞没你的生命……"在试着用卡夫卡的方式阅读《浮士德》时，我们要怎样做，才不至于在这个忠告前止步呢？要怎样做，才不至于标出这几行透露出"变形"的文字呢："我感觉到我的不幸——我就像一只昆虫，在尘土里活动，以吃尘土为生，路过的人一脚踏下，就可把我碾死……"看得出来，在卡夫卡眼里，歌德如此贴近他的内心，简直就是最有效的兴奋剂。在某种程度上说，阅读《浮士德》，就是拿延续的时间做赌注，因为他终生都把自己的重要作品带在身边。让我们翻开《威廉·迈斯特的学习时代》来看看。在这部作品里，卡夫卡又找到了他对戏剧和演员的爱好。书的核心，也就是小说中的小说，写的是迷娘的故事：一套男儿装下面，掩藏着一个热情而不幸的女儿身。这是个十分沉静的姑娘，威廉把她招来侍候自己。姑娘对威廉表现出孩子般的敬爱，其中充满了受到压抑的女性魅力。从中可以看出卡夫卡当年的一个最热烈的梦想：一个充满爱意的热情伴侣，对性的影响好像一无所知，因为在她身上，性欲已经化作一种无名的温柔。歌德笔下这个神奇的少女，在哪儿还可以找到？歌德让卡夫卡隐约瞥见这个少女，不仅安慰他，而且成了他的同谋。魏玛这个农牧神，尽管乔装打扮为王室顾问，从根本上说却仍是一个可以信赖的魔鬼。

歌德的影响是明显的。在孤独与等待之中，卡夫卡没有更好的同盟者，只能从喜爱的作家这里获取慰藉和支持。从他们身上，他看出了自己的秘密，只有他们，才能在他痛苦的石墙上打开一个缺口。他所依靠的那堵坚硬的石墙，如果不能被推倒，那就至少令它劈出一条缝隙来。于是，一种可能性显露了出来，一种新的决心照亮了地平线，"不要声称自己完了"，卡夫卡写道，决心划船迎着暗流直上。他处在一种有利于工作的愉快心境中，想"完全无愧于解脱"，即使解脱可能会躲避他。1912年2月，他生出一份脆弱的希望。在他的笔下，这份希望显得那么动人,那样罕有:"我的心在离我欲望更近的地方跳动。"

就是在此期间,卡夫卡开始写作《美国》。作为出发的信号,他烧掉了"许多可恶的陈年旧稿"。在出征前夕,作家把从前的一切都抛弃,以便轻装上阵,清理战场。起初他准备写自传,但等到办公室不再束缚他,"当即就放弃了这个想法",他说。他打算把《美国》写成一部接近于传统小说的作品,一部文坛新手写的长篇小说,《威廉·迈斯特的学习时代》或者头年夏天重读的《大卫·科波菲尔》在这方面给他开了路。3月中旬,他重新给自己打气,"就像一个球,眼看就要落到场外,又被救了回去"。他下了这番决心:明天,不,今天,就开始动笔。他准备为此牺牲睡眠时间。鼓舞卡夫卡写作的并不只是歌德一人,稳重的福楼拜也是激发他创作热情的作家。他会大声朗读福氏的作品。在福楼拜的《书信集》里,他快乐地在这样一句话下面画出记号:"我的长篇小说是一堵峭壁,我附在上面没法离开。"他自己的决定在这句话里得到回响。

卡夫卡记录这些准备工作和前期工作的方式,有点像驱魔。作为一个孤独的航海者,既然绝无可能呼唤"陆地",那就只好眼睁睁地看着想登上的岛屿越退越远。激情与自信并不能持续。有时,一些可怕的空洞似乎会让已经被他攻克的地盘塌陷。上午在办公室上班,晚上回家玩那些让人意志消沉的扑克牌游戏,星期日索然无味,疲倦把他钉牢在长沙发上,无聊则逼得他一连几个钟头躲在浴室里,"与头发做伴"。作家在准备动笔之际,如果不把自己逼紧一点,也许真会这样跳入虚空去躲避。父亲指责他下午无所事事,却对家族工厂的经营不闻不问。在他就要开始写作的时候,来上这么一通责备,真是个不祥之兆。这是叫人无法忍受的暴力。沮丧之中,他坐在长沙发上,"一个钟头没有起身,老想着从窗户跳出去,就这么了结一生"。

3月中旬的一个星期日,卡夫卡回到自己的幻想之中,开始写一篇短篇小说。一个男子,患有肺病,在山区疗养。有天晚上,他与房东的女儿一起散步,来到溪边,突然把姑娘放倒在草地上,实施了强暴。受害人吓得昏死过去,为了让她苏醒,他用手心掏水"往她脸上洒",一边俯身轻唤:"亲爱的小尤丽……"姑娘慢慢恢复了意识,但是眼睛还闭着,这时男子也定下神来,对自己的行为造成的后果不再恐慌:这么个"无足轻重的"小姑娘,用根脚趾就可扫到犄角旮旯里,有什么可怕的?在他们周围,纯净的夜空下,万籁俱寂。这个作品,写的是一个姑娘遭受侮辱的故事,在卡夫卡的作品中是绝无仅有的,完全可以与陀思妥耶夫斯基的作品相媲美。不过换了陀氏,也许会放弃所有犯罪场面的描写。作者承认,在写作时,他始终置身局外,只有一个情节,就是往小姑娘脸上"洒水"的场景,他是用心参与的。在几天前写的另一个片段中,已经出现了身体接触的欲望,虽说情节比较轻微:一个独身者在街上闲逛的时候,用手触了触一个少女的肩膀,"仅仅是为了抚摸她"。

这些动机中明白无误的性欲可被解释为一种缺失症状。我们都知道卡夫卡在这方面的缺憾。还有，那个强奸的场面，或可解释为暴力的转变，因为卡夫卡当时正在遭受暴力压迫，需要排遣。不过，这正是他渴望义无反顾地走上创作之路付诸行动的时候，在这个时候，写作的欲望在他身上强烈地悸动。在这个时候，这次强奸更代表了一种隐性的仪式：强奸者触及一个少女，就是进入文学的一个尝试。一个少女在夏季的乡村——在这个常见的图景之外，卡夫卡跨出了决定性的一步。他敢于毫不内疚地屈服于魔鬼的诱惑；而克服对自我的抑制，似乎就摆脱了对写作的恐惧。

在此回溯卡夫卡少年时代一则往事的回响也许并不轻率。1899年，卡夫卡十六岁时，一起杀人案件震动了波希米亚。逾越节前夕，有人在波尔纳村附近的大路边发现了一个被强奸的姑娘的尸体。一个名叫希尔斯纳的犹太鞋匠被指控犯了这桩杀人罪，让一个基督徒流血送了命。此案引发了一场反犹运动，其声势可与法国的德雷福斯案件相比。犹太鞋匠被判死刑，马萨里克[1]作了顽强的努力，才使案件得到重审。这件罪行在弗兰茨的想象中留下了印记：1920年，在给密伦娜的一封回信里——弗兰茨的心里话多是向密伦娜倾诉——卡夫卡直言不讳地提到了希尔斯纳案件以及"救赎"的概念："寻找救赎的人总是匆匆朝女人扑去。"从"救赎"这个角度来看，1912年3

---

[1] 马萨里克（Thomas Masaryk, 1850—1937），捷克开国三元勋之一，首任总统。

月具有象征意义的强奸案件绝不仅仅是个幻觉。卡夫卡把多少少女送上文学的"祭坛",是希望她们成为自己打开写作之门的咒语?他对姑娘的怜悯是真的,其源头就在这里。他知道自己指望从她们身上得到什么,清楚纯真的她们应该扮演什么角色。"当人们谈论少女的清纯时,"同样是在给密伦娜的信里写道,"通常指的不是肉体的纯洁,而是指她们作牺牲时的无辜,当然也包括身体的纯洁。"对这些姑娘来说,遇到和爱上作家卡夫卡,就无异于把自己交给了魔鬼。她们属于写作的仪式:卡夫卡蘸着她们的血泪来开笔。在他编织的与她们的关系上面,浮士德就是他的兄弟。

春末,《美国》这部长篇作品,被认为要取代日记里那些垃圾的小说,其开头仍然没有确定下来。为了解除担忧,他要求自己"不要高估"过去的工作,生怕"堵塞思路",该写的东西写不出来。5月,思绪被卡住,遭遇到"完全的失败"。6月上旬,同样的情形。他"一字未写","几乎一字未写","可怕,今日一字未写"。歌德激发的活力再次枯竭了。少女去哪儿?不是纸上的格雷琴,而是被他网在渔网里活蹦乱跳只待伸手抓上来的少女。时值夏季,正是动身的时刻。再等一会儿,他的眼睛停留在一个小女孩的辫子上。那女孩提个篮子,赤着双脚,穿着带白点子的连衣裙,"迟疑地"横过马路。小红帽,当心有狼!

卡夫卡作好准备，去赴魏玛的约会。6月28日，星期五，他与马克斯·勃罗德搭上火车，随意地在长椅上躺下来。后来，他们在莱比锡下了车。那个城市太喧闹，尽管咖啡厅和古代出版商的街区很有意思。在旅馆，马克斯要门房帮他"找小姐"，可是快乐却在别处。第二天，两人参观书籍博物馆，弗兰茨站在成堆的书山前，发出这声惊叹："我都站不稳了！"

书籍是他最亲密的伴侣，唯一的真朋友。它们与他的生命融为一体，为他的全身提供营养，其重要性甚至超过了粮食。据马克斯说，上大学的时候，弗兰茨从未向图书馆借过一本书，由此可见他对书籍是多么崇拜。他喜欢拿着出版商的书目展开想象，并经常出入古旧书店。在那里，你可以触摸书、闻书，并把手伸进书袋，碰运气摸出一本早就想要的书籍。弗兰茨平常是那样省俭，可是在买书上却非常大方。他买书，也喜欢送书，尤其是送给年轻姑娘。他另一个与人分享读书之乐的方式，就是与妹妹或者朋友一起朗读。勃罗德说，弗兰茨总是拿起自己偏爱的作家的作品，用"急促而不太夸张"，但与文章的起伏十分贴合的声音读上一页又一页，既不说明为什么选择这些人的作品，也不试着说服大家。要是对某一段落的味道有所怀疑，他也只是撇撇嘴，做个鬼脸。尤其应该听他朗诵福楼拜的作品。"他噙着眼泪，"勃罗德说，"就好像福楼拜复活了。"

有一天弗兰茨列出了自己身上"确凿无疑"的毛病，他对于"书籍的饥渴"也在其中。而且他还明确地说出了这种难以满足的饥饿的性质:"我并不是想拥有和阅读这些书籍,我只要看到它们,知道它们摆在书店橱窗里就行了。如果某处有几册同样的书,每一册都会让我高兴。这种饥渴就好像是发自我的肠胃,就好像它是变异的胃口。我的书还不如别人的书让我快乐,比如说,妹妹们拥有的书就让我高兴。"他还加上一句:"想拥有它们的欲望其实很淡,几乎并不存在。"一个恋人追求心仪的对象,处处跟随其踪影,其内心萦绕不去的念头就是这样。这种快乐里并没有占有的成分:我们是不是听见他在忏悔对少女们的魅惑?

书籍是把他与唯一的目的联系起来的符号,既是神物也是寻常事物。头年去弗里德兰,在一家书店门前,他就体验到了这种双重感觉。他觉得那些书被"胡乱地塞在橱窗里",同时,它们的存在又是把弗里德兰与世界联系起来的唯一纽带。他推开店门,立即在里面感到一种"幸运场所"才有的温暖。如果没有书籍相伴,卡夫卡的孤独会是什么滋味?书籍虽然无法改变孤独,但是能够给孤独确定方向,甚至能够把孤独挖空,挖出一个窝来——这样一来,他就不会那么孤单,因为孤单的他有书籍做伴。

我们怎么可能不想看看他的书架呢?可惜我们只有一份不全的图书清单。它不仅反映了他的亲缘关系,而且就是他的脸面——卡夫卡可以敞开心扉读那些书。书不太多,可是作家的"盟友"和"直系亲属"都厕身其间。它们静静地立在房间暗处，就像林中的睡美人在等着别人来唤醒：他最喜欢、觉得最亲近的克莱斯特；歌德和福楼拜就不用说了；施蒂弗特和冯塔纳，两个文笔最美的德国作家；他的俄国孪生兄弟果戈理，还有陀思妥耶夫斯基笔下的群魔；流浪作家汉姆生；一些中国诗人和格林兄弟的童话。此外，还有同样处在爱的不幸中的兄弟们：克尔凯郭尔、阿米耶尔或者"吓人的"斯特林堡，弗兰茨说读他的书，就像缩在他怀里。通过阅读输送过来的血，就像自己的血一样在身上奔流。在这些书里，亲友们向他暗暗示意，就像朋友间的致谢。这种书林漫步，如果我们跟着走，就不会远离少女：卡夫卡凭几句话就相信书籍，就像相信少女们的原始同盟——无论在少女身上，还是在书籍上，都跳动着他用手术刀探测的文学之心。他搜集的回忆录、报纸、通信集、传记，都是夜里的见证和微光。他把自己的生命投放到手术台上，在探测的时候，厚颜无耻之人的艳遇在他内心回响。我们今日以卡夫卡为榜样，在他身后阅读他那些隐私作品，似乎算不上亵渎行为。卡夫卡本来希望在他死后让那些作品消失，因为他生前无法毁掉它们。

永不满足的心还可以往这些心爱的书籍当中加上一本，它也许配得上他们的友谊？在卡夫卡作品的命运里，莱比锡阶段标志出一个决定性的时刻。多亏马克斯·勃罗德的坚持和斡旋，卡夫卡在莱比锡遇到了出版商罗沃尔特。他用一句简明扼要的话记下了让他的处女作得以出版的邀约："罗沃尔特很想出我的一部作品。"这个出版邀约马上就使他的生活经受考验，折磨了他好几个月。发表作品的不安是确实存在的。同意让"拙劣的东西"流入坊间，变成白纸黑字永远流传，怎么会让人不反感？他给勃罗德写信说："只有躺在灵床上，我们才有权把作品拿出来发表。"至于篇目如何排序，他也经过了反复挣扎。短篇小说集《沉思》终于在1912年秋天面世。后来，他又为作品的印制操心，希望把字"尽可能印大一点"。他关心书的装帧，想要装上硬壳，让颜色深一点，"就像克莱斯特的《逸事集》一样"。他对选择用纸都想发表意见。但是眼下，他只是答应写篇文章，用这些不大寻常的话向未来的出版商致意："如果拙作不能发表，请惠予掷回，我会加倍感谢。"终于能够开始真正的旅行了。下午，弗兰茨和马克斯离开莱比锡，6月29日晚上，两人到达魏玛，就像歌德所说的，到了天堂——如果真有文学天堂的话。

可是要安顿下来并不容易。从车站到旅馆的路程很长，两个旅客一放下行李，就往附近的游泳池跑。弗兰茨在水里找回了全部热情——尽管夜幕降临，可是他迫不及待，当即赶往歌德旧居，"马上"就认出了那座房子。浅黄色的正面墙上开着十四眼窗户，看上去就是座普通民居。现在他来到这个圣所脚下，"摸着墙体"，作为效忠的表示，就好像他摸的是文学本身。歌德在这里住过，写作过，1832年在这里逝世。一条锁链拦在门口，可是他的幻想已经在窗帘后面转悠。

第二天，弗兰茨正式来此参观，"眼光匆匆扫过"客厅、书房和卧室。"屋里景况凄凉，让人想起一些故世的老头儿"，卡夫卡记道。他对遗物并不崇拜。大理石家具，精心保存的物品，光荣上面蒙着嘲弄人的灰尘。他寻找的东西远不是涂了香油的文学尸体，而是歌德那可以感知的阴影。他把脚伸进诗人当年的房间，在现场感受当年的气氛，找到诗人当年的梦想。不过这并不能阻止他每天与马克斯一起去游泳，去大广场餐馆品尝草莓。作为勤勉的参观者，他们总是会回到歌德旧居，很快就和看门人混熟了，在这里就像在自己家一样，不用担心何时开门何时闭馆。至于城里其他的景物，他们基本没看。对卡夫卡来说，魏玛就是歌德。光是歌德就够他想象了。

如果没有少女，还有谁能让歌德的存在变得有形，可以感知？每天卡夫卡进馆时，看门人的女儿就像猫一样溜出去，两人匆匆打个照面。从参观的第一刻起，这个姑娘就成了歌德旧居的情人，魏玛的女王。大家管格雷特叫玛格丽特。按照歌德的方式在此居住，而且是在这个美丽的夏季，简直就是生活在玛格丽特的光辉之中。余下来的时间，卡夫卡大多花在想方设法接近姑娘、驯服姑娘上面。就好像这是歌德那个老怪物亲自送他的礼物。马克斯·勃罗德提到朋友与少女交往"那份轻松而美妙的情意"，在花园的玫瑰丛中只看到"一种羞怯的快乐，一种逗人的游戏，也许有点痛苦"。而那些过于急迫的传记作者忽视了这个被认为无聊的插曲——只有忽视它,不了解它,才叫无聊。魏玛之行被烙上了格雷特的面孔,幸福隐约可见,卡夫卡全身心地投入对幸福的追求——短短七天,就写出了一部悲怆感人的小长篇。

6月30日,是格雷特露面的日子。她像疯狗一样与妹妹追逐,屋里屋外到处跑,一会儿在朱诺的房间里蹦跳,一会儿冲下楼梯,蹿进花园。从第一次参观歌德旧居开始,卡夫卡就落进了她奔跑的纱网。他只望见她的身影,只听见她的声音,时时留心地板上响起她的脚步声。她在屋里跑了一圈,就离去了。他以为姑娘还在花园,她却已经到了阳台上。他走过去,透过栏杆,把一束石竹递给她。"受马克斯怂恿",他走到一株玫瑰树前与她交谈,得知她家准备去附近的蒂埃福村作一次郊游。脸皮厚的人处处占便宜——家里人同意把弗兰茨带上。在马克斯决定上床睡觉的时刻,卡夫卡已经在路上朝着城堡进发。唯一让人不快的事情,是一路上得忍受那位做父亲的家伙的废话。不过有什么关系,只要有她在就行,父亲连最起码的同盟者都算不上。他在公园拍照。小姑娘一脚踏进花盆里!回程时天降大雨。多么难忘的星期日呀!晚上,在街上散步时,他竟三次与格雷特相遇,"真是匪夷所思"。在一个小女孩的陪同下,她与一个男青年,也就是卡夫卡的一个竞争对手争吵,卡夫卡都准备决斗了。一起走了几回,他终于得到头一个允诺:闭馆之后,两人可经常去花园见面。他是不是早就悟出,歌德旧居的钥匙，就是格雷特？

7月1日，星期一。在城里观光，也带着格雷特的身影。必须善于让人念记着自己。弗兰茨坐在草地上描绘歌德旧居的那幢小楼，不久就睡着了。花园里，一只鹦鹉叫着少女的名字："格雷特！"少女马上跑出来，在上缝纫课的街上寻找，却没有见到卡夫卡的人影，她只好一头钻进游泳池了。

7月2日，星期二。卡夫卡一早就来到歌德旧居，因为看门人请他来看星期日拍的照片。他"留心寻找机会与她说话"，可是她要去上缝纫课。下午，卡夫卡再去，仍然是看照片。这一次，少女躲在父亲背后，送给他"一个没有什么内容也没有什么用处的微笑"。弗兰茨闷闷不乐，忽然冒出一个想法，要拿看门人那些底片去放大——一个进入这个家庭，再次接近少女的好由头。花园里举行音乐会，有草莓招待，可是最诱人的果子，他是用眼睛吞食的。"她穿着宽大的连衣裙，腰肢柔软，袅袅娜娜。"而音乐呢？想到就要离开魏玛，他"心里堵得慌"。

7月3日，星期三。卡夫卡在花园拍照。美人迟迟不露面，藏起来了，他于是到处去寻找。他把"激动得全身发抖"的她带到镜头前。这是为魏玛的纯洁爱情举行的加冕礼——弗兰茨与她坐在一张长椅上。一经捕捉，她就没有再逃脱。少女答应弗兰茨明日与他见一面，这使他备感幸福。他高兴极了，在图书馆泡了一下午，傍晚又去公园散步，很快身边就围上了一群孩子。他就像梅诗金公爵，身边总是跟着一大群孩子，不是男孩就是少女。他们聊起了很严肃的话题，谈到了海难。卡夫卡是个海难专家，他当时肯定想到了一艘开往美国的轮船。不过今天他的美国名叫格雷特。稍远处，有一支乐队正在树下演奏《卡门》。那天他在日记里写道："整个儿沉浸在美妙的音乐之中。"

7月4日，星期四。弗兰茨一起床就往歌德旧居跑，听到自己用一声"又清脆又响亮的'是啊'"来确认已经定好的约会。在等待那个幸福时刻到来时，弗兰茨参观了亲王们的地下墓室，在歌德的墓穴前驻足。墓上放着一顶黄金桂冠，那是布拉格的德籍妇女集体献来的。文学、少女和死亡——还是走不出这个圈子。为了让自己轻松一点，弗兰茨到游泳池洗浴。等待开始了，在这阴晴不定随时可能把一切搞砸的天空下面，他放弃了平常的午睡，宁愿观看天上的流云。时针在转动——"她没有来。"他上旅馆房间找到马克斯："两人都不快乐。"晚上，他与一个作家吃饭，但是心在别处。突然，他起身离桌，以为看到了格雷特的身影，其实只是一个幻觉。弗兰茨在街上闲逛，脚步不由自主地把他带向歌德旧居。在那里，他可以对那个薄情姑娘忧郁地道声"晚安"。

7月5日，星期五。他"徒然地"去歌德旧居，在歌德与席勒档案室找到了慰藉。迷娘的歌曲手稿就存放在那里，"毫无涂改的痕迹"。这是《威廉·迈斯特的学习时代》的珍宝之一："你知道开花的柠檬之乡吗？/……/就在那个地方/啊，亲爱的，我想带你去……"迷娘——格雷特，要见到她，马上。他跑到照相馆，去取星期三在长椅上拍的相片，带着这些天堂的图片来到歌德旧居，"毫无必要"地在那里磨蹭。他只把照得最差的拿出来，希望做父亲的提出重拍。他太想拍照了——把她"拍"进照片，为了更好地思念。相纸上的少女，就是黑与白的魔术。中午，姑娘露面了，不过不是一个人，身边还有两个女友。她借口要上舞蹈课，含糊地对失约表达了歉意。日记上这样写道："她肯定不爱我，不过还是尊敬我。"该哭还是该笑呢？他把一盒巧克力送给她，上面压着一颗红心。这本是昨日为她准备的。她答应另约：明天十一点，在屋前见面。那正是她帮厨的时间，弗兰茨明白这是个伎俩，就是要让他退缩，可还是"伤心地同意了"。

7月6日，星期六。诀别的场面。两人在公园里走了一个钟头。"小心肝"穿着粉红的连衣裙，心里牵挂着一个舞伴，因为晚上有一场舞会。弗兰茨说了一些无聊话，她也没有心思听。他努力装出那么回事："从今以后，我们会完全断了联系。"不过晚上他还是来了，最后一次登门造访。她穿的舞裙"远没有平常的裙子漂亮"，化了妆的灰姑娘眼睛红红的，显然为她的舞伴哭过。她不明白，她已经答应了要见他的。弗兰茨会去跳舞。她只见他一个人吗？"我跟她说永别了。她不懂我的意思，就算懂，也觉得并不重要。"她确实不懂，她什么也不知道，什么也不明白。不然，她就是什么都感觉到了，什么都猜到了。

她走近来，又逃得远远的。这个来客在她的脑袋里究竟搅动了什么？他只是一个过客，而她继续住在歌德的花园里，有卡夫卡，没有卡夫卡，都一样。小说到了尾声，或者将近尾声。卡夫卡从魏玛带回了几张照片。

格雷特是个文学符号，活生生的文学萍踪，既属于歌德，又属于卡夫卡。她一人便代表了歌德爱过的所有少女，从十五岁恋上的格雷琴，到最后爱上的乌尔里克。七十岁的歌德为后者感动，聊发少年狂，从马里昂巴德追到卡尔斯巴德。"那个可爱而轻佻的面孔"让他恢复青春，重新感受跳舞的快乐。他向她求婚，可当面对着人家的拒绝时，"上帝的骄子"觉得自己完蛋了，就要破产了。诀别之际，乌尔里克把芳唇施舍给他："最后的亲吻，残酷的甜蜜。"一场美梦破灭了，她十七岁的年轻肉体温暖不了大卫王的衰老之躯。卡夫卡记道："歌德，痛苦中的慰藉。"忧伤化作诗情——这就变成了《马里昂巴德哀歌》，老人向爱情做的永别。接下来如浴火重生般，焕发出新的创作热情。乌尔里克给衰老的歌德注入了重写《威廉·迈斯特的学习时代》和《浮士德》的力量。少女就像烈性的酵母，条约开始生效了。卡夫卡人在魏玛，怎么可能没想到这么一场赌局，这样一个魔鬼的安排？

7月7日，与马克斯·勃罗德分手。卡夫卡要延长休假，去哈茨山区的容波恩（Jungborn，意为"青春之泉"）住几天。

在魏玛火车站，马克斯把弗兰茨搂在怀里，他说，这是"他一生中头一次，也是最后一次将他拥抱"。即使回到布拉格以后，他们照常见面，一起去伏尔塔瓦河游泳，但就是再没有拥抱过。在魏玛的这个举动，就像是他在与他们的青春诀别，与青年卡夫卡诀别。从此，卡夫卡就独自一人面对作品。在这1912年的夏季，种种迹象都在邀请他跨过无形的界线。

让身体作好准备，以适应他预感中即将到来的工作和新情况，这也许是卡夫卡去容波恩度假的目的之一。这个独一无二的胜地是一个露天疗养场，其规矩是不能穿衣。卡夫卡平时总是把《情感教育》当成护身符一样随身带着，这一次却忘记带了。在容波恩，他承认自己"乐于"生活在大自然和人群之中。他写信给马克斯·勃罗德说："我在布拉格过的是什么日子啊！那点人欲，一旦满足，就变成了焦虑。只是在假期，才像过日子。"我们甚至可以说，卡夫卡在那里被宠坏了；经常出入疗养胜地的有各种各样的人，其中就有个"土地测量员"。土地测量员一身古铜色，蓄着大胡子，听了某个教派的大量演说，又看了许多小册子，最后竟成了这个教派的信徒。卡夫卡后来在《城堡》里写到了从事这个职业的人物。孤独的卡夫卡对那些离奇的人非常好奇，甚至渴望见到他们。

卡夫卡租住的小山庄是私人地产，条件简陋，可是他却非常高兴。他在"小木屋"里点起蜡烛，阅读席勒的作品。半夜起来，他不是发现门口台阶上有兔子在蹦，就是看见草地上有人一丝不挂地酣然大睡。当地人确实告诉疗养者，沐浴晚上的空气有益健康，只要不在月光下待得过久就行。幽暗之中，响着千百种声音：鸟啼，枝折，一闪而过的影子摩擦草地的脚步声。睡着之前，他"以为听到了女人的说话声"，而进入梦乡之后，他听到的则是歌德在朗读作品。

在容波恩，严格规定要淋浴，要全身抹上黏土进行"泥疗"，要吃素，还要集体做体操。卡夫卡不肯脱光衣服，在赤裸的人堆里煞是扎眼：有人管他叫"穿泳裤的家伙"。他讲述说，晚上，在草地上的树木之间，人们"或散步，或躺下，或触摸，或打架，或搔痒，全都脱得精光，没有一丝廉耻"。男人的房间与女人的房间之间，隔着一些用厚木板搭起的高墙。看到这种场景，他有时感到一丝恶心。他不喜欢"那些在干草堆上蹦跳的老先生"，对两个瑞典小伙子肌肉饱满的长腿却似乎颇有好感，"长得这么长，这么结实，怪不得有人要伸出舌头去上面舔"。介乎厌恶与欣赏之间，卡夫卡在这堆肉体中生活了半个月，就是不肯脱光自己的衣服：他来这群光光的肉体中间是为了寻找什么？我们在此触到了他那些谜团中的一个。在别人的肉体附近，他想确认并迫使人家承认什么样的孤独范围？在容波恩，他为一个业余画家做模特，并在画家作画时给他读福楼拜。和画家一样，作家也在容波恩收获肉体。肉体修饰文学，辐射文学。在城里藏着掩着的东西，在这里却成了人的原始真相。莫非这是失去的天堂景象？想到他的长篇小说，又想到美国大自然的神话，卡夫卡发现，"这些可怜的肉体中注入了一种美国的直觉"。

卡夫卡对马克斯·勃罗德吐露过他去容波恩的意图，主要是为了"绕开忧郁。"自然，这是做不到的。他宁肯要百分之百的毫无掩饰的忧郁，也不要这种东西。为了"完全深入进去"，他把自己关在自习室里，虽然并没有在里面写作。夜色渐深，一个侍女来关窗户，他给她帮忙，似乎不曾想到"会有女性出现"。零度的孤独。如果他放弃这种寂静，可以去听讲座，一个医生正在讲解"深呼吸怎样有助于性器官的壮大与勃起"。就餐时，他强迫自己多吃，饭后则常常埋头读《圣经》。

下午要快乐一点。卡夫卡干不了割草的活，就负责翻晒，叉起草来十分卖力，几乎把脚都弄伤了。他搭上梯子去摘樱桃，顺便瞟一眼某个小苏姗娜的粉红短裤。公园里有很多目光清澈的女孩，还有只穿"长裙、衬衣和短上衣"的金发少女。他看见她们在草地上嬉戏。

在邻村，有一个为期四天的节庆，名叫"射手节"。卡夫卡参加了那次节庆活动，恍如置身在奈瓦尔作品的梦境中。在乐队毅然奏响音乐之前，一些姑娘嬉闹着溜上前台。弗兰茨买了柠檬水送给她们喝，她们便把他拖去木马场。他跨上木马，膝头上带个小女孩。木马转起来。她们一共六个人，六个十六岁的姑娘，都要他掏钱付账。怎么抵挡得住？得了他许多糖果，她们便跟着他来到舞场。他看见一个姑娘伴着两个女友，正就着芥末大吃红肠，就走过去搭讪。谁知那姑娘"把头一低"，一副伤心的模样。卡夫卡写道："做这个优雅动作时，她那上翘的小鼻子更增添了忧伤。"她是一个农工，父母双亡，"有过一些惨痛的遭遇"，想进修道院了却一生。这天晚上，这个叫奥古斯特的姑娘穿着白工装，扎着起花的裙腰，与弗兰茨跳舞，尽管"心事重重，却还是掩饰不住快乐"。两人走出舞场，在月光下调笑。后面跟着大群女孩。这些小家伙吃醋了，把弗兰茨的"未婚妻"拿来大肆嘲笑。回到舞场，弗兰茨把姑娘"借给"一位"骑士"（舞伴），自己在一边观看。音乐响起来，就像格雷特那场舞会的回音，可惜他当时没能把她搂在怀里。

容波恩笼罩着忧郁的幸福。在那段时间里，"写作的愿望勉强显露出来"。弗兰茨给马克斯写信说："即使冒出了写作的愿望，没准也不是在哈茨山区，而是来自魏玛。"他还补充一句说，自己"刚好"寄了三张明信片给格雷特，好像他试图激活一潭死水，希望得到回复，使不可能的事情变得可能。慢慢地，在同时写些"短篇"之后，他重新拾起《美国》，可是"头一句就让他卡了壳"。在他看来，已经写出来的东西就像是"温吞水泡出来的"——他认为自己尚未，或者很少遭受福楼拜那种"真正的作家遭受过的折磨"。尽管"自己的作品低劣是不争的事实"，他却不愿放弃："辍笔，我做不到。"

终于，7月13日，他告诉马克斯自己收到了两张从魏玛寄来的明信片。马克斯把小姑娘当作傻瓜，弗兰茨为朋友抄录了明信片上的文字。文字显然被她父母修饰过，语气缓和多了。格雷特感谢"亲爱的卡夫卡博士"惠寄明信片，说自己在舞厅玩得很开心，凌晨四点三十分才回家。至于问她乐不乐意收明信片，她只回答说："我本人以及我父母都很高兴得知您的消息。"话说得不能再简短了。不过她又说了一句充满少女幻想的话作为补偿："我是那样喜欢待在花园里，思念您。"这份恩典让卡夫卡完全原谅了格雷特，因为她在单纯之中把期望的元素——歌德、她本人以及卡夫卡联结在一起。卡夫卡还是写信给马克斯说："怎么样？首先想一想，这些文字是彻头彻尾的文学。因为，她要是讨厌我，就只会觉得我像个盆盆罐罐一样与她无关。可是她为什么给我回信，而且是用我希望的方式？难道用文字果真能套住姑娘？"我们且在这些文字下面加上着重点：这些话一字不差地说出了魔鬼条约，我们到了距卡夫卡最近的地方。

离开容波恩之前，卡夫卡还收到了格雷特的一封短信，而且，了不起的是，她还寄来了三张"摆出不同姿势的"照片。这几张照片比几周前拍的那些要"清晰得多"。"她真美啊！"卡夫卡发出由衷的感叹。这就是他从夏日的网篮里带回的姑娘的面孔，一座待雕的圣像，一个要让他感受其威力的灵魂。7月22日，弗兰茨动身回布拉格，尽管心存此愿，他却有意绕开魏玛。我们揣测，阻止他再次造访魏玛的，并不是他所声称的"虚弱"，而是理智要求他避开格雷特。在这个经过深思熟虑的行动里，另一些少女将成为目标。既然放弃魏玛，那就在德累斯顿作中途停留，他在那里参观了动物园。他说："我在这里找到了自己的位置！"在此，卡夫卡的幽默与纳博科夫的诙谐有异曲同工之妙。纳博科夫就曾肯定地说，他之所以产生写作《洛丽塔》的念头，是因为在报上看到一只关在笼子里的黑猩猩的照片。

给格雷特的最后一个信号：1912年8月13日，在布拉格萨朗加斯一号马克斯的家里，卡夫卡第一次遇到未来的未婚妻菲莉斯，就把在魏玛拍的照片拿给她看。难道这只是普通的假期回忆，作为跟一个陌生姑娘交谈的谈资才拿出来的？肯定不是。卡夫卡选定菲莉斯以后，马上把所有明信片放在桌子上。他知道，魏玛只是个转折，一块跳板，而歌德则是他的造物主。菲莉斯将是他刚刚签署的条约的工具。正如德勒兹所感觉的，在把所有照片放在她眼前的时候，卡夫卡努力"建造一个新的回路，在那里，事情将变得更为认真"。

菲莉斯对人家设下的圈套一无所知。让我们从她背后看看这些稍嫌模糊的照片吧，其中一张是在歌德旧居的花园里拍的：一条长满灌木的小径尽头，一堵漏出光亮的叶墙前面，摆有一把长椅。一个姑娘坐在上面，双腿交叉，双手抱膝，裙裾在靴子上方飘摆。看不太清姑娘的面孔，不过人却是和发型一样庄重。短上衣上插着一根胸针，在阳光下闪闪发亮。娇美的小脸微微侧着，朝向坐在扶手上的卡夫卡。卡夫卡面对镜头，也就是说，面对魔鬼的眼睛，光着头，穿着制服，系着领带，口袋里插着小手帕，也跷着两条长腿，把两只手肘撑在椅子上。两人之间，长椅上还有什么东西，像是一本摊开平放的书，似乎刚刚中断了阅读。一支至关重要的间奏曲。

《牢笼中的人》
弗兰茨·卡夫卡 绘

"菲莉斯,我爱你。
只有你和我好,我想永远活着。
……作为一个健康得和你一样的人活着。"

第七章 赌一局

早上六点，天亮了。卡夫卡关了灯，伸了伸屈在桌下关节已经僵直的双腿。昨晚十点，他开始动笔写作《判决》，一气呵成，刚才已经画上了最后一个句号。他的铺盖尚未打开。他在一家人共用的房间里遇到保姆，就喜滋滋地向她报告："我一直工作到现在哩。"在日记里，他记下整晚写作之后的"可怕疲倦"和"快乐"。这次加班坚定了他的信心："只要照这样写下去就行嘛。这么顺畅，灵魂与肉体都完全敞开了。"

1912 年 9 月 22 日的这个夜晚是卡夫卡之夜，正如我们说的帕斯卡尔之夜[1]一样。这一夜，卡夫卡在自己眼里成了卡夫卡，这是他成为作家的一夜，是他与写作联姻的新婚之夜，是文字按照自己的意愿从笔端流泻的唯一夜晚。出于"一切都可以说"的自信，他勇往直前，劈波斩浪，用"一把大火"把一切都烧掉。之后他再没有经历这样的夜晚。次日，他把这篇作品朗读给朋友和妹妹们听，他们都感动得流了泪。晚上，他躺在床上，辗转难眠，努力克制自己"再去拿笔写作"。从写作里抽身出来，他就去看电影，日记也停了几个月。

《判决》是一部浅显又充满谜团的作品。格奥尔格写信告诉彼得堡的朋友，说自己与一个富家姑娘弗丽达·勃兰登菲尔德订了婚。信一写完，他就去了父亲的房间。父亲向他宣告，"就因为她撩起了裙子"，他才经不起那只"可恶的雌鹅"引诱。

---

[1] 指的是 1654 年 11 月 23 日帕斯卡尔经历的"火光之夜"，他写下一段著名的祈祷文，死后在贴身的衣服中才被发现。

他含讥带讽地指责儿子一方面显得无辜，一方面却做出一些魔鬼才会做的事情。他判处儿子死刑，让他到河里淹死。判决马上执行，格奥尔格一直跑到河边，翻过护墙就朝水里跳。在他落水之际，"桥上的交通像疯了一样拥挤"。卡夫卡后来告诉马克斯·勃罗德，他写这几句话时，想到了"一次强有力的射精"。写出这篇作品一年以后，卡夫卡在日记中写道："应该是因为她的缘故，我才间接地写了历史。"他在后面又补充了一句："因为未婚妻，格奥尔格完蛋了。"

这个"她"就是菲莉斯·鲍尔，1912年8月13日那个难忘的夜晚，卡夫卡在勃罗德家遇到了这个柏林姑娘。如果捕捉新作品的苗头总是有风险的话，那么在《判决》这里，作者倒是邀请我们前往。在校改作品清样的时候，他发现格奥尔格和弗兰茨这两个名字都是五个字母；弗丽达和菲莉斯也一样，都是六个，而且她们姓名的首字母都是F.B.。文学的炼金术。我们再来看看日期，它们标示出菲莉斯这颗彗星进入弗兰茨的天空后产生的影响。8月15日，也就是她露面两天以后，他说"非常想念F.B."。似乎为了配合他的反刍，他妹妹奥特拉背诵了歌德的几首诗。在圣母瞻礼日想念纯洁无瑕的未婚妻，那是多么美好的日子！8月20日，他的日记里又提到了8月13日晚上菲莉斯的表现，以及一见面他就对她作出的"不会动摇的评价"。9月上旬，弗兰茨高兴地提笔给7月在容波恩见过的某个席勒先生写信，唯一的理由就是此公是布雷斯劳的议员。菲莉斯近来在那里居住，那里应该还飘荡着她的"芳香"。弗兰茨甚至还"认真"考虑要求收信人帮他送一束鲜花给菲莉斯。9月15日，妹妹瓦莉举行订婚仪式，可能再次搅起弗兰茨结婚的念头。一个月来，他"什么也没干，也睡不着"。经过这么久的酝酿，9月20日，也就是写作《判决》的前两天，弗兰茨给菲莉斯写了头一封信，地址是他"乞讨"来的。他想在投身于文学前夕乞求她保佑。命运的骰子掷下了，他要拿菲莉斯来赌一局。

因此一切都是偶然开始的。8月13日弗兰茨到了勃罗德家。按照习惯，他是将近晚上九点去的，他没有料到会在那儿遇到菲莉斯。乍一相见，看到那张"明明白白写着卑微"的面孔，又看到她穿的那件做家务的工作服，他把她当成了"保姆"。不过他还是注意到了她"裸露的颈项"。因此，就像被恋人吸引一样，他甚至不待人家介绍这个女宾，就从桌上朝她伸出手去。坐下来以后，他可以"认真"打量这位陌生女人了。其实她的在场让弗兰茨略感不快：他已经答应把一部作品集交给罗沃尔特出版，今晚是特来和马克斯讨论如何编排的。第二天，他怕"小姐的影响"干扰他的工作，就请朋友把集子里的作品先看一遍，再寄走。这部作品给他添了许多烦恼，因为他为发表这些"陈年旧货"感到内疚，宁愿人家将它们退回，"好和从前一样，只是不幸而已"。

头一次见面的细节，卡夫卡点点滴滴都记在心头。在他的信里，他一件件列举出来，就像那晚发生的事情的记号。出于对女宾的殷勤，他们不可能在手稿上耽搁太久，不过菲莉斯现在知道弗兰茨在写东西了。他把在魏玛拍的照片拿出来，让她"仔细"端详。不过那一刻远不是轻松的"消遣"，而是将要缔结的关系的开端。弗兰茨紧张地盯着她——在她拿在手上的照片里，就有格雷特在歌德旧居花园里的那一张。他把要命的东西交给她了。秘密就在那儿，又隐蔽，又显眼，她会觉察出来吗？不会的，菲莉斯永远都没有悟出来。

弗兰茨对这个外表普通的姑娘一见钟情。可是这个在柏林一家生产录音机的企业工作的姑娘究竟是什么样的人呢？菲莉斯二十五岁，已经过了魅力四射的花样年华。她的吸引力在别的地方，像保姆也许是她的魅力所在，但住在柏林则肯定是她吸引卡夫卡的地方。弗兰茨把菲莉斯当作命运的信号来欢迎，当作"既成事实"来接受。在他看来，她是那样结实，"不可摧毁"，是可以依靠的柱子。不久，他就给她写信。透过这些文字，一个意中人的形象逐渐显现出来，就如他的记忆在难忘的头次见面所定格的一样。这些书信以地震仪的精确记录了那天晚上最轻微的晃动，她的举止神态最细微的变化。一场盛宴的碎屑，贪心的他在接下来的几个月里反复回忆她的言语和动作，就以这些碎屑来满足自己：她"伸手护住胳臂"，同时提到小时候被亲兄弟和表兄弟殴打的往事，或者，她说自己会希伯来文，这让弗兰茨深感惊奇。听到她说喜欢抄稿，他惊喜得拍起桌子。反过来，她竟敢承认没有读完马克斯最新的小说，或者更糟，一边翻着歌德的一卷作品，一边大放厥词："即使只穿短裤，歌德也是国王！"人们是不会拿歌德来开玩笑的，不过她是例外。那是那天晚上"唯一的不快"，不过他为此而"喉头发紧"。大家换了个话题，突然冒出去巴勒斯坦旅游的念头——冒失的姑娘答应来年陪弗兰茨去那里转一转。他跳起来，握住她的手，这番交流决定了他们的缔约。除了弗兰茨，桌子周围的主宾都没把这个计划当真。然而这个计划却将成为弗兰茨给菲莉斯写信的由头。巴勒斯坦并没有去，但是开始了另一种旅游——"我们的旅游"，他说。这场"旅游"持续了五年。在人家弹钢琴的时候，他在一旁想着旅游的事，一边观察她跷起双腿、梳理头发的样子。美中不足的是，画面被玷污了——她趿拉着一双拖鞋。旅游一开始就兆头不好。

眼看晚会就要结束，弗兰茨不禁"慌乱"起来。他得"赶快"拿主意——做点什么，说点什么呢？突然，他感到一阵忧伤。她"竟然并不抬头望他"，而且还走到一旁穿起了靴子。他留在桌边，喃喃自语："她让我快乐得呻吟。"人家听到了这句"蠢话"吗？她已经戴上帽子。马克斯和弗兰茨自告奋勇送她去旅馆。她不喜欢住在那种地方，而弗兰茨一旦在旅馆房间安顿下来，就觉得如同在家里，甚至比在家里还舒适。在街上，他昏乱地追着菲莉斯的影子走。走进旅馆的旋转门时，他抢先几步，挨紧着她，差点踩了她的脚。明年去巴勒斯坦吗？他又问了一句。可惜这次旅游他谈得多了点。电梯把她接走了，只剩下他，带着他的幻想。

"就靠写几句平常话，怎么留得住一个人呢？"写信始终是卡夫卡与菲莉斯主要的联系方式。深入书信的丛林，有时是一件让人很不舒服的事情，因此，就让我们在进入丛林之前收住脚步，在另一个仪式上面看看，反正菲莉斯也经常是这个仪式的施行对象。卡夫卡喜欢照相，不仅跟菲莉斯照，跟别人也照。在他看来照片是富有魔力的，甚至能带来好运。两人偶然相遇留下照片，此中的情意便得到增强。在看魏玛那些相片的时候，菲莉斯还不清楚会涌出什么源源不断的潮水。她被一连串提问弄烦了，便不由自主地加入进来。1912年年底，她送了弗兰茨一张相片。弗兰茨大喜过望：还有比这更好的圣诞礼物吗？在照片上，他认出了8月她在勃罗德家戴的那顶帽子，又见到了"在旅馆电梯门口失去她时"她的模样。他回忆说，那晚他在人行道上与她并肩而行，生出"与她最亲密接触的欲望"，不由得小声说，他只想跟她一直走进旅馆房间。这张照片让弗兰茨变得更加殷勤。不管菲莉斯在不在，都会引出他的欲望，而越是没有危险，欲望就越是强烈。"我只顾看您的相片，别的事情浑无知觉了。"他对她说出了心里话。多亏菲莉斯"神奇地"送给他的小纸袋，他带着照片到处跑。来到路灯下，站在橱窗前，或在办公桌上，在办公楼走廊里，他总要掏出"百看不厌的"相片看一阵,因为他相信,在这张脸上,在这双眼睛里,存在一股他必需的"神秘"力量。这股力量能给他以"支持、保护和滋养"。口袋里放了这玩意儿,就可以抵抗一切,百毒不侵了。不过他需要更新这股力量——他提议"每个月"交换一张相片。他们可以从相片上看出季节的变化,服装的增减。有一句话弗兰茨没有说出来,他还可以从中探测他的信逐渐产生的影响。

菲莉斯的这些书信现在已经失散,关于这个模糊不清的姑娘,我们只能从黑白图像上去了解。在两人交往之初的一张照片上,她的目光显得清纯、腼腆和天真,脸上虽无光泽,但是神态安详。两人见面之后,卡夫卡在日记里试着对她的模样进行了描绘:"鼻子塌扁,头发金黄,稍嫌僵硬,不够温馨。下巴倒是很翘。"在照片上,一丝羞涩的微笑露出了并不整齐的牙齿。"都是补过的。"他后来说。他们有一位共同的女友,在时机成熟的时候扮演了菲莉斯的角色。卡夫卡给她写信,承认面对这一口镶金烤瓷的烂牙感到厌恶——因为恶心,他不得不"低头不看"。他甚至直言不讳地问菲莉斯,是否为这口牙齿感到不好意思。这样一张面孔却具有"神奇的"力量,真是让人费解。

头一封信寄出一个月以后,弗兰茨开始表露出借照片传情的意思。她何不寄张节日拍摄的集体照来给他看看呢?由于她迟迟不答应,弗兰茨就给她寄了一张自己儿时的照片作为交换。

照片上的他三四岁的样子，还被父母抱在怀里。弗兰茨要求她回赠一张，同时表示他很快将给她寄一张"不好的"近照，希望她能够保存。如果交换童年照片的礼仪属于交往，那么在卡夫卡看来则另有意义。菲莉斯这次的回信满足了他的愿望。他发现照片上是个"漂亮的小姑娘"，那么脆弱，那么容易抓住。这张照片把他假装高兴收到的所有其他照片都比下去了，成为他最喜欢的宝物。他说，把这照片看久一点，眼泪就流出来了。虽然"她还从来没有折磨过人，让人流过泪"。他对姑娘生出一番怜爱，因为刽子手走近了。出门旅行，他把这个宝贝放在贴身的内衣袋里，为的是在火车上感受姑娘的温暖；夜里，在旅馆房间里，他把照片放在床边的椅子上，为的是便于端详。他认为，"小姑娘头发卷的，几乎显得过于严肃"，其表情与那个低着头看在魏玛拍的照片的大姑娘并没有多大差别。这点让他证实了自己"甜蜜的回忆"。

　　三天以后，菲莉斯又给他寄来一张照片，纵然是近照，却没有小姑娘的照片那样好的运气。卡夫卡对这张大姑娘的照片略有些保留。"我觉得自己更亲近小家伙，"他说，"对她，我可以无话不说，而大姑娘则让我有点敬而远之。"他没有掩饰自己的喜好。他喜欢脸色苍白、表情严肃的小姑娘，不喜欢面颊饱满、表面快乐的大姑娘。他还可以说出更多的心里话吗？"如果让我在小姑娘和长大后的小姐之间选择，我绝不会不假思索地向小姑娘跑去。我会很慢地走向小姑娘，同时四处寻找大小姐,盯着她不放。"他最后又说:"最好的方法是让小姑娘把我带到大小姐面前并把我介绍给她。"该小姑娘来代他求情了,谁叫她是开路人哩。菲莉斯寄出了这张大姑娘的照片,还有什么没做呢?!作为一个亵渎圣物的人,她是从一张照片上剪下自己这一部分寄来的。这不仅是一个"罪孽",而且对弗兰茨来说是一种剥夺。照片其余的部分足以让他想象,也许菲莉斯摆了个新兵的姿势。没有看到她完整的形象,他的怨恨有增无减。女人裹着这么一身衣服,难道是橡皮做的?

到了下个星期,弗兰茨又要求菲莉斯寄照片,并且明确地说出了自己的喜好:"满十二岁以后",她不是和一帮同龄女孩子照过相吗?他暴露了自己的想法——他喜欢小女孩。他喜欢这样的照片,因为它有助于让他接近今日的菲莉斯。既然小姑娘长大了,那么他就力图通过照片找到她、重新创造她并且爱慕她。菲莉斯觉察到他的呼唤了吗?从前,十五岁时,她相信回忆,甚至记过日记。有些话让卡夫卡发出呼唤:"我那时为什么不认识您?不然,我们相距就不会这么遥远。"

可是菲莉斯给他寄来的,却是一张二十岁时的相片,他怎么会不失望呢?那是菲莉斯在乡下与兄弟划船的照片。卡夫卡写道,"她愁眉苦脸","目光怀疑",似乎预感到"灵怪"很快就会来"纠缠"她。接下来,由于拿不出更好的相片,她只好把一张"相当老的"寄来。在相片上,她挤在母亲与姐姐之间,露出一脸忧郁的笑容。弗兰茨怕挫伤通信人的积极性,便掩盖住自己的失望,佯装对可爱的一家大小深感兴趣的样子,勉强写道:他几乎不敢看这张相片,因为"担心一看眼睛就不肯离开"!莫非是她的姐姐吸引了他?于是菲莉斯的信里就继续塞满集体照、家庭照。她现在找到工作了,于是那些陈词滥调受到更热烈的欢迎,这也成了一大堆问题的由头。她的办公室如何?工作怎样?对于这些问题,他永远都知道得"不够多"。确实,办公室里有很多年轻姑娘。再说,这也是这种地方唯一的魅力所在。作为补偿,他"久久地亲吻"她的芳唇。当然是在相片上。她终于寄来一张与他人合照的"全身相"。一个月以后,新寄来的照片里出现了办公室的新迹象:她专心口授文件时,那副认真模样,与"头张照片上那个小姑娘"十分相像。这当然是至高无上的荣誉。他夸奖姑娘"优美的"姿势,恨不得把她"搂在怀里亲吻"。他开始担心这张照片的命运——它不是在给菲莉斯供职的那个著名录音机厂做广告吧?不,"绝对不是"!谁要是知道照片"把你紧紧抓住"时有多大的力量,谁就善于把它们用作另一种崇拜。千万不要亵渎它们。

　　一个冬日的早上,弗兰茨在床上磨蹭,看着邮差不久前给他送来的一张"漂亮的"相片。这是他从她那里收到的最生动的一张:她双手叉腰,表现出一个舞女的"柔软身段"。一醒来,就有这么一张纸上的肉体让你端详,真是美妙呀。这么躺着,就足以让你觉得自己"可以抵御一切侵害",远离"一切灾祸"。卡夫卡只在床上才能梦想。他说,"这就是生活"。他是不是在手淫呢？嘘！

为了把交换相片的事情做下去，他并不就此止步，作为深谙自贬这门艺术的专家，他按照自己的方式行事。隔上长长的一段时间，他就给菲莉斯寄上一张相片作为交换，而且选的似乎都是"要吓怕她的"相片，还附上一段最为深沉的评论。1912年冬天，她收到一张确实"可怕"，但是又很"像他"的快照。卡夫卡给她打"预防针"说，他的真人甚至"更难看"。诚然，他并不是"一张歪脸"，但因为镁光灯用多了，他那双眼睛看人时总是一副"想入非非"的样子。照片是两年前拍的，那以后他的相貌的确更差了——因为熬夜，脸上增加了纵横交错的皱纹。如果夜里不工作，他虽然年近三十，却仍会是小伙子一个，仍会穿着那套年轻人的衣服。他说，我"到老都会穿那身衣服"。只有领带省掉了，那是从巴黎带回的一件珍品。菲莉斯能够接受这张"熬夜的面孔"吗？一个如此"怪异的"人物绝不仅仅有权拥吻她，还会不怕自取其辱，提出进一步的要求吗？可是她什么也没有想，"像他那样一个男子"，"模样儿还是过得去的"。过了几个星期，他一下给她寄来三大张近照。在他看来，数量一多，"吓人的"效果就小了。不过那张"歪脸，斜眼，呆呆的目光"再次给他一副"痴呆病人的样子"。他不断寄送相片，目的在于给菲莉斯敲警钟，可是她却并不上当——这些相片"不作数"，因为它展现的并不是一个真实的卡夫卡。三张同样的照片说的是一句话：我不是这样的人，我是别样的人。如果菲莉斯要寻找别样的卡夫卡，不如翻开他寄来的书籍——作家没有别的面孔，作品就是他的面孔。

每一次鱼来雁往都带来改变。1913 年 1 月，卡夫卡把几个妹妹的一张合照寄给菲莉斯，"照片飞到奥特拉家"又飞了回来。这张照片有些特别，奥特拉和瓦莉家的小家伙都在照片上露面了，他们按家庭的传统，衣着极为随便，不作打扮。有人觉得这是一个圈套：菲莉斯能回寄一张类似的照片吗？这是不切实际的希望。她只能把二姐的一张照片寄过来，而且，由于不能裸露，只能从别的方面来安慰他。他不禁注意到，艾尔娜与菲莉斯只有"一丝相像"。接下来，他就夸奖她姐姐的面相："眼神，还有眼睛和鼻子，都是典型的犹太少女的样子，我每次见到都很受感动。"他还指出她"嘴巴周围长得特别柔美"。我们还能更明白地突出两姐妹之间的对比，更清楚地说明他的偏爱吗？可怜的菲莉斯，正如卡夫卡经常写的那样。

1913 年里，在寄去了那么多不相称的相片，提出了那么多没有得到理解的要求之后，卡夫卡似乎对这个伎俩厌烦了。菲莉斯读他的来信时哭了，而他则面对她的相片问自己：菲莉斯果真是他为自己创造的姑娘吗？果真是"微笑得既不过分也不太少"的姑娘吗？果真是"烦闷时只要看一眼就可心安神怡"的姑娘吗？她的照片使卡夫卡的幻想破灭，是骗人的照片。三个月的频繁通信有理由生出幻想。幻灭以后节奏放缓，最后消失。3 月，他在柏林终于见到了菲莉斯的"真正"面孔，于是

卡夫卡与少女们　127

"内心"顿感失落，照片的魔力不再有效。他幡然醒悟："您的血肉之躯我看得太久，照片在这一刻是起不了作用了。"他还无情地指出："在照片上，您没有立体感，显得很平庸。"如果这些残酷的言辞形容的果真是菲莉斯的面容，那么它们对我们来说，又有什么意义？从此照片不再起作用了，欲望从照片中消退了，在柏林见到的活生生的女人抽空了照片的力量。女孩、少女、"姑娘"、"最亲爱的小妞"——他幻想了她的面容，对她寄予了种种期望，如今，这一切都不复存在。其实，菲莉斯的不幸，很大部分也应归咎于那些照片。在卡夫卡看来，那些照片"美丽"且"不可缺少"，但它们也是"一份折磨"，一种考验。从此，伴随着撤退的一个行动是，书信越寄越稀，越写越短。

自1912年9月，也就是两人见面一个月以后，卡夫卡决定给菲莉斯写信以来，书信，难以计数的书信就成了布拉格那个把柏林姑娘"当作幽灵"来幻想的人使用并滥用的机器或工具。菲莉斯刚回头一封信，第二封信就跟着到了，里面尽是问题。对她的情况，弗兰茨什么都想知道：早餐吃什么，在办公室做什么，时间怎么安排，穿什么衣服，男女朋友叫什么名字，窗外是什么景色，或者在剧院坐在哪个位置。"我想时刻知道您的生活。"他不久就这样告诉菲莉斯。一开始，他就实施了包围、渗透、完全占有的计划。书信在帮他完成围城。这个怪异的通信人，他的好奇心的冲锋肯定把菲莉斯搞得手足无措，以至于无言可答。至少，他假装认为她根本没收到书信；于是为了避免丢信，也为了免于记挂，他把每封信都挂号寄出。他急不可耐，请求马克斯·勃罗德的妹妹出面，让菲莉斯从高傲和矜持中走出来。他的努力成功了，到10月中旬，弗兰茨寄出第三封信，信里问道："为什么不给我写信？"后来，这句话就像连祷辞一样被多次使用。从这封信开始，不熄的火焰就燃起来了，而且越烧越旺。一天之中，弗兰茨可以寄出一封、两封甚至三封信。他把夜里或者在办公室的时间都用来写信。在办公室，他也收到菲莉斯的回信，"像疯子一样颤抖着"拆开信，如饥似渴地"阅读"，然后带在身边，"就像是一种经常的鼓励"。要是回信迟了点，他就打电报去催。他需要她的信，他生活在对回信的期待之中。如果她忘了写信，那么不仅心脏会"停止跳动"，他的文学创作也会毁去一半。

卡夫卡这种冷酷无情的行为，不管他人怎么看，都不能指责他包藏祸心。从两人通信的头几个星期开始，他就以最明显的方式摊开了所有的牌，并且没有藏起自己的王牌。菲莉斯应该知道自己与他的"文学"是"多么紧密地联系在一起"，甚至卡夫卡对她的想念也与"写作"有关。10月下旬，为了显示这种关系，弗兰茨向她宣布，要把《判决》题献给"菲莉斯·B.小姐"，而且这段献词已经出现在文章里有一个月了。在来年年初校改清样时，他告诉她，这句献词虽然"无足轻重"，而且"指向不明",但"毋庸置疑"是出于自己的爱情。这并不是一句逢场作戏、转眼就会被人遗忘的献词,而是一个信号,表明菲莉斯属于他的工作,并在其中留下了痕迹。在刚刚开头段落指出这点,他也是"够傻的了"。这个题献比书信更有力量:"在那里我拥有你,你却感觉不到。"

因此应该让她知道,他的整个生命都转向了文学,即使这种事业"往往"以一些"失败的尝试"告终。如果他不写作,就只能"躺在地上,被人家扫地出门"。卡夫卡的生活就是"一切围着"写作转。他的生活作息安排如下:早上八点到下午两点,上班;下午三点,午餐;然后,一直到下午五点,午睡;起床后打开窗户,光着身子做个简短的体操;出去走个把钟头,独自一人,或者与马克斯一起;接下来就是和家人一起晚餐,在父亲惊愕的目光下,他旁若无人地吃着酸乳酪、全麦面包、黄油以及妹妹奥特拉夹碎的核桃和榛子、栗子、椰枣、无花果,还按季节吃些水果,如新鲜葡萄或葡萄干、杏子、笋瓜、香蕉、苹果、梨或者橙子;将近晚上十点半的时候开始写作,时间有长有短;洗浴过后,又做做体操,然后上床睡觉。如果这时"心脏轻微地悸动,或者这里那里酸痛",那就别想睡着了。他就会想着自己的作品,或者猜测明天能不能收到菲莉斯的某封回信。漫漫长夜就是这样度过的:半是"清醒",半是"无眠"。在对日常生活所作的描绘里,他总不忘叫苦,不是精力"大大衰退",长年做牛做马一般劳累,就是身体瘦了,办公室的工作"可憎",房间里太吵,或者家庭工厂"太闹"。这么多日常生活的麻烦事都要"费心尽力"应付。所有的话都说了,或者差不多说了,而菲莉斯也明白了:这个疯子的夜生活就是这样过的,换了她,是"没法忍受"的。

反过来,菲莉斯想不出别的话,只能劝他"不要过度,要有目标"。误会已经产生——她竟敢干涉卡夫卡的生活,劝他不要全力投入文学创作!如果谨慎行事,则意味着失败。1912年秋天,卡夫卡在写《美国》,这部处女作在他心里酝酿了十五年。他愿意为这部"稍长"的作品耗尽心力,"直到最后一息"。"一个半月以来",也就是说开始与菲莉斯通信以来,他觉得自己在这部长篇小说里很安全。也许她发现卡夫卡这样的热情气质很脆弱。勃罗德在日记里也证实了这一点。他写道:卡夫卡"不要命了",写起东西来通宵达旦。要在这时候来找他理论,时机就选得不对,再说他也并未指望从她那儿得到这个。她的角色清清楚楚地规定好了——他需要的"不是一只安抚人的手,而是一只能给予人力量的手"。

菲莉斯有这样的手吗?他愿意相信她有,尽管由于她不理解自己的使命,卡夫卡颇感困惑。不安也让菲莉斯疲倦,她为此忍不住抱怨。可是,能够间接地让她疲累的又有谁呢?从她那边来说,接到这位谜一般的通信人寄来的"怪信",她也产生了警觉:自己不写信,会招来他的指责,写得勤了,他也会指责,这究竟是怎么回事呢?他是想通过自我逃避来保持内心的平静吗？他到底想走到哪一步呢？不幸的姑娘向马克斯·勃罗德诉苦，马克斯劝姑娘"对卡夫卡、对他病态的敏感宽容一些"。他还补充说："这个不同凡响的人物只愿意每件事都做得绝对，做得极端。"可是这番话并不能让姑娘放心。其实当时双方都处于犹豫状态。弗兰茨没披外套，在寒冷的布拉格大街上漫步，心里就搁着这一团疑惑：与菲莉斯交往难道只是又一步错棋，"又一个未得到满足的欲望"？尽管这种欲望冲击了写作，可是他还是与女人来往，然而所有的来往都让人失望。难道这不正是走出死胡同的时候？11月上旬，在一封没有寄出的信里，他认为自己最好是停止写自己。菲莉斯只要忘记他的"影子"，就会恢复"快乐而单纯"的生活。他把她的信寄还回去，但是坚持要她留下自己的信。至于他自己，谁也帮不了他，从第一封信起他就知道这一点了："然而我却企图缠上您，也许凭这点就该挨骂。"想强行突破孤独的包围圈，也许是该骂。

　　本来一切可以到此结束。可这是不是给弗兰茨自己，也是给菲莉斯的一个考验，一种耐力检测呢？弗兰茨失去她了，再没有书信来往了。昨天他还对菲莉斯说："我必须给您写信，不然会郁闷死的。"不过几天之内她的回信就来了："因为我属于你。"退变成了进。从此，他们就抛开生分的"您"，以"你"相称起来。花样翻新的赌局。她不会把他扔在"可怕的孤独中"的，不会在他正在写长篇小说时舍他而去。为了让菲莉斯原谅自己这一刻的游移，他给她寄去一束玫瑰。

11月中旬，菲莉斯收到一个意义非同一般的保证，一部书，就是"那"部书。在这本《情感教育》上面，弗兰茨不敢题上什么话，因为"任何无关的话语都是不合时宜的"。书信无能为力的地方，他就求助于福楼拜，让这位大作家来当他的信使。弗兰茨对菲莉斯说了心里话："这本书感动了我好多年，只有两三个人让我那样激动过。不管什么时候，在什么地方，只要翻开这本书，我的精神就为之一震，整个身心就沉浸其中了。每次我都觉得自己是这个作家的精神之子，尽管我又贫穷，又笨拙。"怎样才能披肝沥胆，让她看到自己的内心？有了这个"芝麻开门"的咒语，弗兰茨就把她领到了自己更珍贵的地方。如果她会阅读，那么就可以借助这本书来开启他的秘密。这是他最后的王牌，是扔在海里的瓶子。可是菲莉斯稍稍读了这本书吗？这个举动本来可以巩固两人的条约，可是很可能并未得到理解。读它的姑娘的趣味似乎在别的地方。弗兰茨后来想弄清她的兴趣何在，问她书柜里摆了些什么书，可是枉然。她如果有书柜，他也许乐于"去那里翻捡一通"。管它呢，就算没有吧，反正他的赌局也用不着菲莉斯加入。"当心生出幻觉，以为你需要我。"他对菲莉斯说。但是这并不能让一个随时能"摆脱"讨厌者的女人听从劝告。相反，在他写作最紧张的时候，他需要菲莉斯，也需要给她写信，并收到她的回信。当然这话不用挑明，赌注就摆在那儿，而且，这正是他三番五次祈求的意思："切莫扔下我。"她是梦游者的守护者，或许是唯一能拉住他，不让他堕落的手。

秋天很难过。10月,由于每天下午不得不到家族工厂管事,卡夫卡停止了写作。他对此表示不满,可是,面对家人的指责,他觉得自己已经走投无路——要么接受办公室和工厂的双重奴役,要么从窗子跳出去。卡夫卡在窗户上靠了"很久"。后来,他给马克斯写信说:"我还是没跳。"他用这些催人泪下的话解释他的抉择:"我觉得活着还能写作,一死就再也不能写了。"马克斯·勃罗德为朋友的绝望状态感到不安,来给弗兰茨的母亲做工作,终于让他得以摆脱了工厂烦琐的事务。于是他又沉下心来写作《美国》。

与此同时,11月下旬他开始写《变形记》。这也许是继《判决》之后,1912年秋天的第二个奇迹。一则如此"可怕"又"可恶"的故事,他想执着菲莉斯的手,念给她听。"我写得越多,越解放自己,可能对你就越纯洁,越高尚。当然,我内心里肯定还有许多东西要说,几个夜晚都不算长。"让我们记住这些话:在"社会底层"转悠的解放与欢欣。12月6日,他可以向她宣布:"流泪的时刻已经来到",因为他那则"小故事的主人公已经死去一个时辰了"。虽然他对那个短篇并不满意,甚至为此苦恼,但是要把它写得至善至美需要更好的条件,至少他把东西写出来了。虽然他和菲莉斯来往是出于偶然,但她的影响却是实在的。

"亲爱的,哭泣吧,流泪吧……"难道她没一次有说得过去的理由，来屈服于忧伤与眼泪吗？在柏林，受到一大堆书信烦扰，菲莉斯在睡梦里都在流泪。"可恶的家伙"却为此感到得意，非常欣喜地通过书信来亲吻她泪湿的眼睛。他虽然声称"特别惧怕"眼泪，却为自己的话能激出眼泪感到高兴。至于他自己，卡夫卡写信告诉菲莉斯，他最近也哭了，"哭得在椅子上直颤"。这是多年未有的情形，眼泪并不是为菲莉斯流的，而是由长篇小说的某个段落引起的。卡夫卡的"野心"是，让菲莉斯在阅读自己的某篇作品时也大哭一场。可惜这个心愿并未实现，唯有他的书信有此特权。

词语的权力：引出眼泪，带血的眼泪，来让自己吸收。卡夫卡做起这事来得心应手。他时而辩驳，时而退缩，不是没完没了地要求解释，就是接连不断地责备自己。跳舞是爱情的"真正"语言，但是菲莉斯却只会跳斯卡尔普舞[1]。他在信中承认"折磨她，甚至吸了她的血"，"我实在无法阻止自己这么做"。菲莉斯是他的血库，因此她不能显得疲倦——不然他怎么从她身上汲取生命力？予取予夺，任其所为："虽说这是我的职业，可要是你的脸蛋不红，我又怎么可能让它们变白？！"这是他作为作家的本能，即对"书信的完全控制"。德勒兹就曾指出菲莉斯的信与卡夫卡的写作的关系："书信给他注入血液，而血液给他带来创造力。卡夫卡寻求的不是来自女性的灵感，也

---

[1] 中欧古代战争结束后举行庆功仪式，战士边舞边献上所杀敌人的头皮，这种舞就叫斯卡尔普舞。

不是母性的保护,而是一种创作的体力。"他远离昔日的缪斯,只能期待和要求菲莉斯来滋养他的夜晚。当他知道她在那边,在柏林睡着了的时候,写作就更起劲了——沉入睡眠,她就把自己"完全"交给他了。因此,就让她睡吧,不要冒险晚上写信给他,把一切弄糟。就让她做梦吧,如果做的是噩梦,那就再好不过了,因为这表明"夜间刽子手"的志向在起作用了。这是最终的富有魔力的占有,正是在这种散发着硫黄气味的夜浴中,《美国》和《变形记》诞生了。写作是残酷的,而与之相随的书信也不见得温良。菲莉斯发出呻吟了吗?他给她打预防针说,这算不了什么,与走近他时所忍受的痛苦相比,还只是"一点毛毛雨"。他摆出架势,不让她靠近——她隔得远一点,不是能更好地作用于他的文学吗?他唯一的想法,是张开文学的蛛网,把她粘住,进而吞噬。而且他毫不犹豫地向她揭示这种快乐:"既然我们不能拥抱,那就用抱怨来拥抱吧。"

我们不要急于指责卡夫卡是性虐待狂。其实他既是刽子手,也是受害人,他让人家痛苦,自己也痛苦。而且最让他动心的事情,在菲莉斯身上却毫无作用,这给他的打击也并不小。12月中旬,他的头一本书《沉思》一面世,他立即就给菲莉斯寄去一本:"它属于你,就像属于任何人。"十五天过去了,却不见她在来信中提及这本书。她是否稍稍翻了一翻呢?"为什么不给我写两个字,说你喜不喜欢那本书?"她的沉默,在他看来就是不喜欢,作家没法让她喜欢。不喜欢那本书也罢,可是她根本就没有反应，这就说明，从一开始他就走错了路。菲莉斯的沉默打破了他的幻想，并且撕毁了两人的条约。机器的一个主要齿轮崩坏了。其实菲莉斯哪怕写上一句话，就会使弗兰茨勇气倍增，继续写作《美国》。可是她不发表意见，这就动摇了他"安全"的工作环境。也许，菲莉斯给卡夫卡造成的伤害，就以此事为最。他始终认为，从两人相遇的头一刻起，她就把自己看作是作家，如果连作家都不是了，那他又是什么呢？既然不能分享他的文学，他们的分歧便由此而加深。他对菲莉斯失去了信任，对她的能力表示怀疑——对于不在眼前的事物，甚至更进一步，她看不起的、肯定不赞成的事情，她又怎么可能施加影响呢？他该不该承认自己看走了眼，或者不顾她的意思，保留条约？通信三个月，他并不担心暴露自己的想法，却不曾想遭受到背叛和欺骗。就在他拼命克服长篇创作的困难之时，两人的恩爱走到了尽头。如果他没法再写下去，如果菲莉斯的支持不再，那他会遇到什么情况？失去她，也就是失去自我。

魅力消失了，卡夫卡再次被忧愁和孤独的螺旋包裹。马克斯即将结婚，这种形势更使他孤独和忧愁："他的婚礼把我的心带走了。"1913年1月1日，卡夫卡发现自己"完全封闭"在长篇小说之中，便于新年的第十三天指责这种状态——一切都是征兆。这难道不是一种暗示？都要怪菲莉斯，因为她和他正是在13号相遇的。他还在努力挣扎，求她不要对自己的作品表现出"嫉妒","不然,我小说里的人物会不声不响地离开我的"。而写作是他"维持"生命的唯一方式。他借用福楼拜的原话说:"我的长篇小说,就是我自己。"1月底,大局已定,他宣布自己"完全失败",《美国》在他手上解体了。失望,头疼,想从窗户"扑下去",而不是跳下去。"扑下去,跌落在地,奄奄待毙"——他能够摆脱这个恶性循环吗?1913年标志着一个决定性的时刻:"卡夫卡作为作家的青春期以《美国》的创作失败而结束。"布朗肖指出,这部长篇小说完不成,首先"是对他这个作家的惩罚,进而也是对他这个活人的惩罚,因为他不能与菲莉斯一同生活"。卡夫卡提醒菲莉斯,和他们通信"头两个月"时相比,他现在已变成了"另一个人"。菲莉斯作为一个丧失的机遇,被他认为与这部小说的受挫有关。可是他能够作出别的选择吗?当他觉得菲莉斯不能再滋养他的生命之时,他就回到了孤寂之中。

一年后,他对菲莉斯说:"你过去不仅是我最好的朋友,而且是我的写作最坏的敌人。"我们在此触及了卡夫卡最隐晦的要求,它也许是在孤寂的核心地带。卡夫卡渴望把并不适宜这个角色的菲莉斯带进孤寂。从菲莉斯那里,他指望得到一种完全的接近。他想的是"在天地间独自与她相处",让她陪自己一直走到在眼前闪着黑光的临界点。在那里,作品、姑娘和死亡交汇在一起,融为一体。通过菲莉斯,他为自己创造了一个理想的女性形象。他不仅继续写信给她,而且更心甘情愿死在她身上。在写作中死亡,在死亡中写作。卡夫卡说:"要找死亡地点,没有比写作中的长篇小说更美,也更容易让人绝望的地方了。"这也许是最伤心,也是最荣耀的文学定义。后来在另一个少女身边,卡夫卡等到了享受这份特殊荣誉的日子。可是,当时的菲莉斯又怎么想得到会有这么一天,又怎会同意做一个完全沉迷在作品里的幽灵的未婚妻,愿意跟他守着这份条约,一直走到地狱呢?这个幽灵对她说:"我确实想与你一同离开此世。"他向她吐露,童年时他就被一个画商橱窗里的一幅版画迷住了。画面表现的是一对情人手牵手投入虚空的情形。那时他怀着"真正的怜悯"重读了克莱斯特,他那样喜欢那个作家,并非毫无缘由。据说他有一天把菲莉斯带到万湖边,克莱斯特就是在那里与亨丽埃特决定,在"最能给感官以快感的死亡里"(克莱斯特语)结合。卡夫卡即使感受过爱情的幸福,那也是在对姑娘发出的这个最后的邀请之中。如果姑娘改变心意,不肯与他同赴虚无,那他就觉得"她把自己像狗一样抛弃了"。怀抱着姑娘死去——在这个自杀的企图里透露出一种恼人的欲望:一起死,就是一起享乐。

尽管菲莉斯在1913年1月失约,卡夫卡还是执意让她明白,与一个叫弗兰茨·卡夫卡的作家一起生活有什么意义。于是她大胆地向他表示,她的愿望就是坐在他身边,陪伴他写作。而他则直截了当地回答,"如此一来",他就什么也写不出来了。"写作时就别想清静了,周围就别想安谧了,夜晚就不成其为夜晚了。"她的在场不仅会烦扰他,而且有可能让他的担心和迷乱彻底控制他。她会阻止他"放开思想,畅所欲言"。他说,在他看来,"最好的生活方式"就是"点一盏灯,备点笔墨纸张,独处一隅,闭门写作"。饭有专人送来,放在门口就走,免得让他分心。在"极其专心""无人打扰"的情况下,"我还有什么写不出来?!"他叫嚷着。诚然,这种状态肯定不能持久,只要受挫,他就只剩一个"免于发狂"的避难所。他是想考验菲莉斯,才把她推入这最后的防御工事?在描绘自己理想的苦行主义之后,他向她指出了问题的重要性,并要求她照实回答:"亲爱的,你怎么看呢?"

早在几个星期之前,他就找了一首中国古诗让她"品味"。有一个书生,为一部书所吸引,不顾风寒侵骨,连夜阅读,忘了与榻上美人温存。美人怒了,从书生手里夺过灯盏,说:"你知道现在是什么时辰吗?"由于菲莉斯似乎没有在意他的提醒,"守夜人"便重新给她讲述那首"了不起"的古诗。愠怒的女人与书生只是一时之好,但是我们设想一下,如果他们是长久夫妻,如果他们一生中的每一夜都和那一夜一样,那个嫁与书生的可怜女人过的会是什么日子哟?那个书生"虽然天生阳痿",却爱她胜过一切。卡夫卡说到这里,又假装天真地插问一句:"你觉得呢,最亲爱的?**请不要不理睬我这个地窖居民。**"她听得出其中的威胁吗?在柏林,菲莉斯被他拿中国的古诗说事弄得不知所措,只好退避一旁,暗中哭泣。

见见面，再见见面？卡夫卡刚刚动了这个念头，又打消了。如此这般，一次次唤起菲莉斯的期待，又一次次让她的期待落空。他们上一次见面还要回溯到 8 月 13 日，也就是四个月前，而且在一起的时间不长。卡夫卡难道还能长久地将两人的来往限定在书信的避难所里？因为书信来往更容易造成误会。他试图通过书信说服她，可是"失败"了。去柏林与她见面，则不但不能重修旧好，反而会将损害扩大。他不是梦见自己与她并肩在柏林行走，"却没有挽她的手"吗？这个梦让菲莉斯明白了什么叫人近心远。显然，去看她的念头并没有进入卡夫卡的赌局，他把这种可能性推到了尚未确定的未来。或许夏天，或许就在春天吧。当然，柏林并非天之涯地之角。星期六下午坐上火车，星期日就可以在那边度过，晚上又可以坐火车回布拉格。他肯定地对菲莉斯说："小事一桩。"再说，"出于好玩"，他"常常"盘算这样做的"可能性"。圣诞假期即将来临，菲莉斯试图了解他的安排，他在回信时便说，唉，"糟糕，手边没有日历"。其实他早已作了决定，"一门心思地投入小说创作"，在写完之前绝不见任何人，甚至不打算出席早就计划在圣诞期间举行的妹妹的婚礼。不过他还是假模假样地问自己：见菲莉斯一面以慰"相思之苦"，难道不比六天六夜投入"疯狂的写作"要"重要得多"？究竟该怎么做，应该由她来判断，反正他这边是作好了与她见面的准备。当然，他是不会移步的，而且假期才刚刚开始，他就发现"已经把它们可耻地浪费了"。写作的障碍，掺进了心头的遗憾——早知如此，他就到柏林去了。

　　冬天就在支支吾吾推托搪塞中过去了。一场旅行往后推了。在卡夫卡看来，"兹事体大"，且"有点危险"。见面是不可能了："我担心见到你我会受不了。"可是反过来，难道她就受得了吗？其实不就是与一个"大部分时间幽居自闭"的人一起过两天吗？他急急忙忙地打消菲莉斯的期待：她如果突然决定要来，又不打电报通知，就会让他陷入"极度恐慌"。他们要想让心灵接近，唯一的方式是保持距离。"我仍然渴望跨过这种通信关系，走进现实。然而它却是唯一适合我不幸生活的联系方式。"他这样提醒她。"跨过这道界线，将把他们两人都带入不幸"，因此还是耐心一点，继续通信联系吧。

　　2月份，当菲莉斯再度大胆地问他有什么打算时，卡夫卡回信避而不谈可能要做的旅行，却像断头台上的铡刀一样落下来这样一句答复："当然，我毫无打算，也没有预想。我不可能走进未来。"菲莉斯是否能看出来，这种空虚其实就是作家所处的状态；他现在是六亲不认，心无旁骛，作品才是他的亲人。如果菲莉斯能够读懂弗兰茨的信，尤其是相信他信里那些话（也许她最大的过错就是不相信那些话），她就会看出他的目的，因为那是明明白白写出来的："享受你那种想象的舒适生活吧，这是通过写作得到的好处。"在这样一种关系里，书信和言语都变得无用。因此，1913年，卡夫卡就像"一匹被关在马厩的老马"，基本上没写什么东西。

给菲莉斯的信占据了这块荒芜的地盘。在我们看来，沉浸在失望之中，让这些信变得惊人，用卡夫卡的话说，就好像他的信终于触到了他的生命。有时，"一个狡诈的魔鬼"似乎捉住了卡夫卡的笔，我们对他的信任就会发生动摇。更有甚者，要是魔鬼发现了藏在写信人身后、从不离开的作家，我们就更会怀疑他的清白。如果他的书信无法支持这种含混，就会失去表面上那种冷酷的优雅。当然那是另一种方式的优雅，《危险的关系》那种优雅。在一个如此沉重的年代，从两人通信的规模来看，从它不倦地给双方带来的痛苦来看，这真的称得上是"恋爱"通信吗？一种有限的实验，一种浅显的然而带有空想性质的训练，写作在其中与性欲或稀缺的性欲叫板，并且通过欲望的转移来克服它。卡夫卡之所以通过强迫菲莉斯给自己写信来训练她，是因为他要从她的信里提取"维持自己生活的物质"——一种他不厌其烦地诉说其凄惨，甚至不惜让人感到"厌恶、不安、烦闷"甚至"怜悯"的生活。菲莉斯虽然并不相信他的诉苦，然而是否能闭耳不听他称为"诉苦练习"的那些抱怨呢？她后来告诉马克斯·勃罗德，弗兰茨的信没有"任何意义"。连心底最晦暗、最复杂的角落，他都亮出一条缝让她看，她却悟不出他的良苦用心，这不免让他灰心。然而他却继续给她写信。不过，1913 年春天，他的心却不在信里了。他很快就在信里告诉她，"一切都明白了，也都变糟了"。为了恢复年轻时的形象，弗兰茨执意让她相信，"有一根结实的绳子把他们拴在一起"。菲莉斯还是作了思考,最后疑虑占了上风。3月,弗兰茨承认想重新开始写日记,因为自从给菲莉斯写信以来,他就把日记停了。日记就是他孤独的心寓。

复活节时,弗兰茨迈出了一步,决定去柏林,让菲莉斯看看自己的真容,还有无眠的长夜带来的白发,希望借此"打消"她的顾虑。犹豫多日,其间"威胁"不断增加,直到最后一刻都在影响他的出行,最终他于3月23日星期六傍晚抵达阿斯卡尼旅馆,后来他来柏林,都在这家旅馆下榻。在那儿,他守在电话机旁,开始了漫长的等待。他打算星期日晚上离开,可是到了中午菲莉斯还没有露面。他让人带了个口信去她家。两人终于见了面,不过时间短得让人失望,就在格吕内瓦尔德公园走了走。他在那里面拖着脚步,就像一个外国女人裙后的影子。两人的对话也像是聋子的交谈。这次见面,以及接下来的多次见面,几乎都是彻底失败。

回到布拉格,卡夫卡寄出一封信,一封多余的信。一切都是说了又说,可是枉然。话说得遮遮掩掩,吞吞吐吐。到了4月1日,他干脆揭开面纱,对菲莉斯一吐为快:"我真正惧怕的,就是无法占有你。"充其量他只能像条义犬,舔舔她的手而已。没有比说出和听到这种事更让人难堪的了。第二天,弗兰茨告诉马克斯,他向柏林寄去了自己的"彻底坦白":"这真是一场磨难。她从前无忧无虑、与全世界和谐相处的生活,被我这一下搅得稀烂。"这一番非同一般的忏悔怎样理解?照布朗肖的说法，我们得当心"过于简单"地理解其意思。从一开始，卡夫卡所说的占有，就不是单纯的性占有，即使不能排除性方面的因素。为了让菲莉斯受到震动，他把话说得简单明了。因为这是要刺穿菲莉斯封闭自己的肥皂泡，是要用这种特殊的话来激活一种死气沉沉的关系，哪怕冒着"玉石俱焚"的危险；因为这是要引起她的注意，把她带到墙脚摇醒。

秋天，他写信告诉她，看到妹妹艾莉的新生儿，他生出一股"强烈的嫉妒"。在这句话里他其实已经提醒她，自己会终身无后。不久，他又补充说，他"身体欠佳，可能不宜结婚，更不宜生子"。1月，他悄然在坦白的道路上行进，提到有关拿破仑的"一份奇怪的尸检报告"，与人们所知的皇帝对女人的"冷淡"相吻合。根据这份报告，皇帝的睾丸太小，因此性欲不旺。可是弗兰茨并没有向菲莉斯透露这个下流的细节。"尽管表面上矛盾"，卡夫卡还是注意到，拿破仑寄给约瑟芬的那封抱怨的"情书"证实了这种衰退的热情。这几乎是明显不过的事实。正如卡夫卡，一方面吐露内心的烦恼，一方面用征服者机能欠佳的症状来努力解释自己疏远的原因，这样一个沉重的理由，正与菲莉斯的笨拙相当。她也许从中看到的只是他的又一种与众不同。在他看来，来这么一下，利用一种想象中的身体缺陷，以及一种实实在在的恐惧，其实就是试试菲莉斯的反应。要么接受一种与床笫无关的爱情，要么就把这种爱情推开。总之，吐露这些"让人伤心的隐情"，目的就在于逼她回答这个并未言明的问题：如果我不碰你，你还会爱我吗？又是一个赌局，不过注定会输。吐露隐情之后几天，卡夫卡给菲莉斯写信说："我一直在考虑的是，怎样让你脱离我，可我要是觉得这件事做成了，那我就会变成疯子。"一个痴情于菲莉斯的疯子。对这封信，一如对他先前的那些信，菲莉斯似乎不肯相信。不能把她领进词语的拥抱，不能向她"传递自己的心跳"，这是卡夫卡的失败。一颗只为写作欲望而跳动的心脏，这正是菲莉斯不肯理解的事情。

5月上旬，卡夫卡感到自己"极不安全"，便重新开始写日记。由于无法催生出能让他居住的"神奇世界"，他就准备"撕裂自己"，而不是"把这个世界留在或者埋在自己心里"。下午在郊外，冒雨在花园里干活儿，只是为了逃离办公室那座地狱，却并不能平息他的焦虑。在布拉格的大街小巷，少女们都像菲莉斯那样衣着打扮，她们的映像始终浮现在他的脑海里。每次对面走来一张"清纯、开朗、有趣的"面孔，发出清亮的笑声，他就以为是听到菲莉斯在笑。菲莉斯变成了那些美人中的一个。是她发出的笑声。他注视着那些美人。当写作欲"在他身上燃烧"时，他就向她们求救。

圣灵降临节那天，他将去柏林见她，这是弗兰茨带着"傻笑"向母亲通报的消息。莫非这是解决问题的办法。可惜那天他来得不巧，菲莉斯家正在为她哥哥举行订婚礼，两人只匆匆见了一面。她"一副不冷不热，无精打采的样子"。不过这也是与她父母见面的机会，虽说他临时放弃了向做父亲的说出被女儿忽视的"一切"念头。这是 5 月 12 日晚上，他在旅馆房间里烦闷地整理箱子的时候，想到可以与她"不即不离"地生活。

回到布拉格，弗兰茨叹息道："要是我八九年以前就认识你，情况就会大不一样。"那时他是能够相爱的，不过他把这句话忍在心里，没对菲莉斯说。那时菲莉斯也不是这个样子。我们且来算一算：八九年前，她还是个十五六岁的姑娘，就不会是刚才这个不冷不热、让他灰心的女人。既然她对他提起的"障碍"无动于衷，他又冒出跟她父亲说的想法，夏天他好几次想向她父亲求助。在正式行动之前，他找了个医生来检查身体，作出诊断，因为他觉得自己"病怏怏的，是的，整个人确实是一副病态"。

菲莉斯默然无语。弗兰茨把这种沉默看作是自己"唯一幸福"的终结，看作是重返荒漠的开始。柏林之梦破灭了。是什么促使他追着菲莉斯不放？如果不是跟她通信的需要，又是什么？既然如此，那就不要犹豫，照实跟她说出来。其实这种需要的源头并不在爱情里。只要她断了那份日常新鲜词语的供给，他就会觉得"如同置身虚空"，因为那些词语"以血液的形式注进了他的心脏"。弗兰茨是为了逃避这种空虚吗？6 月 16 日，他孤注一掷："你愿嫁给我吗？"通过这个突然袭击，他是试图迫使她中断两人的通信联系，还是作为最后的借口，使之延长呢？不管是不是借口，他都踏进了自己设下的陷阱。奇怪的求婚——由某个"一见面就要娶你的人提出来的",又附加了一些让人泄气的考虑,使得两人在这场变局中都要冒风险:菲莉斯将失去柏林,而他将失去清静。不过他那清静也让人觉得"可怕"。由于他不断重提这个话题,他也就用最阴暗的颜色,给她描绘了守着一个通宵闭门写作、不愿接待亲戚朋友的丈夫过日子的情形。他提醒她注意,她还"没有意识到"文学对他意味着什么:"为了写作,我需要独处一隅,不是像隐士,那还不够,而是像死人。"她愿意嫁给这个活死人吗?再说,他们婚后又住在哪儿?他希望在"城边",在一般人不愿去的地方租套房子先住上,以后"通过攒钱"再在郊区买座带花园的小房子。在河边散步,从吉普赛人的窝棚旁走过时,他常常想着这个计划。一道石梯直下到河滩,将来他的小船就可以停泊在那里。我们不要忘记,这个卡夫卡渴望过一种简单的生活,以保护他的写作欲望。住进一座偏僻小屋,像福楼拜在克瓦塞特的乡居生活就好了。从那里望出去,透过疏疏密密的树木,看得见流淌的塞纳河水。

看在弗兰茨已经三十岁的份上,7月3日,菲莉斯同意"冒险"。要么她是"特别大胆",要么此举与"通过更神秘的联系来控制他们的命运有关"。他认为后一种可能性更大。弗兰茨的手"修长、瘦骨嶙峋,指头与一个孩子或者一只猴子的差不多"。不知菲莉斯是否想过,执起弗兰茨的手意味什么?意味着与一个怪人、与魔鬼本身结合!在这个夏天,他不是朗读过一个信仰魔鬼的故事吗?等菲莉斯正式同意,可怕的戒备就加强了。迄今为止,弗兰茨还只是在信里"折磨"她,等他们住到一起,她就会发现他是个该被烧死的"危险的疯子",因为他可以用"冷血"来折磨她。如果她没有弄错的话,他唯一的欲望就是"像个狂人"那样,一直写到天明,为此不惜任何代价:"不管是死是疯,我都愿意,因为这是不可避免的结局,对此我早有预料。"也就是说,婚姻将会把他们领向"灭亡"。可怜的菲莉斯,还不知道"某种文学在某些人脑子里"意味着什么。

由于菲莉斯没有收回前言,弗兰茨就继续让她接受这种"时冷时热的苏格兰式淋浴",所用的理由也许比原来的更有威慑力。7月中旬,他向她宣布,他在布拉格准备的房子,要过十来个月才能住人。在此之前,"我们暂且照原样过吧"。这次临时变卦使菲莉斯有时间来认清他这个人。弗兰茨觉得伤了她的心,假装来弥补——他不是"几乎夜夜梦见她吗"?接下来,他又来了一击:举行订婚礼期间,他不打算去柏林。为了证明自己这样做是对的,他搬出传统作为借口:从前在进洞房之前,未婚夫是不许接近未婚妻的。菲莉斯可以动身去北海边度假,用不着经常写信,寄几张明信片足矣,或者寄张"坐在沙滩小屋前或者沙丘上的"相片也好。

弗兰茨独自待在布拉格,长夜难眠,便翻身起床在日记里权衡利弊,编造婚姻计划的"资产负债表"。他们的结合有助于让弗兰茨忍受生活,却无济于消除他主要的焦虑。"从今以后，我就不再是光棍了。"然而结婚以后，他就再也别想离开办公室了。8月中旬，一切似乎都结束了。这样也许更好。他写道："我将慢慢恢复镇静，她将另嫁他人。"但愿他最近的几封信能够让两人解脱，不然，只要她坚持，出于软弱，他就"肯定"会娶她。第二天，菲莉斯的三封信寄到了，令他无从"抵抗"。他旧病复发，"支持不住而倒下"。怎样才能走出死胡同？8月15日，他再次只想"从窗口跳出去"。然而，她却不饶恕他，以其人之道还治其人之身，用她习惯了的钩子来伤他，这就完全暴露了她的想法。她不是拐弯抹角地提到弗兰茨对文学的"爱好"吗？亲爱的菲莉斯真是无可救药！他的回击马上来了："不是爱好文学，菲莉斯亲爱的，不是爱好，是我整个身心都是由文学构成的。"弗兰茨用了五百封信才让她明白这点，而且他也几乎没有夸张。但愿她能逃出这个"魔圈"，如果可能的话，让她父亲帮忙，他会为她驱魔，叫她把卡夫卡这个魔鬼"赶走"。卡夫卡输了，身在家人中间形同陌路，便转而学习他那些"真正的父母"——和他一样的克尔凯郭尔，结了婚的陀思妥耶夫斯基，独身的福楼拜，还有一枪解决问题的克莱斯特……他在他的崇拜对象中间作"幼稚"的比较，很快就为这种"荒谬"做法而自责。是动身去意大利，放弃一切"通信"的时候了。

《头伏在桌上的男人》
弗兰茨·卡夫卡 绘

"太晚了。
悲伤和爱情的甜美,在船中她给我的微笑,这是最美的。
赴死和自持的愿望交织,这一切就是爱。"

第八章

唯有这是爱情

里瓦的即兴曲。在卡夫卡的爱情地理上,加尔达湖畔的里瓦是一个神奇的地方。就是在这里,上演了一支辉煌的幕间曲,突如其来地让他经历了一个难以忘怀的幸福时刻。1913年夏末,卡夫卡"愁得要死",来到里瓦,他一心只想找个清静地方,遁世隐居,直至"浑浑然失去意识"为止。在这段小住期间,他没有别的期望,只是想远远地躲开菲莉斯那些书信里有毒的气息,摆脱那不可能摆脱的困境。"我不能与她一起生活,但我少了她又不能活。"可是到里瓦的路途漫长,每一段都有一个伤心的故事。

9月6日,卡夫卡陪同保险公司经理离开布拉格,去维也纳参加一个专业会议。他在一封短信里告诉菲莉斯,他在那里就像是"重返人间的鬼魂"。卡夫卡要在那里蛰伏一个星期,然后作为持怀疑态度的人,顺道参加同期举行的一次犹太复国主义者会议。到14号,终于散会了,他就独自来到的里雅斯特,从那里坐船到威尼斯。这一段路程不长,但是并不顺利。暴风雨使他晕船,"极为难受","十分忧郁"。他在威尼斯无精打采地过了两天,仍给菲莉斯寄了一封明信片。他写道:天在下雨;要打消与你结婚的念头,哪里也比不上威尼斯。看到一对对年轻夫妇,他觉得"可恶"。他对马克斯·勃罗德说,蜜月旅行的惯例把他"吓怕了":"我要是想让自己恶心,只消想象与一个女人在一起,并且用手揽着她的腰肢。"这就是所谓的厌恶?
9月16日,他鼓起勇气给菲莉斯写信,他认为这会是最后一封。

信是这样结尾的:"我们应该分手。"既然她还没有下决心把他"推开",那就该由他自己来"退步抽身"了。寄走这封信,就意味着再过几星期,多年来"最正确的事情"就会完成。紧接着他又告诉马克斯:"一切都已说清楚,并且将得到圆满的解决。我不得不说我不行,确实不行。"不过这并不妨碍他四天后又从维罗纳寄明信片给菲莉斯。后来他说:"其实寄的不是明信片,而是几个省略字母的词。"他那时在一家教堂休息,面对一个大理石的侏儒,就匆匆给她写了几句话。与世隔绝,没有邮件,他变得更加沮丧,好像沉入了"彼世"。他走进一家电影院,躲在那里流泪。一年前的今日,弗兰茨给菲莉斯写了头一封信。可是在此时此地来纪念他们通信一周年,不但日子不同寻常,连地点也反常。选择在被放逐的罗密欧和朱丽叶的城市给菲莉斯写夏天的最后一封信,他就把这座相恋的城市变成了分手的城市。除非朱丽叶十四岁的年龄是一个更微妙的信号。由此开始了四十天的沉默——这真是名副其实的四十天隔离期啊。

　　他现在几乎到里瓦了。9月20日是星期日,卡夫卡在德森扎诺,来到加尔达湖边,一边等候开往大湖另一头的里瓦的汽船,一边着手给菲莉斯写信。但是这封信并没有寄出。后来他只是把这个记在日记里的伤感时刻摘出一些片段来寄给她。他对她说:"在德森扎诺,我是真的走到尽头了。"他来到草地,在两个睡觉的工人旁边躺下来晒太阳,"脑子里一片空虚,只觉得荒谬得很"。他在日记里写道,"唯一的幸福感觉",就在于无人知道他在何处。一个真正的流浪汉、逃亡者。他真希望"永远就这样下去","因为这要比死亡来得更加合理"。他补上一句,提早进入了三年后要写的那篇作品[1],而那篇作品的背景就是里瓦的一个小港:猎人格拉胡斯驾着无舵的小船随波漂流,他被判处在一个无生无死的空间永远流浪。卡夫卡从里瓦给一个朋友写信说:"有时我想象自己不在人间,而是在地狱广场上游荡。"

为什么要去湖那头的疗养院?何不去一座"荒岛",一头扎进那里的静寂之中,"永远不再出来"?!从这天起,直到返回布拉格,他没在日记上写下任何东西,只有迷惑人的空白页。"遇到的事情,都没法让我感动。"秋分那一天,他在日记上匆匆写下这一行就搁了笔。明日,黑夜将把他带走。卡夫卡年已三十,短暂的一生只剩十来年了。他真想学着法王路易十五的情妇,大革命时被处决的杜巴利夫人的口气说:"再等一下,刽子手先生。"他的书架上就有这位夫人的一册情书集。像个梦游者一般,卡夫卡从舷桥走上汽船,即使不是远渡重洋奔赴美国,登船也意味着割断牵扯,意味着脱下旧衣,把它们抛在码头上。永别了菲莉斯。他靠在舷墙上,肯定在背诵《情感教育》的开头关于弗雷德里克·莫罗出发的记述,那段话他

---

[1] 指短篇小说《猎人格拉胡斯》。

熟记在心:"一八四〇年九月十五日晨六时左右,停泊在圣贝尔纳码头的蒙特罗城号轮船即将启程,烟囱里冒着滚滚浓烟。"大家都知道甲板上有什么人在等待弗雷德里克——但这并不意味着在里瓦就没有少女在等待弗兰茨。

里瓦这个疗养胜地,冯·哈腾根博士的水疗中心终于到了。那是建在湖边的一个"疗养所"。一排排长椅濒水而设,跳板一直伸进湖里。疗养所内部很像他经常光顾的膳宿公寓。餐厅是一个大广场,也是卡夫卡备受折磨的地方,每次谈话他总要"骂"这里几句。卡夫卡到达一星期以后,也许就是在这儿见到坐在大吊灯下面的桌边的少女的。究竟是出于什么样的偶然机遇,少女坐到了他身边?而他的另一边,坐着一个饶舌的老将军。卡夫卡看到了少女的手,那搁在白桌布上的手腕。一个褐发美人,"像意大利人"。他一般不大跟人说话,可是那天他的舌头忽然解放了,而那天在场的客人都有助于他变得伶牙俐齿。后来有一天,卡夫卡指出:"跟年轻姑娘交谈,我身边需要一些年长的人。他们搅起的轻微烦恼能够激发我的谈兴。"陌生姑娘红着脸,"用低哑的嗓音"回答他的问话。低哑的嗓音是什么样的声音?是一种温柔的声音,它包裹词语,筛选词语,并压抑词语。是准备淡入静寂的弱化的音乐,是让婴儿听着听着便沉入梦乡的摇篮曲。弗兰茨坠入了爱河。接下来的冬天,他对菲莉斯说:"我当时处在空虚而伤感的状态,只要是个姑娘,哪怕身份卑微,也可以攫住我的心。"因此,里瓦的美人尽管"尚未成熟",具有"病态的性格",还是被他评判为"才华卓具,思想深刻"。

除了卡夫卡记述的关于格尔蒂·华斯纳的只言片语,我们对她一无所知。他在提到她的时候,总是只写姓氏的起首字母:G.W.。他是想保持神秘色彩,因为他正是以此来保护姑娘。他说,她是个"瑞士姑娘",住在热那亚,既然来了这里,不是有病,就是体虚。他写信跟马克斯·勃罗德说,格尔蒂"大约"十八岁,"几乎还是个孩子"。而且,从她的肖像上也可以看出她还稚气未脱。她坐在桌边,一手托下巴,一手扶着撑在膝头上的手肘。耳朵、鼻子、嘴巴,她脸上的一切都长得小巧精致,神态若有所思,目光却是直愣愣的;头发扎了花结,一绺刘海得体地擦着前额,颈上一根丝带坠了个挂件,在天鹅绒裙袍的白领上摆荡。一个旧式姑娘。弗兰茨喜欢旧式姑娘,因此格尔蒂就成了完美的化身。

湖边散步,水上泛舟,长椅上的小坐,餐桌上的相伴,让他们的日子过得津津有味,也让他们的眼睛熠熠生辉。卡夫卡没有向格尔蒂隐瞒菲莉斯的存在。他对菲莉斯说:"她知道,我心底只有一个愿望,就是娶你为妻。""瑞士姑娘"绝不是"柏林姑娘"的竞争对手,她是因为另一个承诺才高兴得容光焕发,这个承诺包含在他们没有未来的相遇之中。弗兰茨满足于一时的幸福,而他们贞洁的仪式也足以让他幸福。姑娘住的房间正好在他楼上,他称之为"与 W. 的私通",也就是按照一定的编码，通过敲击天花板来传情达意而已，尽管从未真正"到位"。他敲击，等待回应，或者探出窗外，抓住她放下来的丝带。晚上，他留神倾听她的脚步，判断"像暗号一样偶然响起的每一步的意思"。他听见她"咳嗽，唱歌，然后睡着了"。她，那个温柔的幽灵就在他头上，几步楼梯的距离而已。他时刻注意着她的夜舞，她的夜曲抚慰着楼下的失眠人。这种互动既看不到，也摸不着，几乎算不上什么，可是在里瓦，就成了他的全部。

如果回首往事，弗兰茨会寻思"该如何看待"一种掠过心头的遗憾：与格尔蒂的调情"夺走了与对门那个俄国女人来往的快乐"。那女人喜欢他，夜夜都想接待他！如果见不到他，她就拿出纸牌给他算命。姗姗来迟且毫无意义的内疚：如果在另一个女人的床上，屈服于"低哑的嗓音"唤醒的欲望，那他就会误入歧途。难道不正是为了保护他，格尔蒂才探出窗口，手画十字送上"祝福"为他驱魔？

弗兰茨度过了十天温馨的日子。在他的爱情传奇里，只有八年前与楚克曼特尔镇那个陌生女人共度的日子可与之媲美——他把这两段日子同记在心里。十天，在这意大利的秋天，迷人的偷情行将结束。两人后来没有再见，也没有写信。"一个字也不要写。"她明确吩咐。他也尊重这道禁令，尽管心头发痒，可还是忍住了，硬是一封信没写。他"严格地服从她的命令，不过也没费什么力气"。他不让自己在日记里提她，除非是隐秘、含糊地提及。"G.W."属于沉默。她不愿意被人"书写",不愿意躺在稿纸上,遭受折磨。她的痕迹一如她的声音始终罩着面纱。里瓦的姑娘之所以是惊鸿一现,始终罩着忧郁的光晕,首先要感谢这道禁令,感谢在他们转瞬即逝的王国周围划出的这道无形边界。就像一个保护真相的透明肥皂泡,墨水没法将之污染。也许,这段柏拉图式的隐秘爱情,以其周围的沉默,以其经久热烈的回声,堪称卡夫卡一生中最美丽的爱情。在隐姓埋名的状态下,那个十分年轻的姑娘总是被卡夫卡以"G.W."或者"专制姑娘"来指代。

里瓦的诀别是痛苦的。卡夫卡后来告诉菲莉斯:"我们彼此非常依恋。"动身的时刻需要作出特殊的安排,才使格尔蒂没有在大家面前"抽泣"。而他本人"也好不了多少",12月卡夫卡在提到这件事时说,当然听者还是那个命中注定要喝下这杯苦水的菲莉斯。

回到布拉格已是10月中旬,他写了下面这些话,再一次开始记日记:"我没准也要收心了。"有一段话表明他在里瓦的小住"十分重要":"我头一次理解了一个信奉天主教的姑娘,我几乎完全生活在她的日常里。"可是这记录了什么呢?没有半点"决定性"的事实,只有一个难以描述的宝藏:"没有一件事可以写。"不写,不仅是服从格尔蒂规定的沉默,也是因为他觉得自己写不出来。卡夫卡走错路了,他要写的可不是里瓦。在迫使他对两人的相遇保持沉默,在堵死他抽身退步之路的同时,格尔蒂反过来促使他开始了真正的创作,让他得到了解放。可是他还没有意识到这点。现在"无法想象的忧郁"攫住了他。他于 10 月 22 日写道："太晚了。悲伤和爱情的甜美,在船中她给我的微笑,这是最美的。赴死和自持的愿望交织,这一切就是爱。"日记只是给这份忧愁提供营养,对它又如何能"抵抗"?他重读了《变形记》,觉得写得"很糟"。身受疑惑的折磨,他发现自己"确确实实完了"。不如写些 W. 喜欢读的童话:她把书藏在桌下,放在膝头上,一边吃饭,一边偷着读几行,被医生逮住,"羞得满脸通红"。写吧,为了让她脸红,为了让她感动。

又过了几天,忧伤渐渐淡了。格尔蒂的微笑和脸红起作用了。11 月初他在日记里写道:"我这份突然的自信是从哪儿来的?"这自信能持久吗?不久他又写道:"我准备重新开始动笔。"这证实了一条法则:要写东西,就不能碰姑娘。

披毛皮披肩的少女与扎绒丝带的少女截然相反:
一个是静默的单纯,
一个是书信的毒药。

第九章 披毛皮披肩的少女

1913年11月1日，在布拉格的一家咖啡厅，卡夫卡与一个陌生姑娘约会。这是菲莉斯介绍来的。鉴于他们陷于困境，不能自拔，菲莉斯或许希望，一个外人更能清楚地看出他们的问题所在。可是卡夫卡却没有想到菲莉斯的这种用心，只是准备见一个"有一定年纪的女子"。按他的想象，这个女子身体壮实，能够经常从母性的角度给人出主意。命运驱使格蕾特上路了。这是个"纤弱"的二十一岁姑娘，"稍稍有些另类"，比如这天晚上，她就披了条毛皮披肩。刚见面，这个细节就让卡夫卡一怔，想往后退，并让他生出一个难以根除的"疑惑"：后来过了好久，他还是不能把格蕾特的形象与这条毛皮披肩分开。我们且不提奥地利作家马索克的《穿裘皮大衣的维纳斯》，记着这一开始的后退以及他对动物毛皮的说不清道不明的"厌恶"：这种过于明显的性炫耀让他慌乱。

　　这个调停人来自维也纳，在当地的一家办公用品供应企业工作。她究竟是什么样的人呢？她还算不上菲莉斯的密友，因为菲莉斯认识她不过六个月，而且在信里从来没有提到过她。这个名叫格蕾特的姑娘，有一张相片留了下来：在她脸上，隐隐的娇媚之中，透出明显的忧伤。那是一副聪明的面孔，两片嘴唇长得小巧精致，还有两只忧郁的大眼，让人窥出她内心受过伤害。她来弹奏钢琴，又能给人带来什么慰藉呢？

　　面对一个慌乱的对话人，格蕾特小姐不禁生出几分担心——看来这个差事干起来不会顺利。在她与卡夫卡见面期间，卡夫卡只是嘟嘟囔囔"抱怨了几句"。然而这已经够多了,他为自己的多言而后悔。分别的时候他很气恼,为自己轻率地说出隐情而难过,觉得对不住菲莉斯。至于第二天还见不见面,他有些犹豫。可是过了几个月,这个谜一般的姑娘就闯进了他的天地。菲莉斯的浪漫传奇之外,又加上了格蕾特的浪漫传奇,这就使得复杂的局面变得更为复杂。调停很快就使局势变得更为紧张。无非是一见钟情,再难分开的故事。可是在这故事里面,卡夫卡与这位知心女友的关系虽然超出了菲莉斯的视野,却还是露出了本来面目,值得展开叙述,一直到两人表面上停止来往为止。

在所有少女面前,卡夫卡都会生出一种呼唤,这次也一样,于是他就按自己的方式,把这出戏演下去。两人见面之后,开始了频繁的通信联系,九个月里写了七十封——而同期与菲莉斯的通信则变得更少了。一种交接关系发生了。新来者接过接力棒,重新激发了卡夫卡写信的热情;虽然他在日记里提到格蕾特时总是语焉不详,但还是写了一点,为给她写信或者无法给她写信而备受"折磨"。就是筑上一道堤坝也不足以拦阻"写给亲爱的格蕾特小姐的书信洪流"。布朗肖评论说,每次卡夫卡着手给一个少女写信,就撒开一张诱人的大网,某种"优雅、轻佻、引诱的企图"立即就流露出来。菲莉斯一开始就被这张网罩住了,格蕾特也逃不出来。他的词语自有打动姑娘们的力量,姑娘们又怎么可能不爱上弗兰茨·卡夫卡呢?在他大献殷勤的书信诱哄之下,格蕾特又怎么可能不忘记那位请她帮忙的女友?他的态度很快变得含糊,热衷于在模棱两可中得到快乐:一方面他对姑娘隐隐有些疑虑,一方面又很想诱骗她,不管这种愿望是不是显露无疑。多亏菲莉斯,他才能与格蕾特相遇,一方面这使两人的来往变了味,另一方面却给他带来刺激。总之游戏十分微妙,魔鬼在暗处蛰伏。不管是前进还是后退,都是一片模糊,神秘的云雾使他们的来往变得朦胧,甚至在格蕾特保存的卡夫卡的那些来信里,这种来往也是若隐若现,因为很多信都失散了。剩下的也是撕掉之后,又拼合复原的。

如果说,在卡夫卡的信里,菲莉斯一开始还处在中心,因为他会讲述那些难堪的柏林之行,那么接下来,他很快就试着进入格蕾特的世界,问她有什么习惯,生活如何,忙些什么事情。这个并行的动机很快占了上风,他并不掩饰自己等待回信的急迫心情,即使在格蕾特的信里品出"一丝苦涩"和"几乎敌对"的情绪也不感到失望,比如1914年1月收到的信就是这样。他更加关心格蕾特,对她的阅读提些建议。以"自然主义的"专家姿态鼓励她多做体育运动,多吃素食,睡觉时像他那样打开窗户。这位"少女的教导者"找到了一个学生,一个为他的殷切关怀所哄骗的学生。尤其是,她刚表露出要离开维也纳的想法,他就催促她赶快成行,因为在那个城市,"快乐变得忧伤,而忧伤则变得更忧伤",就像近来她身上所表现的那样。去柏林意味着唯一的得救。他劝她去柏林的劲头正与他自己去那里的渴望旗鼓相当。他们之间又多了一条纽带，而且是非常重要的纽带。

而菲莉斯呢？2月时，卡夫卡提醒格蕾特，在这件事上别想得到他的帮助。从此，他更愿意就格蕾特来谈格蕾特。他写道，虽然他们还摆脱不了与菲莉斯的来往，但那也算不上他们的关系中"最重要的部分"。是战略发生了变化，抑或因为频繁地书信往来，产生了新的依恋？在老友马克斯娶妻成家、逐渐疏远的时候，孤独的卡夫卡渴望在菲莉斯那久拖不决的情感之外，另找一种含有情爱成分的友谊？或者，更突然地，他是想把格蕾特这颗棋子另做他用？我们只能指出，卡夫卡写给少女的信，语调变得更热烈，也更急迫。

"如果说这两天有什么东西使我感到愉快的话，那就是想到您，想到您的可靠和真诚。"3月他写信给格蕾特，并在她到柏林见菲莉斯的难堪的两天里给予帮助。在求她经常写信的时候，他冒出一句话："您太看重我了。"菲莉斯心细如发，发现卡夫卡似乎"过于重视"格蕾特，就向他提出疑问，他倒是一口承认。这个女孩一张普通的明信片，就比菲莉斯寄来的所有书信"还让他高兴"。收到一封又一封信，里面浸透了甜蜜温存，格蕾特怎么可能不被打动呢？倒是那些夸赞的话较为普通，一个暗中恋爱的女子可能犹嫌不足：她难道不是"最好的、最可爱的、最正经的女人"吗？卡夫卡脚踏两条船，一面哄这个，一面顾那个。更让菲莉斯感到欣慰的是，3月21日，他居然忘记给这个"春天的孩子"庆贺二十二岁生日,虽然他"非常喜欢"这个姑娘,他对菲莉斯强调说。

卡夫卡说,之所以很久没去看格蕾特,要怪他那永难消解的疲乏。上次误了约会,或者逃避约会之后,他渴望再见到她;12月格蕾特再来布拉格时,他想与她一起散步,坐在她身边听她跟自己说话。他甚至想象她"躺在方格床罩上"。他亲自去维也纳会让她厌恶,因此就没做这个打算。他邀请姑娘3月来布拉格见面,除非她更喜欢另一种安排——这个方案他是第二次用了:去边境城市格明登见面,每人走的路程相当。他查询了火车时刻表,这次见面"要比任何一次见面都让他快乐"。然而他还是放弃了。

4月,他发出了在柏林举行订婚仪式的预告,格蕾特通知他,届时将无法前来道贺,理由是菲莉斯的母亲见到她会觉得难受。她在贺电里说,她只能寄出这简短的祝福:"愿您满意。"这让弗兰茨竖起了耳朵:"她这是什么意思呢?"他假装不懂,只好去问菲莉斯。于是他又急急忙忙地安慰格蕾特:不管他订婚还是结婚,他们的关系都不会有任何改变,"因为这种关系可以使我们做出美妙的事情,至少对我来说是如此,所以我不会放弃"。甚至在他与菲莉斯见面时,他也悄悄地告诉格蕾特:"我见不到你,感到烦闷,非常烦闷。"于是他再度生出去格明登和格蕾特见面的想法。不过这次是三人相会,还带着菲莉斯。这样一来格蕾特就成了陪衬,成了连接未婚夫妻的纽带。在卡夫卡准备开始的危险旅程之中，但愿格蕾特不至于把他抛弃："这绝对不行，我不同意您这么干。"不知是格蕾特认为自己那些信落到菲莉斯手上不好，还是赌气，反正她要求卡夫卡在婚后把它们烧掉，而卡夫卡则反过来劝她与他们两口子保持更密切的关系。她在他们家会受到热烈欢迎的。

5月，他又重提旧话，并且得到菲莉斯的许可，再次向格蕾特发出了热情的邀请。他们从结婚之初，到"婚后一段时间"，都会邀请她一同生活："你可以看到我们的幸福和不幸。"如果三人一起，他们会过上"美好生活"。他写信给她说，并补上这句并非哄骗她的话："您得牵着我的手，陪伴我去经受考验。"在他对婚姻的恐惧中，卡夫卡期待格蕾特能给予支持。他所需要的帮助只可能来自一个年轻姑娘，因为只有她才能够把妖魔鬼怪赶走。一个能激起情欲的人在场，没准也能让他对菲莉斯产生情欲。也许可以通过替代者来占有菲莉斯？最后，像德勒兹所暗示的那样，三人一起生活的企图，让两个女人走出"决斗"，也使卡夫卡不必再独自面对菲莉斯。或者换言之：把一个披毛皮披肩的姑娘塞进薄情女人的想象之床，因为这个薄情女人的嘴巴让他害怕。

卡夫卡是根据格蕾特的相片来建造空中楼阁，并且完善其逐步包抄的计划的吗？举行订婚仪式的次日，当菲莉斯正在前往布拉格的途中之时，年轻姑娘把自己的肖像寄给他。另一个女人的这张肖像，是送给这位未婚夫的一件特殊的礼物，它提醒他不要忘记自己的存在。格蕾特以自己的方式进入两口子的生活，并且抢先激发弗兰茨的情欲，因为弗兰茨把这张肖像当作她"最可爱、最美丽的礼物"收下。我们再次发现，卡夫卡"完全忘了"对他是那么"重要"的女人的样子，并且自以为这对他其实"并不重要"。两人相遇六个月以后，格蕾特的面部轮廓溶进了写信的墨水。他日复一日写下的那么多书信，究竟是给哪位梦中姑娘、想象中的姑娘？那没有面孔的、虚无缥缈的、远在天边近在咫尺的姑娘，那有着按照卡夫卡的意愿描绘的面孔、无声的微笑和轻柔纤手的姑娘，是在他苦恼时来加以安慰的善良天使。格蕾特寄来的相片具有安慰他的一切因素，因为她身边还有两个妙龄少女。作为交换，未婚夫寄出了自己的照片："一张模样怪诞、斜着拍摄的照片"。

6月初，当不得不面对柏林的纪念订婚招待会时，他仍然想得到格蕾特的支持。这一次，尽管又作了一些拖延，格蕾特还是来了。"您不知道，"次日他就给她写信说，"您对我意味着什么。"他感谢这位女友也许为他做了"一个人能够为另一个人所做的一切"。这种语焉不详的帮助究竟意味着什么？卡夫卡说，它在于年轻姑娘抚慰人的目光。姑娘们的眼睛有让人生出信仰的作用，让放弃信心的人拾起信心，让堕落的人停止堕落。然而格蕾特是否认为，卡夫卡期望从她这里得到更大的支持，希望她的帮助不仅能让他忍受菲莉斯，而且能让他避开她？她是否产生了误会，或者由于嫉妒而变声，因而超出了未

170　Kafka et les jeunes filles

婚夫妻的知己的角色，径直发展到向一方出示从另一方收到的情书？她会不会挖空断层，让自己更迅捷地落入深渊？弗兰茨这个不由自主的引诱者，却被自己那些过于精美的阿拉伯纹饰一般的陷阱困住了？以上这些问题，我们都没法解答。在这个漩涡里，每个人似乎都在盲目地驾船行进，殊不知暗礁正等着他们。

  订婚仪式一结束，卡夫卡又恢复了在婚姻面前的犹豫。他把这种状态归咎于自己"迷惑人的"身体。他左右摇摆，而格蕾特常常是唯一得知这种状况的人。然而，到了6月底，他还是向她肯定，"什么也没变"，只是要求她"耐心一点"。如果他认为女人是无限宽容的，那他就错了。格蕾特忽然焦急起来，打乱了节奏。7月3日，她把卡夫卡逼到墙脚下。她认为自己在他面前软弱得可笑，决心结束这种状况。在一封信里，她告诉卡夫卡，自己再也无法承受他们订婚的"责任"了。她责备自己促成了他们的好事。她"被迫"相信一种幸福，其实每件事情都在戳穿这个谎言，首先就是弗兰茨的举止，因此她不肯再为虎作伥。她说，他的眼睛"突然一下"睁开了，让她"深感失望"。面对这么多的谎言，她还怎么好意思面对面地直视菲莉斯？这封信来得不巧，是卡夫卡在生日那天收到的，他认为这信"毫不含糊，干净利落"。卡夫卡的回复则有分寸得多。他首先夸奖格蕾特是个明白人，终于看出来他不是"菲莉斯的未婚夫，而是她的灾祸"。他不是一开始就想让她相信这点吗？

这是明智，也就是误会的可悲胜利。盟友退缩了，和格蕾特的通信结束了。十天以后，在柏林，弗兰茨与菲莉斯断了情。我们将看到，格蕾特在其中起了决定性的作用。

秋天，格蕾特是否曾试图恢复对话？可是她没有成功，既然魅力已经褪去，过多的忧愁就把她的通信人压垮了。"出于一种奇怪的同时性"，格蕾特的来信寄达之时，正是卡夫卡生出自杀的念头，准备向马克斯"通报"的时候。在最后一封复信里，他显得十分大度：也是，又怎么可以指责年轻姑娘的态度呢？他很清楚，这是要求他做做不到的事情。因此，他也远不像格蕾特认为的那样"恨她"。他说，相反，当格蕾特在柏林大肆指责他的时候，他却坐在指控者的位置上。他还补上一句："即便是今天我还坐在这个位子上。"的确，当时他刚刚着手写作《审判》。可以认为，他写作这部作品，要归功于格蕾特的背叛。从某种毁灭的方式来看，格蕾特充当了指定给所有少女的角色——她的眼光是"很准的"。

同年秋天，格蕾特又尝试了一回。卡夫卡"十分犹豫"，便没有回信。"思想是那样混乱，没法记录。"卡夫卡在日记里写道。从此，格蕾特身上就被罩上了一层厚厚的沉默。第二年春天，当她与菲莉斯在瑞士的波希米亚地区短暂逗留时，卡夫卡还与她见过一面。不过卡夫卡似乎并不真的希望见到她。动身前夕，他曾对菲莉斯说，格蕾特"最好是"独自一人前来。

1916年9月，还有一个更为晦涩的信号：仍是在写给菲莉斯的信里，他提到了格蕾特经受的"磨难"，还说他"很喜欢她"。借这个机会，他叮嘱菲莉斯不要抛弃那位女友，从前她抛弃格蕾特，真叫人难以理解。最后他还补充说："你对她好，也就是对我好。"卡夫卡怜悯格蕾特，认为她变得脆弱了，也许没法完好无损地从他们这个复杂的故事中走出来。这件事她卷进来太深了，只可能觉得自己受了欺骗，不然就是受了摆布。有人说，过了二十年，格蕾特仍然迷恋着卡夫卡，对她与卡夫卡的关系怀有幻觉，甚至声称与他生了一个孩子。由此可见她对卡夫卡是多么依恋，跟他断情后精神上又受了多大震动。当然这也说明卡夫卡是多么冒失。

卡夫卡最初的直觉是不错的：他不是一开始就对格蕾特有些怀疑吗？那并不仅仅是因为毛皮披肩的缘故。她的名字也让他生出警觉。1914年4月，卡夫卡把《变形记》送给格蕾特，作品里也写了一个叫格蕾特的人物。故事结尾处，卡夫卡提醒现实中的格蕾特，书中的妹妹格蕾特"抛弃了需要她的人"。文学再一次与生活混为一体，并且预见了生活。失望虽在意料之中，却仍是残酷的。6月，卡夫卡告诉格蕾特，一个月前他恢复了写作。对他这种"复活再生"，格蕾特也许功不可没。这是他对格蕾特自然流露的敬意。可是格蕾特却作出了这个"显然虚假的"回答：在她看来，这并不是"最重要的"事情。卡夫卡并不固执己见，承认重要的不是在布拉格写作，而是离开布拉格。然而他已经受到打击——格蕾特比菲莉斯更差，根本不理解文学是卡夫卡"逃脱地狱"的唯一方式。这才是格蕾特真正疏忽的地方，是她无可挽回地与卡夫卡相悖的地方。

　　上天几乎同时给卡夫卡送来两个少女，好像就为了让他离开菲莉斯似的。可是，卡夫卡在不幸时如果想到里瓦那个如此清澈、与爱情之憧憬一模一样的美妙征兆，就会发现两个少女是多么不同。披毛皮披肩的少女与扎绒丝带的少女截然相反：一个是静默的单纯，另一个是书信的毒药。一股有害的香气包裹着格蕾特。通过运用书信这个武器——你写给我的书信都将被用来攻击你——通过把通信关系引入歧途，她表现出一种让卡夫卡困惑的粗俗。1917年10月，卡夫卡虽然已经病倒，还是在日记里写了这句与她有关的话：格蕾特"威胁说要给我写信"。少女一旦变成威胁，也就不成其为少女了。格蕾特是受了骗，卡夫卡亦然。

《低头坐着的男子》
弗兰茨·卡夫卡 绘

他为自己注定要毁灭而哭泣,
他站在废墟中间哭泣。
在一生最不稳定、最为沉沦的时刻,
有什么东西向他闭上了大门,从他手中失落。

第十章 血、泪与少许蜜糖

与菲莉斯的战斗尚未完结。披毛皮披肩的少女没有遮住另一个女子的光辉,她还像一根肉刺,在卡夫卡的生活里扎了四年。1913年10月的最后几天,格蕾特到访的同时,菲莉斯的一封来信打破了里瓦那段插曲带来的沉寂。一个月前,卡夫卡从维罗纳寄去一张明信片,透露了忧伤的信息。从那以来,他再也没有发出任何信号。展读信文以后,他写了一封回复,承认对共同的不幸"负有责任"。菲莉斯原谅了他,表示可以从头再来。他给她写道:"我对你的欲望是如此强烈,压在心头,就如同眼泪噙在眶里一样难受。"由于她提出要再见面,他便把这个约会安排在圣诞节。可是真的见了面,他们能够说清误会,尽释前嫌吗?他对此存疑。唯一"能说清楚的东西"就在一年来寄去的无数封信里。他说,它们包含了他的"精华"。

11月的头一个星期六,弗兰茨到了柏林。他告诉格蕾特,"那一次的情况和以前一样"。菲莉斯就是不见人。晚上,她没有到月台来迎接。星期天早上,他让人送去一封信,提醒她自己来了。她终于打来电话,并同意立即去蒂埃花园走一走,因为中午她要赶去参加一个葬礼。卡夫卡和她匆匆走了一圈,就把她送到公墓的栅门口,在那里,透过汽车玻璃,他看见她夹在两个陌生男子中间消失在墓碑丛中。这是不祥之兆——一年后,他还梦见她"像个死人"。第二天他问自己,为什么不陪她进公墓?"他有些惆怅",独自回到旅馆。他以为这只是个插曲,为了寻找理由,就去拜访朋友恩斯特·魏斯,因为魏斯在这件事里也扮演了一个角色。回到旅馆，他坐在大厅，看着淅淅沥沥的雨丝从天而落，开始了焦急的等待。菲莉斯并没有履行诺言前来见面。他回到房间，锁好衣箱，下楼再等。回程的火车下午四点半出发，这她是知道的。说不定出了"奇迹"，她冒雨赶到车站为他送行去了？难堪的约会，他闷闷不乐地离开柏林，这一去就没有再来。他就像一个"没有任何理由"来柏林的人，坐在返程的车厢里寻思，想给这次没有任何结果的约会找出某种意义。

接下来的几个星期，日记的笔调比任何时候都要低沉。空虚、失落、脆弱，他只觉得"生活的风刀霜剑死死相逼"。一丁点儿小事都能让他不安，在电影院看小苏姗·普里瓦主演的《洛洛特》也能让他落泪。根据报上的文章，那时小苏姗头上还扎着辫子，脚上"还穿着童鞋"。同场加映《终于单身了》，一部关于新婚旅游的讽刺作品，讲的是一个十分年轻的姑娘对婚姻的看法和嘲讽：在11月这个星期日的布拉格，这是能让人流泪的东西。几个月来，卡夫卡"被解除武装，什么都插不上手"，一句话都写不出来。

在疏懒之中，他又转向了少女们，转向她们"永远在笑、在呼吸的丰满面庞"。街头或咖啡厅有很多少女，比如这位，穿着"窄裙，白色丝绸上衣，上面配一条毛皮披肩"。卡夫卡在描绘她们的特征时，免不了关注她们"裸露的颈项"。"看见妇人我不舒服。"他在冬季的日记里写道，并明确地说，这与"性刺激"或"纯粹的忧伤"无关,仅仅是"不舒服"而已。卡夫卡对少女存着一份畏忌,可以暗暗地打量她们一个钟头。如果她们中某人与菲莉斯"稍微有点"相像,他就会受到"惊吓"。在她们面前,他一想到菲莉斯,就感到"脸上发烧",这是内心不和谐的征兆。想找个眉眼有点像她的陌生姑娘,他就觉得脸红,因为他知道那个柏林姑娘是个过去的姑娘;他也清楚,如果还依恋她,那就是迫使自己放弃这些真正的姑娘。在这一点上,菲莉斯是难以忍受的。在1913年的后几个月,菲莉斯似乎有意疏远了,信也写得少了,要不就写些"几乎带着敌意的话"。弗兰茨也就不理睬她,把精力留着给格蕾特写信。

他在布拉格独自转悠,每天晚上都要走到火车站,在大厅里走上百来步,看着来来往往的旅客。脚步茫然的大厅,内心流亡的图景。由此动身,在此做梦。这个没有车票的旅客会查看开往柏林的列车时刻表,然后回到房间,写下"像疯子一样行动的恐惧"。在这个冬季,弗兰茨好几次冒出自杀的念头,即使他认为在"一片混乱"之中做出这样的举动实在是荒谬:死亡也许意味着"把乌有抛给虚无"。漫长的周日,他在河边忧伤地散步。他的朋友们,首先是马克斯,然后一个接一个相继走上婚姻之路,而"一个朋友结了婚,就不再是朋友了"。社交圈缩小,沉默加深。"我万一想不开自杀,"他在日记里写道,"任何人都没有责任。"话虽如此,倘若卡夫卡当真寻了短见,菲莉斯的行为"显然是直接原因",因为来年1月份,当他再次提议结婚时，菲莉斯不予表态。在尽了一切努力却被拒绝以后，他现在成了一个被摈弃的角色。他喜欢看戏，便乐于想象"一个求爱者遭受拒绝"的场景：他来到菲莉斯家，口袋里装着一封诀别信，他把信放在桌上，朝阳台走去。大家见他神色不对，赶忙跑过去，要拉住他，不让他往下跳。"我为了爱不顾一切。"他写道，而菲莉斯却无动于衷。这个举动也许是最正确的表达，他据此把悲剧勾勒出来："偶然中，菲莉斯成了预示我的命运的女人。"在此，我们以为听到了对青年尼采的回应。难道他命中注定要孤独不成？卡夫卡独自面对卡夫卡。哪天他对镜观容，寻找可恶的K.，会看到"一张纯洁的面孔"，"两道清澈有力的目光"。不过那会是绝望的目光。

正是在一次散步途中，他决定再次动身去柏林，因为他做梦也想着那里的街道。后来在向格蕾特说起3月1日的这次登门造访时，他说菲莉斯"坏得不能再坏了"。他请了一天假，以便在星期五抵达。星期六早上，他出其不意地出现在菲莉斯的办公室里，可是菲莉斯对他的突然出现并不感到惊讶。他们就站在电话总机旁边说了一会儿话。中午两人在一家糕点铺吃了点东西，菲莉斯就回办公室，领卡夫卡参观了自己的工作地点。他们挽着手，像未婚夫妻一样走了两个钟头，结束了这一天。晚上，菲莉斯不见了，她要去参加一个舞会。

星期日上午像一场噩梦。他们在动物园的小径上走了三个钟头，一边是苦苦央求，另一边却是躲躲闪闪，不肯答应。菲莉斯言语"不多",讲话也总是吞吞吐吐藏头去尾。但是弗兰茨从她嘴里掏出来的只言片语的"声调",还有那心不在焉的"神态",他是永远难忘的。她承认,他的倾心还不足以让两人结婚。她担心忍受不了弗兰茨的"怪毛病",更不适应布拉格那种外省生活,因为那里没有戏院,也没有漂亮裙子。他执着地追求,要她忽略自己这方面的弱点和不足之处,嫁给自己。这些"乞求"(这是菲莉斯的话)她听烦了,失去了耐心,准备逃避这个"总是强人所难"的家伙。她一声不吭,从她的沉默里可以感知到"一丝隐隐的仇恨"。他则紧随其后,不惜降低身份,作些"不负责任的允诺",保证自己会脱胎换骨,"重新做人"。这好似陀思妥耶夫斯基笔下的一幕场景:菲莉斯见他在自己脚下打滚,掩饰不住一脸厌恶。正当他脱去她的手套准备亲吻时,他觉察到她厌恶地撇了撇嘴。一个月以后,弗兰茨给菲莉斯写信说,"一个人从另一个人那里受到的侮辱,不可能比那天她给予自己的更深了",虽说那是他自找的。他还写道:"那么深的侮辱,就连一条狗也受不了。"

菲莉斯说了一大通,最后才提起上一次爱情留下的阴影。卡夫卡反复思考了几个星期,由于想知道那个"影子"是否还在"活动",就问她那人的情况。他管那人叫"你的布莱斯洛朋友",说尽管在菲莉斯的房间里看过他的相片,但记不起他的名字和模样了。菲莉斯确实把他的相片"摆在房间里很显眼的位置"。看到她吞吞吐吐,闪烁其词,卡夫卡警觉起来,就要她"痛快"地说出来。莫非他在这段昔日的恋情里看到了什么威胁?"他的相片可以安然无事地挂在你房间里,可是我也应该安安心心地住在我家里。"由于菲莉斯避而不谈这个话题,他也就不再坚持,将此事放下再说。他之所以想打听个究竟,并不仅仅是出于嫉妒——他试图理解早先恋爱时的菲莉斯。上一次失恋的痛苦在菲莉斯心里留下了创伤,似乎一直没有痊愈,她的行为也许可以从中得到解释。她的前男友已经结婚了,到了二十五岁,她大概认为是学他的样结婚的时候了。不管怎么说,卡夫卡博士还不是那么差的结婚对象,她也就同意与他接触,正如后来,也即1919年,在他们断绝关系十四个月以后,她又同意与另一个男子结婚一样。

屡次受伤之后抹的一贴香膏:这个3月的上午,在蒂埃花园,菲莉斯向他保证,只要自己结婚,他就是首选。另一个安慰:她决不会退回他的那些信——在这一点上,她倒是言而有信。那么,回去以后,是继续还是中止给她写信呢?卡夫卡一直在琢磨这个问题。他打算下午动身,她答应去送行,可是又一次失约了。

回到布拉格,卡夫卡已经十分疲累,精神又很失落,只想从睡眠中找到可应付的力量。他认为必须改变生活方式,而且刻不容缓,但是只发现两种办法:"不是马上找个女孩结婚,就是上柏林等机会。"通过直觉,他知道菲莉斯对自己没有多少感情,但在同菲莉斯结婚与向保险公司辞职之间,离开布拉格的前景还是占了上风。卡夫卡在日记里探讨了他"无法忍受"的处境，权衡了每种选择的利弊。读一读他的日记，我们就知道，他似乎想选择放弃婚姻。对菲莉斯，他似乎"什么办法都试了"，当然他也向她表明，他不可能接受会威胁自己文学创作的婚姻。因此，他首先只是做做柏林梦而已，即使他想去那儿生活，也不是"由于菲莉斯的关系"。他甚至希望住得近了以后，可以把她从自己的"肉体与血液"里驱走。在他看来，柏林提供了"最多的生存机会"。在那里，他打算靠做记者来谋生。这门职业虽然不稳定，但并未叫他望而生畏——他甚至作好了"饿肚子的准备"。有一席之地睡觉，有三餐素饭果腹，他就觉得很幸福了。在那里能够写作吗？虽然不能肯定地回答这个问题，但总比在布拉格空虚度日要好。不过他还是有所叹惋："要是菲莉斯希望我写作，要是菲莉斯帮我就好了。"从两人相见的头一天起，他就一心期待着这个举动，可是菲莉斯就是不肯做。菲莉斯对他的最大诱惑，就是朝柏林打开的一扇窗户。

可是菲莉斯突然来了个一百八十度大转弯。弗兰茨曾在她父母面前为她的沉默感到不安，现在她却走出了沉默。3月底，她要求忘记在蒂埃花园说过的那番不幸的话。"你何必强迫自己呢？"他回信说，"何必要牺牲自己呢？"在他到了三十一岁，就要跨出解脱的一步时，钟摆却摆回来了——有一天他指责菲莉斯想把自己"绑在布拉格"。他从没作过比这更严重的指责。

这种转变应该是一系列电话商谈的结果,只是我们没有掌握这方面的材料。接下来的事情,就是 1914 年复活节两人在柏林订婚。在那里,家人首先庆祝了这件喜事。4 月 13 日(又是一个不祥的 13 日),卡夫卡是在心思恍惚之中度过的。他后来写信告诉菲莉斯:"我那时还没有收心呢。"订婚那天两人有许多客人要接待,简直没法独自待一会儿。忙碌之中,卡夫卡甚至没有来得及吻她一下,她也没有提供机会。再说他"太累",也没有去讨要。从第二天起,他就对这出"没有结婚的结婚"的可恶喜剧发出抱怨,并告诉她,他不想利用这个新的特权。他们仅仅是签署了一个"合适的、必须的"条约,此外没有别的变化。第二个星期,《柏林日报》刊登了他们订婚和将举行新婚招待会的通告,在卡夫卡看来,这"有点让人不安"。他说,这就好像是告诉公众,"圣灵降临节后的第七个星期日,弗兰茨·卡夫卡将在音乐厅表演花样滑冰"。在他不久前写的小说片段里,我们看到卡夫卡提前经受了考验:在一圈朋友围住未婚妻时,未来的岳母到阳台上安慰孤零零地眺望着外面的未婚夫。

　　菲莉斯并没有忘记重要的事情。就在卡夫卡还在梦想着柏林"会让人充满活力"时,她于 5 月初突然出现在布拉格,为婚礼作准备。两人在找房子的问题上出现分歧。她希望找一所与他们阶层相称的布尔乔亚住所,在里面过一种平静的家庭生活。弗兰茨说,这种因循守旧的想法证明,她是与"别人",

而不是与自己的看法一致。他不是觉得在旅馆租个房间更舒适吗？秋天，他得知等待着自己的结果，表示惊讶："我不但不需要公寓，而且还惧怕公寓。"菲莉斯计划的每个细节都让他"害怕"，他们的趣味正好相反——她喜欢厚重结实的家具，他则喜欢简单的，比如说藤制的家具。一看到她预订的餐柜，他就觉得压抑："一个地地道道的坟墓。"通过挑选家具，菲莉斯站在了敌对的一方，也就是父母亲那一方，以迫使他"归队"。再说最后也是做父母的为他们找到了"雅致"的公寓。作为回报，他朝他们射出了这一箭，可惜不幸言中："难道还要他们把我送进坟墓不成？"

陷阱闭上了。6月1日，在柏林，弗兰茨忍受了可怕的招待会。他的想象没有错：在自己的订婚招待会上，他却心不在焉，像个外人。宾客们一个劲儿地要"让他打起精神"，却是白费气力。从这种状态上，菲莉斯怎么会感觉不到"威胁"呢？回到布拉格，卡夫卡在日记里写道："我就像一个罪犯，被绑住了手脚。"去柏林之前，他读了陀思妥耶夫斯基关于苦役犯生活的书信，这句话就是对那些信的回应。在他看来，婚姻就是苦役。他现在被锁链套住了。

正如6月中旬卡夫卡写的一篇短文所表明的，订婚的大喜日子唤醒了他的性烦恼。有天晚上，一个男人回到家，听见"一声奇怪的喘息"，发现若明若暗的房间里，锅子上，盘踞着一只白色的长尾动物，瞪着两只黄幽幽的眼睛盯着自己。在它嘴脸下面，"瓷砖地面上，摆着两只又大又圆的女人的乳房"。卡夫卡在与他的魔鬼搏斗，即使他说自己相信菲莉斯是"不可缺少的"。在这些"非常苦恼的日子"里，他出人意料地写了一封信给正在匈牙利艰难跋涉的演员洛维。他滑稽地模仿《判决》里的情节，对远方的朋友宣布自己订婚的消息，同时也没有隐藏自己的疑虑。想起从前在布拉格街头没完没了的交谈，在一起度过的夜晚，他心里会搅起什么滋味？他学着福楼拜的口吻说："那时我们都充满希望。"陷入绝境的卡夫卡感到孤独。

订婚六个星期之后，本就不稳的"建筑"突然坍塌。7月1日在柏林，发生了一幕可以写进俄国长篇小说的情形，这就是日记里被卡夫卡称为"旅馆法庭"的事件。一如往常，他在阿斯卡尼旅馆下榻，因为觉得自己与这家旅馆有缘。他们有"一帮好朋友"在那里聚会，除了弗兰茨和菲莉斯，还有格蕾特、菲莉斯的姐姐艾尔娜和恩斯特·魏斯。会面变成了埋伏，只需一句话就可以使交谈变成争吵。格蕾特在说出事情经过之后，与菲莉斯联手策划了一个阴谋，把谎言"引爆"。弗兰茨蹲在墙脚，婚姻则成了碎片。作为原告证人和法官，格蕾特指控卡夫卡的罪行，并把她信中写过的内容搬出来，重提这场婚姻的荒谬，劝告他们分手。魏斯对菲莉斯本无好感，也认为这种结合没什么意思。那么，两个主角说了什么话？卡夫卡写道，"菲莉斯双手插进头发，打个哈欠"，然后说出"一些经过深思熟虑、长久搁在心里"的话。这些话含有"敌意"，两人单独相处时

"几乎不可能"说出来。外人在场倒帮助她把脓包挑破，帮助她吐出几个月来积下的苦水——她对婚姻前景的担忧和怨恨爆发了。似乎是要为过去的眼泪报复，她毫不留情地指责卡夫卡，希望他睁开眼睛看看。这真是要命的一幕：菲莉斯，还有格蕾特这个情敌兼朋友，都被毁灭魔王附身，执意要把摇摇欲坠的东西彻底打碎。这一次，卡夫卡被疯狂之箭射中，成了在箭雨中送命的圣塞巴斯蒂安。尽管仇恨的大河朝他汹涌奔来，他后来还是原谅了菲莉斯，因为她没法理解他。

面对判决，弗兰茨只管听，不作声，要不就是"结结巴巴地说些无关紧要的事情"。人家侮辱他，斥责他，嘲笑他的婚姻，他反倒保持沉默，无力回击。他的沉默并不是"鄙视"，而是因为他"没有什么关键的话可说"。他这个陀思妥耶夫斯基的读者，渴望来一个戏剧性的情节："单单一次出人意料的忏悔"，就把一切都拯救下来。可是他有什么好忏悔的呢？他没有为自己辩护，只是看着幻觉的碎屑在飞，他甚至都不相信这是幻觉。人家指责他的理由他都清楚，因为他本人也常常思考这些事情。换了他，也会说出格蕾特那些谩骂。"这个法庭"，这场断情的判决，就是命运的声音。为什么要提出异议呢？他在信里把什么话都再三说了，那些信是物证，菲莉斯要根据它们来审判才对。而他刚刚经历的这场凄惨可怕的杀人游戏则向自己确证"书信和所有文字作品都价值不大"。而这就是这场审判不公平的地方。游戏一完，他又和别人一样喘着粗气从里面走出来。

他并不十分在意格蕾特的态度,和她一起离开了阿斯卡尼旅馆。下午,他待在闷热逼人的房间里。有只臭虫在房间里转悠,他却"下不了决心掐死它",《变形记》的作者在一种轻微的混响中写道。晚上,他肚子疼,便在林登林荫大道旁的一张扶手椅上坐下来。夜色显露出"狰狞可怕"的样子,而他"则难以忍受到底"。在动身出差之前,菲莉斯似乎作了最后一个表示:"我等你。"可是有什么"战绩"能够让局面改观呢?

　　次日,在离开柏林之前,他去了两次游泳池,似乎想要洗去侮辱。菲莉斯的姐姐艾尔娜把他送到车站。在这段沉默的路途上,他每远离旅馆一步,就"赢了一步"。在昨天"出庭"的人中间,艾尔娜是最让人发窘的一个。她似乎也沉默不语,但并未把卡夫卡绑到示众柱上,而是唯一朝弗兰茨的痛苦敞开心扉的姑娘。卡夫卡后来对菲莉斯说,艾尔娜对他"好得难以想象"。两人在江边一家餐馆单独相处时,她竭力"安慰他",含着热泪祝愿他有一个幸福的结局。有人在他们两人周围奏乐,卡夫卡又喝了点葡萄酒,因此这时并不"忧伤",但是"难以获得安慰"。艾尔娜喋喋不休地说着,讲述她平静一生的日常琐事,让他渐渐顺过气来。在困难时刻,总是有一个少女的目光来提供支持。如果她不来,他经受得住这些心碎的时刻吗?他们后来相互写信,有空也见见面。他甚至打算与她一起去度假,差点让两姐妹闹翻。在火车即将发车的时刻,她独自向他伸出手来。他走了,此后再没有见过菲莉斯和菲莉斯的父母。

他让人给她父母送去一封"无礼然而优美"的信,结尾是这样写的:"不要保留对我的恶劣回忆。"不过,卡夫卡的母亲听到他们断情的消息后"深感痛苦",暂时对他们的事作了总结:"弗兰茨没有运气,不像别人那样能抓住爱情。"她给菲莉斯的母亲写信说:"也许他不适合结婚,因为他只想着创作。对他来说,写作才是生命的根本。"

在灾难发生之前,卡夫卡曾打算到波罗的海沿岸小住一段时间,可能会与菲莉斯同去。既然现在是独自前往,他就先在吕贝克逗留,昏昏沉沉地睡了一天,尽管旅馆窗外经常有火车轰隆而过。他在城郊一带转悠,遇到一个同类,"坐在长椅上的一个孤独忧郁的男子"。他想去特拉沃明德[1]邻近的沙滩散步,可是赤脚在沙子上踏下去,总要"碰"到人。他并不吃午饭,却到一家家餐馆去看,听温泉乐队演奏。在吕贝克火车站,卡夫卡意外地见到了恩斯特·魏斯,他要和一个演员女友一起去丹麦的玛丽吕斯特海滨浴场。为了让卡夫卡振作精神,他们邀他同去。他有些犹豫,最后还是接受了邀请。不过到了那儿,他却觉得索然无味:两个朋友总是吵架,餐桌上没有蔬菜水果,只有大肉,吃得要吐。他觉得身体"被糟蹋和惩罚",才到那里就准备逃走,然而还是在海滨浴场住了十来天。他每天都下海游泳,有一张相片是在浴场照的,他盘腿坐在沙地上,肋骨突出,强装微笑,就像一个单瘦少年坐在大块头魏斯的影子里。

---

[1] 特拉沃明德,位于德国城市吕贝克的城区,是德国著名的海水浴场度假地。

他跟马克斯·勃罗德说起跟菲莉斯断情的事，语调基本上还算轻松。他在信中说自己"其实并没有人家认为的那样不安"。在寄给妹妹奥特拉的明信片里，他仍然有所保留："我还算好。"这种害羞在日记里得到了克服："我总在发愣。"他承认自己没法思考、回忆、说话、与别人一同生活。身心的孤独，封闭在不幸之中，迷失在沙子上。他捧起沙子，让它们在指间漏下，盖住在7月阳光下赤裸的脚。他投入沙滩的静寂，在其中融化。"只要能藏起来，只要能躲开人，就能安静地死去。"

似乎是为了忘记自己，卡夫卡看着前来度假的人，并把他们画在本子上。他观察的次数反映了他的不适。一个小家伙做着种种游戏，草地上的唐璜无耻地抚摸着女佣的臂膀，周围一对对男女或是进旅馆，或是跳舞，或是躺在长沙发上，一句话也不说。同楼的那些年轻而羞怯的邻居一个接一个地跑过来，把他留住了：卡夫卡从他们房间微开的门前经过，扫了里面"弄乱的床铺一眼"。一对男女一张床。卡夫卡难受啊，因为他知道"男女的斗争结束于床铺"。旅馆的一幕幕就像一把刀子在剜他的心，因为在那里面，"可以遇到那么多年轻漂亮的面孔"。

7月底，在回去的路上，他在柏林稍事停留，与艾尔娜见面。她拥有领悟事情的天赋，虽然没有完全理解。"她相信我。"卡夫卡记道，这给他带来了某种"影响"。在回布拉格的火车上，又一个少女，一个瑞士姑娘，与他同坐一个车厢。一种"暖和"的气息，第一丝他就感受到了。"一个不事打扮的娇小身体"，一条便宜的裙子，几粒红雀斑，两只小脚，"圆圆的紧实的腮帮子"，活像他年轻时交往的那些小售货员。只有一点要紧之处才让她与那些人有所不同："炯炯有神的目光，眼睛中的光芒从来不熄。"这位女乘客让他想起里瓦那位瑞士姑娘，以及在湖边窥见的令人难忘的幸福。如果"孤独带来的只是惩罚"，那么，在偶然乘坐的火车上，在一个少女的注视下，孤独也在不幸中打开了一扇窗户。生活只是一些信号嘛。

卡夫卡回到布拉格时，全城正陷于总动员的喧闹之中。古老的欧洲在准备自杀。1914年8月2日，我们在他的日记里读到："德国对俄罗斯宣战。下午，游泳。"一如当时在法国的普鲁斯特，卡夫卡像个梦游者一样经历了这场悲剧。灾难似乎让这个绝望者恢复了生机。"他几乎没有受到这场苦难的触及"，决心比"以往任何时候都更坚强"。"我不会屈服的，"他记道，"不管发生什么事，我都要写作。"这就是他为生存而斗争的方式。不久前，他还只求躲藏起来"安静地死去"，现在则决心"自卫"，准备把他最后的生命力投入写作的战斗。他下到战壕，开始写作《审判》，只有这种方式才能说明"他的荒唐生活"过得正当。

在日记里，战争虽然只是隐隐地出现，但是卡夫卡说，它就像从前由菲莉斯引起的烦恼，一直在折磨他，"啃噬"他。他在第二年写道，最让自己难受的，是他不能亲自参战。想要上战场的念头让他暂时中断了日记的写作，直到1916年才恢复。1915 年 11 月，卡夫卡少年时期的好友奥斯卡在前线阵亡，他去安慰朋友的母亲。这位朋友的死肯定再度激起了卡夫卡一种"压抑的愿望"，一种自杀的企图，即使他担心人家宣布自己不适合服兵役。参战也能使他逃出办公室，尽管他有这种想法，办公室的工作却要求他留在布拉格。

战争的头一个夏季打乱了他的日常生活。他搬出父母家，把自己的卧室让给妹妹艾莉和她那些孩子。这只是个开头，以后他还要没完没了地搬家，把布拉格都住遍了。妹夫应征入伍，工厂的那些事务也需要他来管理。他摇摇晃晃地从一个房间走到另一个房间，有些房间吵得要死，有的则更宜于居住。不过他努力集中精力写作。他说，"孤独一人"不许他自暴自弃。战争就在他身上发生，敌我双方就在他身上交战。在普遍冲突之中，卡夫卡的生活本身就成了"战场"。《审判》就是其中进行的战斗之一。另一场战斗叫作菲莉斯，它还在进行，并且将一直进行下去，只有流血才可能让这场战斗停止。

"我是这样爱你……"，孤单的人也会上当受骗吗？1914 年秋天，卡夫卡又生出一个巨大的欲望，虽然一时受阻。其实，在无数时刻里菲莉斯对他而言都是个"完全无关的人"，是让他深感厌恶的人，就像看到她"低着头，一脸严肃地跳舞"的样子，但他努力反抗这种时刻。毕竟，在他特殊的分离之中，最遥远的也就是最亲近的。格蕾特于 10 月 15 日来了一封信，播下了烦恼。对于菲莉斯间接传来的信号，他装出"坚决"抵抗的样子。其实他准备让步，只是"不好意思"显得太急迫，而是先慢慢接近，等待一跃而起的时刻。尽管三个月来保持着沉默，菲莉斯却在继续编织梦想，再说纽带并没有完全中断，因为他与艾尔娜还有通信联系。面对生活的重负，他把菲莉斯看作"最有力的支持"。这是永远的矛盾——一想菲莉斯，写作就受到"妨碍"。《审判》从8月以来就动笔了，而且他在10月还请了半个月假，想加快进度，可是到现在仍然是一片"废墟"。他把这种荒废归罪于最近的通信。9月，他发誓决不再让人夺走"文学的强大支持"，可是在日记里信誓旦旦的决心，现在渐渐弱了。他再次"对菲莉斯生出思念"。

在格蕾特来信十天以后，菲莉斯也出面了。像去年一样，她率先抛出和好的邀请，弗兰茨也没有躲闪。这封信充满了"无法改变的忧愁"，开始了他们交往的最后一章。他们还有三年。在卡夫卡冗长的回信里，他肯定两人之间没有任何改变，无论好坏都"绝对没有"。然后，他清清楚楚地回忆了他们的争执。写这封信花了他一整夜，他一边写一边觉得自己跨越了"疯狂的界线"。所有的话，他不是都对疑虑重重的通信人说了吗？那个女人还不清楚他在服从什么样的文学权力指挥，因此，面对她，他重新发起进攻，没有让出一寸土地。他留神写作是否受到威胁，因为这是他的"权利"，既然只有写作才给他"生存的权利"。这也是他"使出全力保护自己"的原因。过去他不曾对她隐瞒自己的写作和生活方式，今日也不会隐瞒：在最近的假期，他不是通宵达旦地写作，总要伏案到早上五六点才住手，白天则睡觉或者昏昏欲睡吗？在这上面，过去是，将来也会是"问题与考验"——菲莉斯惧怕和憎恶这种生活方式，在她看来，这意味着"最大的危险"。在这一点上，他却不会让步。他是个作家，要在夜里和静寂中工作，她应该接受这个事实。

菲莉斯再次成了"所有问题的焦点"。11月底，他没法把小说写下去了。《审判》在断情时开始动手，在菲莉斯重新露面时却写不下去了。既然《审判》逃避他，为了以另一种方式表现这种平衡游戏，弗兰茨难道不愿意与这位朋友兼敌人再续前缘？在日记里，他写了这些话，我们在读它们时，需要擦亮眼睛："在过渡时期，我真想再次努力拥有菲莉斯。我会真正试着做这件事，除非我的自厌阻止我行动。"这里指的是什么过渡？是战争的过渡，它使卡夫卡不可能在柏林安家，会让他推开一切到期的义务，其中就包括婚姻。更进一步说，是写作干枯期的过渡，因为卡夫卡说自己到了"极限"，他发现自己也许被迫要"等些年头，再来写个新的故事，然后那故事又会再次处于未完成状态"。他指望从菲莉斯那里得到什么？她难道不是命中注定要填补一段空白，至少暂时做一截紧紧跟定某人的磁石？卡夫卡也许并未完全失望，认为还有可能得到菲莉斯的帮助？或者，通过书信这面必不可少的镜子，来照出他的失败？

1914年年底，卡夫卡回想一年的情况，并不觉得乐观。他认为自己的一生献给了毁灭的事业，他把自己描绘成一个罪犯，责备自己害得菲莉斯不幸，在她们姐妹之间播撒了不和的种子，并致使她们的父亲心脏病发作而死。他同样认为自己"造成了艾尔娜的不幸"，只不过方式更为隐秘。总之，他就是魔鬼本身。为了进一步贬低自己，他给自己未完成的作品列了一份清单，其中就有《审判》。只有《在流放地》写完了，因此，他责备自己没有竭尽全力。在重新见到菲莉斯的前夕，他彻底毁损了自己的形象，然后记道："就算她爱我，我也不配得到她的爱。"因为在自笞的狂热之中，他觉得自己"在各个方面"都有不足，首先做个作家他就不够格，正如我们所知，他写作那部《城堡》遇到了多大的问题！唯一瞬间即逝的平静，就是能够阅读法国诗人弗朗西斯·雅姆的几句诗，那是他"莫大的幸福"，可这并不能抵消工厂带来的烦恼。由于战争，工厂倒闭了，包袱由他来背："有关工厂的顽念成了我永远的赎罪日。"每天下午去工厂巡视的责任意味着无法写作。莫非工厂是对他的惩罚？而与菲莉斯接近，是否抵消了一个罪行？我们在陀思妥耶夫斯基又一次放弃的地区漫步。

1915年1月23日到24日，博登巴赫，卡夫卡就是在这种"不幸"的状态下与菲莉斯见面的。那是从柏林到布拉格的铁路线上的一座边境城市。自从7月的"旅馆开庭"以来，他们还没有见过面。乍一相见，都觉得对方没有变，双方都守着自己的立场,"坚定不移,决不动摇",都对彼此毫不留情。他在写作的要求上没有半点"让步",她对他那些"无声的祈求"毫不理睬,因为她看重的是平常的观念与"舒适"的生活。有一个细节说明了一切:三年来,弗兰茨总是把怀表拨快一个半小时,而菲莉斯则把他的表拨慢一小时。他评论道:"她有理,她总是有理。"沉默之后说出的话还是能说明问题。"我们一起待在这里多棒啊。"她叹息一声。他克制自己不去证实这点,尽管两人相处"既无聊又伤感"。他说:"我们两人相处的时候,没有一刻感到自在。"当年他在楚克曼特尔镇或者里瓦感受的那种心灵自由,那份不变的幸福,在菲莉斯面前从未感受过。

在菲莉斯面前,卡夫卡只感到"极为敬佩,感到服从、同情和失望",还有对自己的鄙视。巨大的裂缝是由无数针眼构成的,此刻针眼正在积聚。这个柏林姑娘让人感觉到,她对弗兰茨的妹妹表现出某种优越感。菲莉斯是做生意的人,并已经得知他们的工厂破产,卡夫卡一提到此事,就遭到她一顿数落。两人没法相互理解。至于他的文学创作,她倒并不怎么好奇。"她显然没有任何情趣。"这他倒是看得十分清楚。在博登巴赫,他给她朗读作品,她躺在长沙发上,闭着眼睛,静静地听着,"有气无力地"要求把一部手稿带回去誊抄。《审判》里的那一段,即门卫的寓言写于12月,似乎受到一种"更为密切的关注",然而这并不能抹去那些"粗俗的批评"。一段漫长的旅程,火车上的一个不眠之夜,为了理解而读手稿。这也许并不是她的期待。错误的重逢，虽然表面并无争吵，却以一种共同的有些苦涩的笔录结束："各人一如既往挚爱对方……但是不相信能与对方一起生活。"也许这样写更好：菲莉斯当时并没有避开弗兰茨的眼睛。每次见面都充满了无声的痛苦。过了几天，弗兰茨给菲莉斯写信："阻隔在我们之间的空气被闪电劈开，好像有人用大刀将它劈砍。" 1915 年春天和夏天，他们还是见了面，弗兰茨不再上柏林，不是与她在瑞士的波西米亚地区就是在卡尔斯巴德相会，继续他们那让人痛苦的斗争，不过都没有用。卡夫卡疲惫不堪，在日记里写道："菲莉斯也许什么都不明白。"信写得更为简短，寄得也不那么频繁。由于得不到她的来信，他就建议她读读福楼拜的《通信集》。

"魔鬼般的" 1915 年。从博登巴赫返回之后，卡夫卡感受到"绵绵不绝的疑惑"，一切都舍他而去，他远离了写作："我只是在折磨自己的技术上才是创造者。"如果应征入伍，那将是一种"幸福"，也是医治这种状态的"良药"。他写信给菲莉斯，并跟她说起"菲的未婚夫"，就像在谈论另一个他认为"疯狂爱上了菲"的男子。卡夫卡遭受到失眠和头疼的折磨，在一种可怕的孤独中消失在布拉格："无话可说，绝对无话可说，对任何人都无话可说。"他陷入一种"几乎让人肝肠寸断的失望"，并以一种神秘的确信，认为失望是必要的。他迈开脚步走向未知之地，"给所有人带来不幸"；被穿过的星云虽然一片浑沌，不分日月，却自有一种隐藏的意义。

"出于什么样的疯狂,我竟然希望毁灭自己?"这话并非出自卡夫卡之口,而是年轻的拿破仑说的,他那时预感到当皇帝的失败,已经自杀过一次了。在自己的溃败中,卡夫卡回身朝那个战败者走去,对这位伟人的命运,他从来就不曾停止诘问。他读了马尔博[1]的《回忆录》,在日记里列出了拿破仑所犯错误的清单,把那些命中注定的错误,不论大小,都一个个剔出来,因为它们都引致了灾难。如同找出了卡住巨大机器的沙粒,在如此多的证据面前,他预感到拿破仑是有意造成自己的失败的。探索皇帝堪称榜样的失败,是为了观察自己的失败,思考自己的"过错"。是在什么问题上出了一系列的失误,才落到了那个地步?是在什么关键时刻事情才发生了质的变化?这种结局是否必然,有无可能引出别的结局?有无可能是受了魔鬼驱使,眼睁睁看着自己落败?拿破仑的战争,比同期在他周围发生的战事更像卡夫卡的生活写照。他不是正在忍受他个人的俄法战争吗?他不是正在横渡他的别列津纳河吗?那个从俄罗斯撤退途中,来到玛丽·瓦莱夫斯卡的波兰城堡休息,与她说了一夜话却没有碰她一下的人,在他身上,卡夫卡怎能看不到自己的影子呢?同样的未战先败的战争,卡夫卡太明白,不可能不理解自己与拿破仑之间共同的苦恼。

拿破仑的墓地上,有一匹匹战马僵卧雪原的雕像,他叱咤

---

[1] 让·巴蒂斯特·安托万·马塞兰·马尔博(Jean Baptiste Antoine Marcelin Marbot),法国男爵、骑兵军官,历任奥热罗、拉纳和马塞纳三位元帅的副官,因其战役回忆录而闻名。

风云的一生就终结,或者几乎终结在那里。就像是历史的回声,1915年10月的一天,在布拉格一条街道上,卡夫卡的视线被一匹受伤的马吸引了。马儿倒在地上,膝盖流血。"我掉过头,不忍看它,"他记道,"心里难受,控制不住,大白天竟然抽搐起来。"这匹马就像一个不幸的信号,而文学则为此战栗:我们不由得想到尼采倒在都灵的一条街上,旁边就是一匹受辱的老马。

1915年的冬天,弗兰茨觉得自己的情绪是如此低落,即使"真正的天使的声音也不可能让他振作"。他写信对菲莉斯说:"我是不是撑不下去了?是不是走下坡路了?"他在日记里对自己发出一声声诘问。圣诞节那天,他下了结论:"我是真的毁灭了。"唯一的救命浮板名叫柏林。就像黑夜里的一束光亮,他仍然渴望战后去那里生活。但这难道不是为时已晚吗?况且,他这时濒临什么状态?"我为什么不在1912年就去那里呢?那时我身强力壮,头脑清醒,旺盛的精力还没受到压抑,我也没有遭受病痛的折磨。"菲莉斯纵然不是天使,是不是也应该做做好事,好帮助卡夫卡实现自我的拯救呢?当然,根据卡夫卡去世前九个月她为他所做的事情来评判,她也是做了一回天使的。

卡夫卡就像"一只笼中鼠",灰心丧气地进入了1916年。怎样才能摆脱办公室的工作,摆脱布拉格呢?此时的布拉格,就成了他"加速失败"的同义词。由于不敢辞职,他就采用变通的办法，在春天里提出申请，要休长假。上面给了他三个星期，一份自由的代用品。在"彻底自由"之前他还不想见菲莉斯，于是菲莉斯就又开始给他寄相片。可是一个细节"毁坏"了一切——相片上她那个打眼的衣领，竟和魔鬼梅菲斯特身上的一样！这可不是化身女魔的时刻。也许是为卡夫卡的状况感到不安，认为这能讨他欢心，她竟然建议他去疗养院住一段时间。弗兰茨立即严词拒绝，既然他觉得自己"真的病了"，就不再愿意听人说起疗养院、治疗甚至诊断等话题。因为，他说，求助于医学就等于"给他的身体一间新的办公室"。

他得到一次未曾料到的休息，而且是在一个"美得让人难以置信的"地方。5月，一次商务旅行把他带到马里昂巴德。尽管下雨，他在这里也住了几个月。莫非他在此地又见到了歌德善良的幽灵？歌德那个老农牧神知道一个少女的面孔就是最好的药物。搁笔一年之后，卡夫卡又开始写作。夏天，他履行诺言，回到马里昂巴德，不过这次把菲莉斯也带来了。从1916年7月3日到13日，两人一起生活了十天。这是马里昂巴德的奇迹，也是马里昂巴德的幸福。

菲莉斯比弗兰茨先到，就到火车站接他。他们下榻在巴尔摩拉城堡。这是一座豪华的大旅馆，在树木掩映之中，它朝天伸出高耸的塔楼和钟楼。在马里昂巴德旁观战争真是美事，因为这里是一座平静的孤岛，是隐藏在大森林中的豪华所在，是一座迷人的剧院，他们将在里面欣赏两人唯一的幸福插曲。一切都好像出其不意，因为什么都还没有得到。弗兰茨先在一间"可恶的"房间住下，窗户对着内院。后来，人家给他换了一间"异常华美"的房子。第一夜"让人难过"，"门对门，一把钥匙两边用"，接下来的白天也不舒服。弗兰茨记道："可怜的菲。"7月6日仍然如此："不幸的夜。无法与菲一起生活。无法忍受与任何一个人一起生活。"马里昂巴德上空罩着的雨幕、失眠和头疼，让卡夫卡恨不得从窗户跳出去，可是松软的泥土可能会减轻撞击的力道。日记里出现了让人不安的呼救，这是夜里发出的："把我拥入怀中，这是深渊，带我进入深渊，你现在拒绝了，那么，以后呢"；"抓住我，抓住我，愚蠢与痛苦的混合"。或者是这种解脱的祈愿："喂，把你的门打开，放人出来，吸纳空气，享受宁静。"这是对他自己，也是对不幸的同伴发出的恳求。两人像牡蛎一样关在房间里。7月8日，卡夫卡给马克斯·勃罗德写信："我是个什么人呐！我把她，把我自己折磨得要死。"

多亏马里昂巴德，多亏在林中的一次次漫步，两人紧闭的心扉突然一下子打开了。7月12日，弗兰茨写信给妹妹奥特拉，说情况比他想象的要好。而菲莉斯也能在明信片下方加上这些文字："我们都很好，觉得自己十分强健。"当时弗兰茨的父母在邻近一个温泉浴场疗养，两人跑到那儿，让老人看看他们的新生。紧接着他们又把这个消息告诉菲莉斯的母亲："绑着我们的绳索稍稍放松了一点。"菲莉斯并不是徒劳地向弗兰茨伸出臂膀，她又"成了他的一个支持"。弗兰茨还向朋友透露秘密："他和她结下了人与人之间的关系"，这种滋味他从未尝过。应该把马里昂巴德写进福地名录，放在楚克曼特尔和里瓦旁边吗？"我看到了一个女人信任的眼光，我无法幽闭自守，将其拒于门外。"卡夫卡发现了一个陌生的菲莉斯，虽然他无法阻止自己从这条时开时闭的"缝隙"中看出未来的"苦难"。从前弗兰茨对婚前要与菲莉斯独自相处的前景感到害怕，现在却醉心于在日记里记录他们的亲密关系："她低头看你的模样，才真叫美，因为它给你打开了一个女性深闭的心扉。"还要怎么说，才能更清楚地暗示这种和谐是由满意的性生活促成的？不久，它就通过一个"条约"表达出来：一待战争结束，他们就结婚，在柏林郊区租两三间房子，各自工作，自食其力。正如他所认为的，马里昂巴德这"美妙而轻松的"几天，是他"从未经历过的"。在这几天里，他几乎达到了目的，并且由于心满意足，开始做起了美梦。

菲莉斯离开后，弗兰茨还在马里昂巴德住了十天，因此美梦也就延长了十天。人家给他换了个房间，虽然更加吵闹，但是充满了菲莉斯的气息。"我睡在你睡过的床上。"他给菲莉斯写信说。分享离去的爱人的卧榻，难道不正表明他完全得到了幸福？两人又开始了书信往返，笔意安详，说的都是些琐碎的家常事。他一边在他们房间的阳台上大把吞吃樱桃，一边给她写信，不过樱桃时节很快就会过去，接下来的，就是马里昂巴德的另一面——幸福的代价。动身前夕，卡夫卡的日记里充满了低沉的抱怨——头又疼起来了，失眠又来折磨他了。他乞求怜悯。他说自己"是罪人"，为自己"糟蹋了那些小小的才华"而悔恨。难道他不是一个"被上帝弃绝的人"，"不仅被判死刑，而且至死都要为自己辩护"？然而，并不"可笑"的是，他想活下去，尤其是在一切都显得安排妥当的时刻，不过也许为时已晚。马里昂巴德的微笑已经消隐，但个中的"谜团"却一直缠着他，直至死亡前夕。

7月底，弗兰茨回到布拉格，回到办公室，重新陷入"苦难的渣滓"之中。马里昂巴德还剩下什么？"多亏你，多亏大森林。"他给菲莉斯写信说。在那儿感受到的安宁变得模糊。星期日，他企图重新激发这种感觉，就和奥特拉在周围散步，在一条土沟的野草上打滚，被一位地位显赫的同事看到了，他感受到一种"降低身份"的快乐。他必须克服对办公室的恐惧，不管以什么方式。他向菲莉斯举出冯塔纳这个例子，说这个德国作家感到厌倦，就不顾妻子的诅咒，辞去了艺术科学院的秘书职位。他还引了那位作家的名言："人没法与自己最隐秘的秉性抗争。" 8月13日，菲莉斯大胆地提醒他，他们相识已有四周年。他虽然记不起准确的日子，仍回信说，就"连最微小的细节"，他可能都比她"记得清楚"。尤其是那个情景：她怎样一闪身进了电梯，连一句示意的话也不说。他把她一直送到旅馆，等的就是这句话。她那晚为什么不说："跟我去柏林吧。

把一切扔下,跟我走吧?"错失了良机,这个损失还能挽回吗?

从马里昂巴德一回来,他就又为疑惑所纠缠,又开始权衡结婚的利弊,并画了一张表格来对比。独身能"保持纯洁",专心写作;结婚的男人成了一个"滑稽角色"。8月27日,经过"两天两夜的紧张思考",他把准备寄给菲莉斯的一张明信片留下了,没准这是一封断绝关系的邮件。他内心的斗争非常激烈。仍是在日记里,他激励自己"改掉那些毛病",结束那些"没完没了的盘算","让这一切都结束吧"。这就是说,让结婚的念头,让"沤"着他的办公室都消失。不可能有什么迁就,即使对菲莉斯也是如此,从1912年开始的"可怕的踌躇"必须停止。决心已经下定了吗?他写给菲莉斯的信却出奇地平静,根本不带这种思想斗争的痕迹。他只是告诉她,自己的"思想有点混乱"。10月,他的思想流露得多了一点,让人感到"他在各方面都极其渴望自治、独立、自由"。

卡夫卡把《在流放地》交给了一个书商。11月,借一次朗诵这篇作品的机会,他和菲莉斯在慕尼黑见了面。尽管听众稀少,他还是感到"全然一新的鼓舞"。菲莉斯打起精神来听他朗诵,可是他们表面的相互理解很快就产生了裂痕。在一家糕点铺发生争吵时,菲莉斯指责他"自私"。过了几天,弗兰茨写信给她,说他们是"各据一岛",难以沟通。如果他们的关系没有再拖延一年,那么1916年的另一封信就几乎给它下了结论:"不论在什么传说里,我就不信哪些男人为女人所作的搏斗，能比我为你作的搏斗更激烈，更拼命。"

至于菲莉斯，她得参加柏林犹太人之家的义务活动，收容被战争赶出家园的东部难民。不过只此一次，下不为例。这种主动精神，在马里昂巴德时似乎得到了弗兰茨的鼓励，现在则无疑是送给弗兰茨最好的礼物。在业余时间，菲莉斯与格蕾特一起照料那些失学的儿童。弗兰茨并不掩饰自己的热情，大力鼓励她这样做："从这份工作里采出的蜜，比从马里昂巴德森林中所有花朵里采出的还要多。"两人之间的一些长信几乎专门谈论了这项事业。卡夫卡以不倦的热情，从教学方面提出了大量建议，他给学生开列阅读书目，其中就有狄更斯的《小杜丽》，还给她们的图书室寄书，并提出由他来承担可能落到菲莉斯身上的费用。在他看来，从来没有什么事情比这个"家"更让他们贴近，因为这是他们"最紧密的精神纽带"。他肯定地说："这是一种比从前我们最好的时候都要有力而深刻的联系。"由于这种时候是那样稀少，以至于让我们寻思，什么才是他们最好的时候。

我们不要怀疑，如果这些学生是十二三岁上下的女孩子，弗兰茨一定会更加殷勤，得知菲莉斯与她们在一起也会让他更加快乐。他说，这些小姑娘就像是他的"女儿"，而菲莉斯则像她们的"母亲"。可以说她们是两人从不曾拥有的孩子。弗兰茨希望菲莉斯给他讲述犹太人之家的生活细节。她在那里听了一次讲座，他就问她出席讲座的姑娘的情况，照她看来，他会觉得这些姑娘"是那样美"。有一张照片里,菲莉斯被一群小姑娘簇拥着,弗兰茨看了非常高兴——那些"最好的"和"最漂亮"的还不在上面。多亏这些年少的中间人,他们通过书信经历了两人最亲近的时期,好像菲莉斯终于触摸到了弗兰茨的心。书信的语气缓和了,他们一齐转向了共同的事业。这种配合,是年轻姑娘的天赋。在卡夫卡"如此单调的"一生里"经过精确计算的痛苦"中,这个时期算得上光明的一刻。

给卡夫卡带来安慰的人,并不仅仅是柏林的这些天使。一年来,马克斯·勃罗德也在布拉格的难民学校教授文学课。他班上有五十来个来自加利西亚的女孩。卡夫卡少不了要去那里看看,就好像这些犹太女孩是那些意第绪演员的妹妹,她们的到来,使他稍稍回到了青少年时期。他尽情地观看她们的面孔,与她们一起散步。他留意她们的热情,注意她们的举动。他观察她们在课堂上回答问题举起的手臂,看她们被这个动作引带而在衣服下面隆起的乳房。回到家,他想着她们中一个叫法妮的利沃夫女孩,心里就涌起一股幸福的暖流。他在日记里写道:"这是一种可以得到幸福的指望,就像是过一种永恒生活的希望。"他没有说过头,小姑娘就是永久幸福的信号,在这个"住满夏娃的伊甸园"里,该发生的事情发生了。幻想者决心要采蜜了。1916年6月,他在日记里记道:"尽管头疼、失眠、头发花白、心灰意冷,还是被这些小姑娘弄得心乱神迷。"他还计了数:"入夏以来,至少六个。"这怎么抵挡得住?"我需要欣赏一个值得欣赏的姑娘，并且爱上她，直到精疲力竭为止。如果我不向这种需要让步，那种感觉就像人家要把我的舌头从嘴里挖出来一样。"在他不幸的时候，女孩子们并没有把他抛弃。他贪婪地辨识着她们所扮演的角色。在丧钟敲响之前，他将窥见这种乐趣——除非他读不出那些加利西亚美丽女孩眼里表露的意思。

少女酿的花蜜：这些蜜蜂为卡夫卡重新写作作了贡献。大约在1916年12月或1917年1月，卡夫卡写出了他最美的作品《乡村医生》。这是一篇神秘的小说，它沉浸在一个"无边冬季"中覆雪的梦境里。在这层冰冷的白色之下，颤动着作者纠缠在一起的所有顽念。一个医生的坐骑倒毙了，却发现自己神奇地得到了两匹新马。与它们一起突然出现的，还有一个陌生的马夫，他一来就向玫瑰扑去。那是医生的女佣，人长得秀美，所以取了个花的名字。医生要动身出诊，只好把玫瑰交给那个粗人照料。在病榻上，一个年轻男子求医生让他快点死去，医生挂念着受到威胁的玫瑰，心想："这男孩想死是对的，因为我自己也想死。"医生正要放弃救治的时候，低下头仔细查看病人的情况，在他的右髋上发现了一个伤口。卡夫卡把它当作波德莱尔的花朵来描绘："玫瑰红色，色调丰富，深浅浓淡，各不相同"，十分秀丽。伤口像"矿井"一样敞开，底部阴暗，一条条沾血的蛆虫在里面扭曲蠕动。医生确定，就是体侧这朵花将让年轻的男子丧命。既然救不了他，医生就准备回家看顾玫瑰。可是村民们留住他，脱光他的衣服，叫他睡在年轻男子床上，"旁边就是那个病人"。医生最终还是逃了出来，光着身子来到寒冷的野外，跨上坐骑。可是白雪茫茫，马儿认不出来路，在此期间，玫瑰在家里遭到了马夫的侮辱。

雪，一个奄奄一息的年轻人，其伤口和遭受强暴的姑娘的生殖器一模一样。一个迷路的男人，既救不了农民，也救不了女佣，只求一死，好像要以此来惩罚自己的动摇。他全身赤裸，经受着非常严峻的考验。在完美的艺术遮蔽之下，折磨卡夫卡的妖术显露了出来：抛弃，孤独，诱惑，以及对有害肉体的恐惧，在性事上的矛盾。我们不要忘记那流血的伤口。不久卡夫卡告诉马克斯·勃罗德，那伤口就像是在窥视他的一种预见。在布朗肖看来，这是一种随着死亡而得到解放的关系，作家难道不是在"行使描写这种关系的权力"？

突然，在写给菲莉斯的大堆书信里，出现了一块空白。从1916年年底开始，整整八个月，没有见到一封信。也许卡夫卡写了，可是遗失了。同时，直到1917年夏天，日记上也是一字不着。因此，我们不知道是通过什么渠道，弗兰茨和菲莉斯决定再度订婚。据马克斯·勃罗德说，他们带着对形式"有点滑稽"的尊重，走访朋友，通报消息，"样子尴尬，看了却叫人感动"。未婚夫穿一件优雅的蓝上装，"硬领太高，反而突出了颈项的细瘦"。两人去匈牙利旅行，住在菲莉斯的姐姐家里，延长了重聚的时间。末了，卡夫卡独自回来，只是对奥特拉说，

"这不是休息和加深理解的时机"。在去那儿的路上，他们在布达佩斯稍作停留，照了张相。这是两人唯一的合影。

这张在照相馆拍摄的肖像，肯定是弗兰茨的主意，似乎是为了使可能发生的事件得到确认，巩固令人难以置信但并不值得一提的胜利。这既像演戏，又像变戏法。他看到自己一副未婚夫打扮，在扮演未婚夫的角色。就像这年春天写的《致某科学院的报告》里那只有学问的猴子，卡夫卡也许可以说："我之所以模仿，是因为我想寻找一条出路。"这是可笑亦可悲的图像，合乎时宜的相片，因为这段时间里习惯占了上风。从两人脸上，看不到丝毫亲密和快乐的流露。两人表情呆滞，就像并排坐着的陌生人。这能是一年前在马里昂巴德的那一对恋人吗？菲莉斯坐在前排，穿着白上衣，宽摆裙，佩着沉甸甸的胸坠，跷着两腿，一手搭着膝头上的小包，指上戴了圆戒，上衣袖口处系了块手表。她面孔坚毅，额头高敞，显得固执；嘴唇厚实，下巴突出，脖子粗短，显得结实，浑身上下透出一股厌倦的意味，根本不像个姑娘。但她从来就是这样吗？一个妇人，那老派的庄重和三十上下的年纪都是不容置疑的。未婚妻的可笑之处，就是以其女王般威严的架势，压倒了立在身后的年轻侍从。卡夫卡不久以后写给马克斯·勃罗德的信，就是这张相片最好的说明："那份审慎，那份沉稳，那种优越感，那种属于世界的气势，就是女人既可恶又伟大的地方。"至于卡夫卡，他穿着浅上装，系条深色领带，胸前的口袋露出白色的手绢，一手搭在菲莉斯腰上。他是怎样触摸她的？他盯着镜头，用手背触及她裙子的布料。我们只看到他的目光。他略露微笑，那既是战胜者的微笑，又是战败者的微笑。一对意见不合的夫妻的瞬间留影，一对戴着假面的男女在镜头前定格。这是夫妻生活正常化失败的尝试：他们勉为其难，佯装和好。可是这张相片照出的是一个错误，一次失败，不仅是宣布的失败，而且是完结的失败，所以他们的眼睛里才充满忧伤。菲莉斯的故事在这张照片上重新结束，或者几乎结束。什么未婚夫妻，在这张照片上看不出他们是未婚夫妻！

1917年仲夏，卡夫卡的生活突然由白转红。8月9日夜，将近凌晨四点，他"猛烈地吐起血来"。他以为止不住了，就站起来，在卧室里转来转去，从窗口走到洗脸盆边，又在床上坐下来，"像遇到什么新鲜事一样兴奋"，当然也"有点恐惧"。吐血终于止住了，他昏昏沉沉地睡过去，好像"长久以来就没有睡着过"。后来他对密伦娜说，出血并非多么不幸，要知道"失眠四年以后"，他"第一次"有了睡意。早上，见到血迹，家里的捷克小保姆成了命运的代言人。"博士先生，"她向他预言，"你活不长久了。"不过卡夫卡觉得"比平时舒服"，就去上班，拖到下午才去看病。夜里，他再次吐血。

夜间吐血并非没有预兆，在游泳池，他就吐过"一些红红的东西"。五天前，日记上有一段晦涩的文字，就显示他有了预感:"死亡报警的喇叭"吹响了。医生诊断为支气管发炎,给他开了些糖浆。现在,他比医生更清楚,知道自己是真正病了,死亡就像一种可能发生的事出现在他眼前,让他正视:"如果我会在不久的将来死去,或者完全成为生活无法自理的人,那么,我就有权说,我是被自己毁了。"在世界大战之中,在他的布拉格战壕里,他在进行自己的战争,其中"最激烈的战斗"就叫菲莉斯。在他眼里,她"代表"了世界。取得胜利,也就是占有菲莉斯,赢得婚姻,或许是"拿破仑式的"功勋。不过他对妹妹奥特拉说出心里话,他觉得流的血太多,今后只怕会"输掉战争"。他的身体被击中了,敌人把投枪扎在他身上,鲜血汩汩而流,"敲响了末日的钟声"。仿佛是令人同情的史诗,在与拿破仑作的长期对比之中,他测出了这部史诗的局限。他对马克斯说,跟拿破仑相比,自己甚至还没有离开科西嘉岛[1]。他退守小岛,隐于孤独,一切尚未开始就已结束。渴望在姑娘颈上饱吸鲜血的家伙,咬破的是自己的皮,喷出的是自己可怜的血。

去年冬天,他在布拉格最美的宫邸租了一套房子,他就是在这套房子里发病的。由于多次搬家,环境总是喧闹,他不得不在耳洞里塞上棉球。他渴望在"某幢老楼的阁楼里找个安静的角落",只要"眼界开阔,看得见一角蓝天"就行。申博恩府邸就给他提供了这个避风港。房间比阁楼间要好,甚至使他借口修缮过多而放弃了第一套看中的房间。其实那套房间陈设

---

1 科西嘉岛,法国最大岛屿,拿破仑的出生地。

豪华，天花板高敞，浴室精美，朝内院开有四扇窗户，花园的美景尽收眼底。他对菲莉斯说，那里让他想到了金碧辉煌的凡尔赛宫。上演他人生悲剧的剧场要简朴得多：他就安顿在同一幢宫殿的二楼，楼层虽然低一点，而且对着街道，没有浴室，但是更"适合居住，更有人气"。那里只有一个要命的缺点，就是阴冷潮湿。冰冷的潮气也许加重了他的病情。1917年那个寒冷的冬天，布拉格严重缺煤。这种匮乏在卡夫卡的短篇小说《骑桶者》中得到了描写。小说的主人公住在一间"奇冷的"房间里，家里的燃煤烧完了，他就挎上一只空桶去煤炭铺，想讨一小锹煤取暖。可是老板不肯给他，他就骑着空桶，永远"消失"在冰山耸立的地区。

在卡夫卡看来，他患病的原因得在别处寻找。肺上的"伤"只是一个"征兆"，这也就是他不相信医生的原因。眼见朋友三番五次吐血，马克斯·勃罗德觉得不安，就敦促他去找专家看看。诊断结果是肺结核，两叶肺尖都已经感染。他才三十四岁，却只剩七年寿命了。

8月9日之夜的三周后，卡夫卡把自己的病情告诉了奥特拉。9月上旬，他把门窗全部封上，似乎房客已经死亡，同时通知妹妹，他要"开始一种新生活"。离末日如此之近，如果不是开始死亡，还能考虑开始什么？他选择去妹妹位于屈劳（Zürau）的农场过一种遁世隐居的生活，从此只见陌生人。在去那里之前，他回父母家住了几天，就睡在奥特拉的房间里。

他给奥特拉写信说，即使命运对他的"打击"是"正当的"，他也觉得它来得"粗暴"了点，不过他还是接受了。他在给勃罗德的信里则说："我毫无怨言，今日比平时更加坦荡。"他的出版商在7月份仍然保证支持他移居柏林的计划。在给出版商的信里，卡夫卡声称这场突如其来的疾病"几乎是一种解脱"。在日记里，他把苦难当作"善事"来礼赞，"只要它不带来过于剧烈的肉体痛苦就行"，因为这能使他摆脱办公室和菲莉斯。

9月9日菲莉斯才得到通知："这就是我瞒了你四个星期的事情，虽然并没有隐瞒不确定的前景。"不过卡夫卡仍极力缓和受到"打击"的力度。尽管微咳和低烧伴随着轻度呼吸困难，但是总体上说，他觉得这比"近几年来的一般日子要舒服得多"。还告诉菲莉斯，他对吐血并不感到"震惊"："多年来，我因为失眠、头疼，以致出了大毛病。"现在这些病痛都要消失了。他告诉她自己将动身去屈劳。

菲莉斯可能并不明白，弗兰茨觉得"舒服"，是因为这样可以摆脱她。几天以后，菲莉斯提出要到屈劳去看他。不过这次旅行并无意义，而且弗兰茨并不希望她来。为了避免见她，他起草了一封断交信，不过没有寄出。在日记里他认为这封信像他的思想，"有点暧昧"。在这个柏林姑娘"荒谬"地到来前夕，弗兰茨写信告诉马克斯："我抓不住她，她与常人不同。或者确切地说，我抓得住她，但是留不住她。我在她周围跑来跑去，就像一条神经质的狗，围着一具雕像转来转去。"9月21日，菲莉斯来到农场，路上颠簸了三十个钟头，却只住了一个白天就走了。他在日记里写道："我本该阻止她来的。"和历次见面一样，这一次见面也非常难堪。他在她面前就像是一面墙，显得游移不定，疏远，冷漠。他下了决心，不说话，更不解释。似乎他想让菲莉斯明白，这事是无法用言语述说的——从此，他就成了另一个人。"这种不可理解的举动"让菲莉斯感到痛苦。他"相当镇定"地接待她，知道自己"狠心"、"苦恼但是并非不幸"。他残酷地在日记里写道，菲莉斯的来访"打乱"了他的新习惯。奥特拉把菲莉斯送到返回柏林的车上。临别之际，他的嘴巴仍然像被线缝住了一样，不过他从草地上抄近路赶到交叉路口，向菲莉斯最后一次挥手告别。白昼将近时，头又疼起来，他管这叫"演员在人世间残留的毛病"。回到孤独之中，他承认自己在来看他的柏林姑娘面前"演了点喜剧"，又一次折磨了她。虽然菲莉斯经常对他张牙舞爪，"在一些小事上有错"，但他原谅她，因为"总体上她是无辜的"。

尽管遭到冷遇，菲莉斯却还是写信来问候。他迟迟不拆开阅读，只顾思考9月30日寄给她的回信。"别问我为什么画了一条线……"那封信以晦涩的语句，宣告了拖延太久的结局。在五年的书信"混战"末尾，还必须加上一封信。他说，这是为了判断真伪，为了引出最后一场纷争。他之所以并非一直表现出"真诚"，是为了保持"平衡"而必须撒谎。一如对柏林那次"旅馆审判"的回应，他把菲莉斯当作自己"在人间的判官"。他对这最后的坦白是这么看的："尽管迄今为止发生了这么多事情，我却认为终会发生最虚假的事……尽管一年年下来，我变得这么凄惨，这么可悲，却本可以最终把你占有？"是幻想，"失血过多"使他远离了幻想。战斗以放弃而告终。为了使她相信事情无法挽回，他向她透露了一个"秘密"："我的健康无法恢复。"他认为，自己的疾病，并不是"只要在长椅上躺躺的肺结核病"。

永别的一幕在布拉格上演。卡夫卡回这里过圣诞节，菲莉斯过来看他。卡夫卡后来对奥特拉说，1917 年 12 月的 25、26、27 日是"可怕的"三天，因为这标志着他们的彻底决裂。尽管他的举动是"正确"的，而菲莉斯也"镇定"且"善良"地接受了这个事实，可是在弗兰茨看来，这些却突出了他有罪的不公正。有病只是对父母使用的一个借口。说他们早已决裂也好，第二次订婚是胎死腹中也好，都不能减轻离别的痛苦。这一页撕得那么久，有无翻过去的可能呢？ 27 日早上是分手的时刻。菲莉斯要回柏林，弗兰茨送她去火车站。然后，他"一脸苍白、冷酷、痛苦，目光茫然"地来到马克斯·勃罗德的办公室。据马克斯讲述，弗兰茨坐在朋友的桌子边，忘记了室内的其他人，开始哭泣。他一边抽泣，一边嗫嚅道："走到这一步，难道不可怕吗？"这是马克斯唯一一次看见他这么沮丧。

送别的眼泪。卡夫卡对奥特拉说，这是童年以来他眼泪流得最多的一次。弗兰茨像孩子一样哭泣，一个被剥夺了玩具、弄坏了玩具的孩子。可是卡夫卡究竟是为什么流泪？五年里，他从未误会过他与菲莉斯并不相称的婚姻，现在他摆脱了一段谎言，内心的压力理应得到缓解。在放松的眼泪里，掺进了更为苦涩的眼泪。他为自己注定要毁灭而哭泣，他站在废墟当中哭泣。在一生最不稳定、最为沉沦的时刻，有什么东西向他闭上了大门，从他手上失落。这一次，他处在墙脚，而且是独自一人。他并不是为女人，而是为失去了通信人而哭泣。再也读不到菲莉斯的来信了。德勒兹说，卡夫卡从这次决裂里走出来，"虽然丢掉了负罪感，但已是精疲力竭"。"书信是写作机器不可缺少的零件"，毁坏了这个零件，作家也就破坏了自己的事业。现在还怎么写作呢？他在自己这个有重大影响的行为面前哭泣。两年来，对书信"几乎厌恶"的他，最终把书信往来切断了。在这个"几乎厌恶"与突然而来的空白之间，一个深渊在他脚下张开。

　　菲莉斯离开后，他的日记上一段简短的文字似乎记录了这种不安："这一切做起来很难，且不自然，但是正确。"12月30日，日记里的最后一句是："尚未彻底失望。"

　　三年后，卡夫卡住进了疗养院，还在问从柏林讲学归来的马克斯是否见到了菲莉斯。知道她一直住在柏林后，卡夫卡发出了拿破仑式的叹息："我对菲莉斯，就像一个倒霉的统帅对未能拿下的城市所具有的感情，那份感情耿耿于怀，终生难忘。"

卡夫卡如果不写作,
他的生活就会风化,
他也就一无所存,仅剩一个奄奄待毙的身影。

第十一章

我的妹妹,
我的女友

1917年9月12日，带着一份"永久护照"来到奥特拉在屈劳的农场的，是一个正在缓刑期的男人，医生的诊断就是这样说的。卡夫卡等到妹妹家收完啤酒花，才把自己的状况，以及想上她那里住的打算告诉她。"我想投靠你，在你那里至少住三个月。"由于没法满足他想要退休的愿望，上级便批准他休假，让他一直休到1918年4月。卡夫卡退隐到屈劳，在这里住了八个月，经历了他一生中"最美好的时期"，在奥特拉身边过起了夫妻一般的"美满小日子"。

马克斯·勃罗德介绍他去一家瑞士疗养院疗养，他却更喜欢来波希米亚西北部这个小村庄"缓口气"，在已经宣告的死亡之路上作一次休整。他觉得在这里会好起来吗？只有一个阴影，而且是极大的阴影，就是对"健康的考虑"，他对此深恶痛绝，甚至估计自己的自由会"深受损害"。在去那个希望之乡前夕，卡夫卡写信给马克斯·勃罗德，说在屈劳，"自由重于一切"。困守布拉格的卡夫卡渴望了那么久的自由，患病之后才得到的自由。终于自由了，即使这是被判死刑的自由。终于摆脱人群，独自与奥特拉相处了。对于疾病，不如说他几乎怀着感激之情，觉得它"更像守护天使，而不是魔鬼"。不过，在屈劳，他真正的守护天使名叫奥特拉——从第一天开始，她就把他"置于自己的羽翼之下"。

这段日子标志着奥特拉与弗兰茨结成了同谋关系。早在1912年，她就被指定为卡夫卡在"布拉格最好的女友"，奥特拉当时二十岁。星期日，两兄妹在城市周围散步，碰上一个办公室的熟人，第二天，这家伙就告诉人家，看见他和"未婚妻"在一起。卡夫卡听见这种传言，倒也高兴。在草地上，卡夫卡给妹妹朗读柏拉图的作品，她则教他唱歌。在旅途中，卡夫卡少不了给她寄一些深情的明信片。奥特拉就是安全的代名词。与一个年轻姑娘相处，能带来毫无危险地放松的幸福。她是不可触碰的。作为知心朋友，卡夫卡即使有些话不能告诉她，她凭着姑娘的敏感也能猜出来。她离得尽可能近，也不评判，就"理解了一些事情，甚至很多事情"。不过这并不意味着两人之间没有不可逾越的界限：一旦触及她易于受惊的羞怯，弗兰茨即使与她在一起，也免不了被她晾到一边。然而，如果兄长那颗可怜的心允许她了解，她肯定就是最了解它的女人吗？

忠诚不渝而不讲条件的奥特拉，她"总是站在我这一边"。不过，还是有一次，唯一的一次，她让卡夫卡感到痛苦。1912年，在提到弗兰茨参与家族工厂管理的时候，她"糊涂得要命"，干了蠢事，竟然赞同母亲对兄长的指责。面对这种背叛，卡夫卡觉得"痛苦弥漫全身"。当时他生出自杀的念头，大概与这种被抛弃的感觉不无干系。那时期写作的《变形记》就有这件事的痕迹。格里高尔·萨姆沙一天早上醒来，发现自己变成了甲虫。他有一个妹妹，"一个十七岁的拉提琴的女孩"。他被这种音乐迷住，觉得它给自己开辟了一条道路，"可以去获取他渴望品尝的未知食物"，就在地板上爬动，谛听这种音乐。他真想扯着妹妹的裙裾，把她拖到他的房间，在那里，她会"自愿"与自己待在一起。作为敬佩的表示，他会"一直爬到她的肩膀，亲吻她的颈项"，衣领和系带都拦不住他。然而，故事末尾，在照料哥哥之后，她又把他扔下了，因为她再也受不了看见他忍受"那种无尽的酷刑"。她把虫子的房门关起来，对他宣布，他得自己"摆脱麻烦"。她回到人群，回到生活：如果虫子"死了"，她就可以"伸展丰柔的娇躯"，动身去寻找一个丈夫。

奥特拉让卡夫卡产生的失望，正与他对她的信任相当。他对菲莉斯说，他有时把奥特拉看作一个理想的"母亲"，"单纯、真挚、诚实、谦让、持重、贞洁、勇敢、忠诚不渝、独立自主、善解人意、做事善始善终，凡此种种，都糅合在一种可靠的平衡之中"。卡夫卡又对哪个女人有过如此慷慨的赞扬？在屈劳，奥特拉的表现证明这些赞誉她当之无愧。她使出浑身解数来照顾弗兰茨，非常乐意地帮助他。听说他要来，她就写信给未婚夫约瑟夫，说她很"乐于"接待哥哥。八个月里都住在一起，说明他们的和睦是经得起考验的。到了4月，卡夫卡准备离开的时候，她还在说，她很高兴，没有什么事情能把他们分开。兄妹抱成了一团。也许正因如此，我们就应该理解卡夫卡在1912年另一个妹妹瓦莉订婚时发出的那番看似有乱伦之嫌的高论："兄妹之恋，其实就是父母之恋的翻版。"我的妹妹，我的妻子。

温柔而结实的年轻姑娘、妹妹、女友、未婚妻、妻子与母亲——奥特拉把卡夫卡在别处徒然寻找的种种可能性集于一身。排除了性的因素，因为这样更好。作为卡夫卡敬慕的女人，她因为"具有如此充沛的力量"而让他满意。短暂的学业结束以后，家里面曾把一个店铺交给她打理，可是她厌倦了那种小商小贩的日子，渴望过另一种生活。一如弗兰茨，这个城市姑娘也热爱大自然。尽管父亲反对，不听话的女儿还是把她对农业的热爱投到了实处。她的果敢冲决了一切障碍，并以某种方式实现了兄长的梦想。她不顾父亲发怒的眼睛，毫不畏惧地与商场职员等"下属"来往，甚至违反习俗，爱上并嫁给一个捷克非犹太人。卡夫卡不断鼓励年轻姑娘争取自由，发现这个妹妹是一个最有热情的学生。1917年春，二十五岁的奥特拉从一个应征入伍的姻兄手里接过了一家农场。她也许还不具备从事农业生产的经验，但热情却是非常饱满。弗兰茨6月到她那里去过，因此，当他投奔那里的时候，对那地方已经很熟了。投奔屈劳，就是躲在奥特拉身边避避风雨。他们相扶相帮的关系形成好些年了，很快就要得到验证。卡夫卡还没有把患病的消息告诉父母，妹妹与他一起保守秘密，就跟先前在炼丹术士街那次一样。

他们兄妹俩共同做一件事情，这不是第一次，也不是最后一次。头年秋天，奥特拉陪哥哥找房子，在炼金术士街22号看中了一套小房子，执意要瞒着父母把它租下来，虽说弗兰茨觉得房子"又脏又小，不能住人"。奥特拉把房子粉刷了一番，全部换上弗兰茨喜欢的藤质家具，终于把它改造成一个可以在中午或星期天下午溜出家族工厂和商场来休息几个钟头的小窝。没准她还在这里接待了未来的丈夫约瑟夫。很快，这个男孩子气的姑娘就把房子借给了弗兰茨，让他每晚来这里清清静静地写作。弗兰茨把晚餐也带到这里吃，一直熬到半夜，然后从城堡楼梯下楼，回城里那个冰冷的房间。这种安排迫使他按时放下工作，而回去的路上又可以让"脑袋清凉一下"。他喜欢上了这个被勃罗德比作"修道院里修士间"的小窝。为了通过矮门，每次他都得低头弯腰。有一回大门关上了，他就觉得与世隔绝了。出去的时候也同样很有意思——推开大门，"静寂无声的街道上铺满冰雪"。

仙女奥特拉处处都得关照。中午，她要打开门窗透气，除尘，生好火炉把屋里烧暖。如果弗兰茨来得较晚，炉火熄了，他就揉几张报纸或者稿纸，把火重新点燃。吕桑卡，一个卖花的小姑娘，包下了这里的家务，同时也负责清扫宫殿那套房间。奥特拉说："小姑娘对他是那样关心，差不多把我都忘记了。"这是因为，小姑娘尊敬这个对她规规矩矩的男人。每天早上，她一来叫醒他，他就起床。要是哪天早上没来，他就用捷克语给她留言。比如，他通宵写作，铺盖都没打开，他就写道："我没上床，只在扶手椅上睡了一会儿。你不要以为我自己整理了床铺。"小姑娘尽管缺钱，尽管有人建议她把卡夫卡留言的纸条拿出来卖掉，吕桑卡却不肯这样做。这个矮小的驼背姑娘以自己的方式，跻身对卡夫卡付出一片真心的姑娘之中。何况，她的驼背给作家带来的机运，我们能够视而不见吗？

对奥特拉这个女主人，卡夫卡有时也写上一个便条，或者送上一本书："给我的东家。"我们可以把它翻译成：给我善良的守护神。炼金术士街非常有名，在这个古代从事秘术崇拜的地方，卡夫卡可以安心写作。他在这里居住的几个月，从1916年秋季到1917年春季，可以说是产出最多的几个月。他后来对妹妹说，"在上头那间屋子里，你给我的一生带来了最美好的时光"。在布拉格那个偏僻之处，那种覆盖在雪地上的静寂，是奥特拉带给他的。因为她有一只幸运之手。通过这个功劳，一如通过三番五次的接待，她以非常特殊的方式，成为在写作路上向卡夫卡提供帮助的年轻姑娘之一。当然那些姑娘各有各的贡献。奥特拉的贡献改变了她作为妹妹的身份，使之在家庭的圈子里脱颖而出。

在家人中间，卡夫卡觉得自己"比外人还要像外人"。他对菲莉斯说，他"憎恨"这些亲人，仅仅是因为他们是他的亲人，他受不了与他们在一起生活。因为突如其来的战争，他被迫住在家里，一直等到年满三十才离开，光是这点就足以证明他这番话的矛盾。传记作家们被传主愚弄，把他父亲那张沉重的面孔写成了他内心冲突的症结。按德勒兹的说法，我们可以认为，卡夫卡对此也只会半信半疑，尽管他声称是这么回事。他急于攻击父亲的做法掩盖了别的创伤，如果用童年的筛子来分选，这些创伤也小不到哪里去。

对一个作家来说，如果首要的问题是母亲的问题，那么卡夫卡的母亲就是个典型，因为她神态冷漠，木讷寡言，不善于表达自己的慈爱。三十岁的时候，弗兰茨向菲莉斯讲述（可是他把这段叙述插在向未婚妻坦白自己不可能占有她的信里，也就更让人感到困惑），在道晚安的时候，他看见母亲大胆走过来拥吻自己，当时他是多么惊讶："她好多年都没做过这种事了。"卡夫卡用一句"这才对嘛"欢迎这个拥吻。对此母亲回答："我一直不敢吻你，我以为你不喜欢。"卡夫卡以此作为对自己很少作出这种举动的解释。我们已经远离小马塞尔[1]晚上的亲吻了。缺乏亲吻会带来什么伤害，谁又说得清楚？孩子与母亲的关系常常会失去控制，走向对抗。他们每天交谈的话"不超过二十句"，可是，一旦他对母亲说话，恼怒就占了上风："我几乎叫起来。"母亲如果大胆地从弗兰茨的书架上借走一本书，弗兰茨就会"大发雷霆"，"几乎破口大骂"，没法忍住怒气："把书还给我，我就这一本！"母亲是以自己的方式爱他，那是一种"既博大又让人难以理解的爱"。她觉得儿子是一种假幼稚，以为他身体健康，只是把文学当作消遣，结婚以后就不会这么狂了。这套陈词滥调后来被菲莉斯接过去，她成了他母亲

---

[1] 见马塞尔·普鲁斯特《追忆似水年华》第一部《在斯万家那边》第一卷。

的回声。朋友家的这种家庭冲突，马克斯·勃罗德是目击证人。1912年，他告诉菲莉斯，弗兰茨的母亲尽管心意良好，"却一点也不知道儿子是个什么人，也不清楚他需要什么"。除非他父母给他三万块钱，让他离开办公室，去意大利的里维埃拉专事写作，而不是拿他们可恶的工厂烦他！一家之中，大家互不沟通，这样的争执就不可能避免。

从童年起，弗兰茨就觉得自己"很孤独"。母亲只顾服侍整天在打理店铺的父亲，把他交给保姆和管家照料。家庭的一场不幸给他的幼年打下了烙印。那件事过于沉重，以致他不愿提起。弗兰茨于1883年出生，是家里的长子。在他之后不久，又诞生了两个弟弟：格奥尔格生于1885年，只活了六个月；海因里希出生于1887年，十八个月时夭折。一个死于麻疹，一个死于耳炎——都"丧命于医生的误诊"。因此卡夫卡始终不相信医生。弟弟的死亡使母亲变得抑郁，家里的氛围也变得凄惨。也许家人对幸存下来的孩子更加担心，于是卡夫卡就永远背上了焦虑的、病态的、苦修的重负，注定要与逝者会合，只不过是延缓执行。在童年的照片上，他那双眼睛就充满了忧郁。黯然的生活。终生不离的焦虑就是从他人生的头几年生长起来的。长大后他变得半死不活。不幸虽然隐藏起来，可是其痕迹总会露头：卡夫卡给《判决》里的人物取名为格奥尔格（Georg），说格奥尔格与弗兰茨（Franz）都是五个字母。而《失踪者》（即《美国》）里的主人公卡尔，在初版时也叫格奥尔格。

妹妹们的出生部分地把卡夫卡从一个受到威胁的孩子的孤独中拉了出来。多亏她们，屋里才变得光明起来。男孩子注定要死亡，女孩子却有力量活下来。这就是卡夫卡素来对女孩子的印象：她们属于生的一方，她们也能把你留在生的一方。卡夫卡尊重她们，崇拜她们，原因就在这里。一如契诃夫家，弗兰茨有三个妹妹。1889年他六岁时艾莉出生，接下来是生于1890年的瓦莉，最后是生于1892年的奥特拉。纳博科夫在奈瓦尔之后提出，男人对年轻姑娘的爱情，其实都是重复他对头一个小姑娘的感情，如果此说站得住脚，那么三个妹妹就属于诱惑者的圈子。诚然，她们年龄不同，也就略有差异：当几个妹妹变成少女的时候，弗兰茨已经二十岁了。他的性觉醒到来之时，她们都还是孩子。不过，在他认识女性世界的过程中，她们起到了试验品的作用。卡夫卡观察了她们的蜕变，而她们的存在也肯定解释了他从未否认的喜爱小姑娘的原因。艾莉对女儿说，三个妹妹深受大哥的影响，她们把他当作"尊长来爱戴"，他也不免对她们行使其"威权"。他强迫她们光着身子站在房间地毯上，进行严格的体操锻炼；父母过生日的时候，他编了一些小戏，指导她们排演；他装扮成魔鬼恐吓她们；在那时，他就已经把他与姑娘们的关系戏剧化了。在浴室，他"热情"施展"模仿的天赋"，为她们表演一部喜剧电影的场面，而在陌生人面前，他是做不出来的。她们兴高采烈的反应让他放松，也让他兴奋。快乐足以让他达到一种开放状态，这种状态，只有写作时才可以与之比拟。在她们身边，他"常常"觉得自己与"在别人面前"判若两人："勇敢、外向、强大、出人意料、激动。平常，我仅仅是在文学创作中才是这样。"这个大胆的比较让他确认了文学与少女的相近之处，如果两者不是完全相同的话：神秘的大陆，在那里，与一方面的接触让人预感到另一方面的存在。

弗兰茨喜欢给艾莉、瓦莉和奥特拉朗诵他最喜欢的书或他自己的文章。有些晚上，他甚至把自己的写作时间牺牲在这上面。不过他从几个听众那里也得到了很好的回报。1912年他在日记里写道："如果我给妹妹们读书的方式确实值得赞赏，如果我用某些声调准确地表达了我的意思，接下来，我就不仅得到我自己的赞赏，也会得到她们的极大奖赏。"他会觉得自己进入了与文章的"全面交流"，而在朋友面前作的那些"可怕表演"，则全然没有这种感觉。即使是在那种场合，少女们在听他朗诵的时候，他也扮演了说情者的角色。剧场，内心的剧场，他在这里面投入了他所有的自信，随着书页或稿纸一页页翻开，他的朗诵越来越好。他说，就这样，在即将结束默里克自传的朗诵时，"我并拢指尖，依靠不变的平静声音，克服了内心的障碍"。这种声音，"在扩散的同时，感染力也就表现出来了"。他还使用一种技巧，"使得全场最终只能接受这种声音"。博学多识而绘声绘色的技艺，与作家的渲染本事糅合在一起，渐渐地不可避免地侵入听众内心，作为引诱者排除最后一道障碍的战术，朗诵的行为里性的意味几乎越来越浓。三个妹妹听得入迷了，深受感染。朗诵是卡夫卡与她们最可靠的联系。他把她们置于自己的控制之下。1911年11月的一天下午，瓦莉让他生气，他就递给她一部长篇小说——期待的效果出现了，小姑娘听任故事来控制自己。卡夫卡记道："我因为这种影响，开始喜欢她，抚摸了她一下。"驯服年轻姑娘，书籍是他最好的同盟军。用文学来使她们服从，进而喜欢她们：卡夫卡全身心地作出了这种亲热表示。

还有一样东西是与她们分享的，这就是电影。卡夫卡被银幕影像的疯狂节奏吓怕了，很少去那黑暗的大厅。尤其在1913年与菲莉斯断情以后，他更是避免去电影院，免得引起过分的伤感。但是这并不妨碍他了解"各家电影院上映的电影，并站在电影海报前遐想"。他说他渴望见到这些海报，平常只要在电车上见到它们，内心的郁闷、不适就会得到排遣。在家里，他催促妹妹们把看过的电影讲给他听，她们对细节的感悟让他得到满足。1913年，有一天听完她们的讲述，卡夫卡记下了电影《忧心如焚的女人》的情节。一个男孩子背叛未婚妻，移情别恋，爱上了一个舞女，被舞女玩弄于股掌之间。舞女恋上了一个斗牛士，引起了追求者的嫉妒。最后，斗牛士被杀，年轻人也回到未婚妻身边，得到她的原谅。这是弗兰茨喜欢的《卡门》式的电影剧本。

书籍或电影，正是弗兰茨与妹妹们进行情感交流最为顺畅的方式，也是他吸引她们的少女眼光的方式。母亲对他疏远，父亲与他隔着一道鸿沟，他从双亲那里得不到温暖，却从妹妹冲他仰起的面孔上得到了慰藉。在家庭内部，她们形成一个小岛，使他感受不到孤独。她们一时沉默寡言，一时说说笑笑，总是给他提供了一个极好的理由来了解她们。他温和地关心她们，和她们一起游戏，有时也从严要求，担负起启发者与监护人的角色，关注她们身体可能出现的"重大变化"。"变成大人"的时刻终于来了。不过在他看来，少女们长大成人真有那么重要吗？

　　三个妹妹，三个并不相像的形象。艾莉胆小怕事，忧心忡忡，总是觉得自己有罪，哥哥"不怎么看她"，也不跟她说话，因为他在她身上看到了自己的影子。岁月并没有让她改变什么：1915 年，卡夫卡陪她去军中探望应征的丈夫，一路上两人几乎没有说话。瓦莉较和气、顺从，卡夫卡很少说到她。他最喜欢的是奥特拉，比他小九岁的妹妹。"越小的我越喜爱。"他对菲莉斯说。和哥哥一样，倔强的小姑娘也和父亲"断了来往"。他们都激烈反对"人类的结合"，都决心不结婚。1920 年，当二十八岁的奥特拉决定嫁人时，卡夫卡原谅了她的失信："你有时说起这事，好像对不起我似的，其实恰恰相反，是我对不起你。"难道她不是最有"资格"结婚的吗？"你是在为我们两人结婚。"卡夫卡安慰她说，末了还加上一句："我呢，反过来，是在为我们两人独身。"可是过了一段时间，他出席了新婚喜宴，情绪很"消沉",叹息一声,问道:"这么说我可能失去了玩你耳朵的权利?"他们的亲密关系继续存在,奥特拉从没有疏远他。在这两兄妹的友情面前,我们不禁想起了梵高与弟弟提奥的友情。如果卡夫卡读过他们的书信,一定会产生强烈的共鸣。

从前艾莉与瓦莉一听到结婚就感到紧张,如今则遵循习俗把婚事办了。环境如此,她们不能不顺从。弗兰茨为"得到极大的满足却又让人失望的生活"而苦恼。现在跟她们说什么好呢?与妹夫们也无话可说。嫁出去的妹妹,泼出去的水。婚姻不仅意味着失去了一个年轻姑娘,而且意味着她的变化。1913年,他给菲莉斯写信说:"大妹两年前还是个年轻姑娘,生了两个孩子之后,不知道保养,又不收拾打扮,如今的体型看上去就跟我母亲差不多了。"身体毁损、变形、受辱。是生育使年轻姑娘变丑,让我们同情她们吧,一切都是性的恶果。

性器官,命中注定的罪魁祸首。1911年12月的一天,卡夫卡出席了外甥的割礼。他目睹这一仪式,怎么可能不想到自己也曾忍受过这样一刀呢?从一开始,性器官就被视作需要清除的不吉之物,需要预防的威胁。这就预示了其苦难与让人烦恼的根源。卡夫卡在日记里记下了这一幕,但是没有作任何评论。孩子一动不动地坐在祖父膝头,割礼师"拿着一把像剖鱼刀的日用小刀"施行手术。鲜红的肉都露出来了,可是小家伙几乎没哭。施行手术时,割礼师先唧唧咕咕祷告一番,然后端起葡萄酒杯,喝了几口,又伸出还沾着血的长指甲,挑起几滴,抹在孩子唇上。这个举动，卡夫卡拿来与俄国犹太人的传统做法作对比。在那边，人们先是小心地给场地驱魔，然后割礼师，一个鼻头发红满嘴酒气的醉鬼吮吸了鲜血淋漓的阴茎，再在上面撒一层锯末。一个吸血鬼欢迎你来到这个世界。

对于做了母亲的妹妹，弗兰茨只能慷慨地拿出教育者的学识，就像艾莉要求他教她儿子那样。看到艾莉为担心儿子走错路，卡夫卡给她出了个大胆的主意：让孩子远离家庭。做父母的出于"自私"，往往妨碍和"虐待"孩子。孩子只有一个愿望，就是让父母"弯下身体，关心自己"。至于儿童教育，卡夫卡总认为这是"成人酝酿的阴谋"。年轻姑娘的解放者同时也是男孩子的解放者。由于他花太久的时间才落进这个可疑的圈套，对家庭所产生的排异反应也就越发强烈。他对密伦娜说："被这个充满善良和爱的地方缠上是很糟糕的。"

随着三个妹妹订婚、结婚，卡夫卡与她们的来往渐渐少了，但并没有真正疏远，似乎她们的离去从屋里带走了优雅和轻松的气氛，以及他所眷恋的一切——即使姑娘们在隔壁打闹烦扰，他也舍不得离开这里。那是一种暧昧的亲属关系。1920 年他曾给密伦娜描绘过家里的情形。在那时，他已经表现出一定的怨恨，因为他谴责"那种吵闹、失礼和乱伦的混乱，以及缺乏控制的肉体、思想和欲望的不一致"。

由于有保姆和女管家在场，家里的混乱就更为明显，毕竟这些人都住在同一个屋檐下。比如那个安娜，是在弗兰茨十九岁时来家里做事的。一个二十岁的姑娘，从外省来到家里给他做早餐，还要送到他房间里，他又怎么可能无动于衷呢？"他那样子像个少年。"安娜回忆说。他一边在厨房的洗手池里洗手，一边从镜子里偷窥安娜。当他带着狡黠的微笑问她夜里做些什么梦时，安娜窘得一脸绯红。卡夫卡一天要跟她打十次招呼，妹妹们嘲笑他的伎俩："弗兰茨迷上了安娜！"包裹得严严实实的引诱者：怎么来破解这个难题呢？

弗兰茨在布拉格的房间摆设很简陋：一张床，一个衣橱，还有一张写字台。这些给他的朋友马克斯留下了一个"临时凑合"的印象。墙上挂着一幅版画，画面上一个农夫在田野耕作，好像是受到大自然的召唤。莫非这透露了什么信息？在屈劳，卡夫卡就生活在版画上的风光里。在一座建着洋葱头屋顶的小教堂后面，奥特拉家的窗户朝向广阔的田野。她哥哥对这种乡村生活十分满意，因为它"很对他的胃口"。农民们都过来看他。在卡夫卡眼里，他们就像是躲进农业避难的贵族。他羡慕这些人明智地选择了工作，因为从事农业，他们就免受"路途的颠簸之苦，也不致遭受晕船的折磨"。不过此地也一样，唯有喧闹破坏了安宁的幸福：一大早乡村土路上就响起车声、手艺人的锤声，甚至附近还传来胡乱弹奏的钢琴声。

不过屈劳最吸引人的地方，是与动物挨得很近。"有一个动物园，里面自由地放养着牲口。"这个天堂在卡夫卡眼里就是这副模样。不过它也没有掩盖其野蛮之处：待宰的生猪、填食填到撑死的鹅、养来做种的公马或者领来交配的牝山羊。弗兰茨称赞那只公山羊是个"漂亮小伙子"。他喜欢牝山羊那少女般的小脸，便向它们表示友谊，压下树枝让它们啃。农场的大阅兵：黄牛和奶牛缓缓走过广场；公牛在草地上徜徉；狗见陌生人来了，跑上去闻他的裤脚，或者猖猖而吠；田鼠在田里挖洞。卡夫卡就是在这里接近了他的动物小说里的角色。"目光温柔"，肩头"伏着一只小白兔"的村姑，还有出发参战之前来向亲友诀别的小伙子，都属于他们的世界。分享农场饭桌的流浪者把那小伙子看作是自己的分身。他还看见孩子们在冻结的池塘上滑冰。他的帽子在那里被风吹走。今天人们在露天游艺会跳舞，明天大家安葬一个跌进水井淹死的癫痫病人，后天铜管乐队鼓乐喧天，引导另一支队伍走进公墓——弗兰茨躺在长椅上，从覆雪的花园看着送葬的队列从门前经过。

弗兰茨很快就忘记自己有病在身。他虽然气息短促，呼吸不畅，却不再发烧，也不大咳嗽了。起初，他一身脱得精光，躬着身子，长久地沐浴着9月的最后几天阳光。尽管胃口不好，他还是强迫自己进食，三周内体重长了五斤。他写信给马克斯·勃罗德，说他这是想法给下葬时增些体重。他大量地喝冰冷的、没煮开的生奶。开始他对园艺感兴趣，可是用锹翻土时受了伤，就放弃了这门爱好："农场里最小的姑娘也比我有力气。"所以最好还是躺着吧。冬天来了，虽说气候寒冷，他还是开着窗户睡觉，以至于早上醒来，得破开水池里的冰才能洗脸。坚持这种作息制度，他连轻微的感冒也没有患过。

弗兰茨说，他挂在疾病上面，就像"孩子扯着母亲的裙子"。这是一种矛盾的状态：疾病既使他摆脱了一切——办公室、家庭、布拉格和菲莉斯，又把他投入绝望。他"一直试图弄清自己究竟得的是什么病"，那样自己就不必"跟在后面跑"。他写信对马克斯说："我一直有种感觉，我的大脑和肺背着我缔结了一个条约。"还在8月底，他就对奥特拉说，肺结核是"一种聪明的疾病"。那么，他想治愈它吗？"想，也不想。"10月，马克斯想让他相信治疗是必要的。可是弗兰茨认为他那套理论"好听，但是无用"。在弗兰茨头一次咳血的时候，马克斯就说在他"厌倦和忧伤的目光里看到了一丝得意的光芒"，"某种快乐"。在一封过于粗暴的信里，马克斯指责朋友"苦中作乐"。弗兰茨受了伤害，回答说这种说法亦包含有"福中求苦"的意思。难道果真如马克斯所预感的，疾病是"不知不觉的自杀方式"？9月底，卡夫卡给马克斯写信，说他对任何事，都没有对死亡这样慷慨："我把自己彻底交给了死亡。"同一时期，同样的语句经常在日记上出现。从他抵达屈劳起，死亡就成了他的伴侣，成了他唯一看得到的前景。即使过去还在活动，也是以"尚未经验的生活"形式展开的。难道他一直不清楚等待自己的是什么？"一种悲惨的生，一种可怜的死。"现在他面对着接近终结的命运。

晚上，弗兰茨在大道小路上踯躅，"想体验孤独的心境"，遇到一些"夜游神"，却不认识他们。其实这是一些干活晚归的农民。有时，有人走过来，向弗兰茨讨烟抽，却空手而回。平常，他散步时一般会走穿过田野通往奥伯克勒的大路。我们应该想象他穿着外套，戴着帽子，独自在黑暗里迈步的样子。他在朝什么地方走呢？他从来没有这么孤单过。9月，他写信给马克斯："每件事情都与我过不去，我看不到出路。"本来，他固执地认为，"唯有女人"才可能斩断这些"烦恼结"，才能放开紧紧钳制他的虎钳。现在，乡村也能做到这点吗？他深入黑暗。在流亡路上，他想到的是什么地方呢？柏林？哪天他会重返柏林？三年前，他告诉菲莉斯说，他在乡下觉得"忧郁"："那么一大片风景，从四面八方包围你，要多大的力量才能适应啊；而如果面前是一条柏林的街道，我几步就可以走完。"几个年头过后，城里人已然"暗暗地"变成了"乡下人"。这里也许是幻想的避难所，是由疾病决定的。他喜欢这里，不喜欢山区或者海滨，因为在他看来，那些地方"太不平凡"。

他对医学根本不作指望，只满足于在屈劳休养身体。他似乎在看着自己死去，虽说不相信命运无常，却不得不把自己交给无法避免的命运。当然他还保留了一丝希望，卡夫卡在失望中总是开有这么一扇天窗。布朗肖说："他悲怆地在两边摇摆。"正如他在11月所做的那样，我们且注意他这样的话："打击接踵而至。多亏打击，我才变得刀枪不入。"虽然这不是放弃的信号，但至少也可从中看出全面的接受。在接受命运安排的外表下，他开始屈服。在这片荒原上，从童年起就折磨着他的"自杀念头"怎么可能不卷土重来呢？促使结局早点到来的诱惑露出了苗头，正如他冬天写的日记里一句没头没脑的记载——"1月25日晨"——让人作的猜测。他不耐烦了，因为问题不在于"摆脱自己"，而是"耗尽自己"。在屈劳的候见室里，他的日记记录了一种慢下来的、分散的、三番五次显得无比凄惨的空虚生活。词语就像扔到井底的石头。9月22日："无事。"10月20日："在床上。"21日："美丽的白昼，阳光灿烂，天气暖和，无风。"22日："上午在床上。"23日："早早上了床。"2月，阳光又变得明媚，使失望更加伤人。4日："失眠，我意识到这是战斗，可是闷闷不乐，被打倒在地。"8日："起得早。可以劳动。"

什么劳动？弗兰茨第一次有了时间，但是他一到农场就写信给马克斯·勃罗德："文学并非一定是我的志向。"1917年年底，出现了一段漫长的空白。沉寂的两年，远离文学的两年。这段空白至今仍是个谜。马克斯问卡夫卡要几篇文章，因为他妻子打算朗读，他只寄去两篇短文，却忘记了人家想读的《美国》与《审判》。"这些没完成的旧东西，还翻出来干什么？难道就是因为我还没把它们一把火烧掉吗？"他打算下次到布拉格，就把这些东西毁掉，"因为即使从艺术上看，它们也是不成功的"。

1月，在屈劳，除了看短篇小说集《乡村医生》的清样，卡夫卡还把注意力放在一系列思考上面，思考的结果都记在本子上了。卡夫卡在其中流露了真情。在失望之外，只剩简洁得让人遗憾的片段，一次次激起不变的回响："能不能想些无法安慰的事情？""从某一点开始便不复存在退路。这一点是能够达到的。"又或者："认识开始产生的第一个标志是死亡的愿望。"冷漠无情并不排斥一股动人的乡恋："我们被创造出来，是为了在天堂生活，天堂是为我们的享用而存在。"如果不写作，他的生活就会风化，他也就一无所存，仅剩一个奄奄待毙的身影。他被认为判了死刑的状态把他赶到了这块荒原。在这里，重新捡起的形式拥有了一种力量，尽管是微不足道的力量。从黑暗里拔出来的，又射向陌生人的一支利箭。他徘徊在问题的森林里，在屈劳写下的那些平常话语在那里就变成了一道道闪电。在想象力缺席期间，苦难在那里压缩。

他翻开为数不多的几本书，"清一色的"自传和书信集，比如梵高的自传。他从克尔凯郭尔的书里"汲取了那么多知识"。读了克氏的书，他继续剖析婚姻问题，于11月在日记里写道："独身与自杀处在一个相似的层面。"他重读《大卫·科波菲尔》，晚上就着灯光，给奥特拉朗读陀思妥耶夫斯基的作品。他还建议妹妹读《复活》。

在屈劳，"世界的声音沉寂了，因为外界的事情传进来的越来越少"。战争似乎离得很远，卡夫卡便强迫自己读报。他的日记上只简短地记载了有关俄罗斯的冲突。来屈劳隐居，是一种"逃避"世界、绕开世界的办法。在此期间他不得不上布拉格跑了几次，因为要到办公室续假，或者到牙医诊所看病。如果不是奥特拉奔走联络，这一切对于他就形同酷刑，他只求回到村庄休息。去布拉格，"就是离开自由，接受奴役，重新变得忧郁"。城市"噬食"他，压迫他，因为那里等着他的"没有一样好东西"。父母指责他们兄妹把他们扔下不管，"像精神病人"一样只顾自己到乡下求个安静。他虽然能偷偷摸摸看望几个布拉格的朋友，但主要是通过书信与他们保持联系。

首先是与勃罗德的联系。此刻这位朋友正在遭受感情纠纷的折磨。弗兰茨对感情的事儿本就十分生疏，要他来充当知心人与顾问的角色真是"十分别扭"，以至于有人责备他对"严格意义上的性生活一窍不通"，还指责他赞同马克斯的做法——"我想也只能这样了"——是不负责任。弗兰茨努力关心朋友的文学创作，人家却揣度他是不想让人家谈论自己。他反复向他们宣传自己的信条："评价作家，看的是作品。"他与杂志，与准备出版《乡村医生》和《在流放地》的出版商保持来往。对他来说，这一切真有那么重要？在孤独之中，他佯装倾听世界的声音。有些日子里他甚至还惦记着这个世界。他在从前的世界上面画了一条临界线，作为临时避难所，屈劳只是一个过渡，一个候车亭。孤独是他的尝试，但是他感受了其压力。秋天和冬天他写下许多书信，就像是为了摆脱孤独，以防被其吞没的一些感人的祈祷。

访客不多，就是这不多的来客，也必须费不小劲才能把他的门敲开。卡夫卡请求朋友们不要来看他。他对奥特拉说："我想在乡下居住，而且是独自一人。"除了她，卡夫卡一般不与别人说话。我们知道，9月菲莉斯来看过他。10月，马克斯·勃罗德到农场附近开会，卡夫卡作出安排，硬是让这位朋友过门而不入。反过来，卡夫卡不肯伤害奥斯卡·鲍姆[1]，最后同意在1月份接待他。由于大雪封了路，鲍姆在农场住了一个星期。这位小说家和钢琴家倾吐他唐璜式的烦恼，并且像马克斯一样，要求卡夫卡给他出出主意。可怜的卡夫卡，在这个"女人成群"的男人面前竟不知说什么才好！据来客说，卡夫卡急于想让他离开，因此在两人夜晚的长谈中，一直保持着"病态的乖戾脾气"。有一晚，他向鲍姆说出一个短篇的构思，态度却一反这种阴郁孤僻：为了让人们能够自由地相会，有个人想出一个主意，安排一个舒适的场所，让各人可以随意接近他人，与他人交谈，或者注视他人的面孔；也可以在里面消费，来回走动。总之，一个设法破除孤独的地方——这就是第一家咖啡厅的由来。卡夫卡并没有写这篇小说，不过在屈劳的冬天，他却怀念起青年时期布拉格的小酒馆，虽说在他看来，"今后小酒馆都应该关门"，这是他在给马克斯的信里说的话。

---

[1] 奥斯卡·鲍姆（Oskar Baum，1883—1941）；音乐教师、作家。视力先天存在问题，到十一岁时几乎完全失明，被送至维也纳学习风琴和钢琴。1904年结交马克斯·勃罗德和卡夫卡，其婚后住所成为布拉格文学圈的聚会地点。

秋天里，最出人意料的来客，是办公室的幽灵——凯塞小姐，也就是卡夫卡的秘书。她还把未婚夫带来了，他也是办公室的职员。卡夫卡受不了这样的打扰，尤其这姑娘前来此地，是想就终身大事听取他的意见的。他们有什么事要来听取这位情感专家的意见，要来向这方面最没有资格的人讨教呢？在纪念秘书来农场访问的照片上，露面的是戴帽子结领带的卡夫卡。他带着"对年轻姑娘的一丝嫉妒、拘谨和失望"，度过这"漫长"的白昼。在准备缔结婚约的时刻来找他，这表明姑娘很信任他。结婚？也许他们在办公室已经议论过，而这个问题又带出了痛苦的迟疑。他"不大积极"地劝她嫁给小伙子。她希望得到他的原谅，卡夫卡满足了她的要求。为什么要让一个年轻姑娘失望？当然，在向凯塞小姐打招呼的时候，他想到的是，此刻他真正的秘书叫奥特拉。在布拉格的时候，他作为"真正的帕夏"，就已经在床上对妹妹口授书信了。

在屈劳的年轻姑娘面前，他实行退避战术。他说，他与本地居民的关系是那么"稀松"，"以至于那完全算不上地上的生活了"。他对邻近一家富裕农民的可爱女儿并不怎么感兴趣，保证跟她说的话"不超过五十句"。那美丽的姑娘十八岁，厌倦了乡村生活，想在布拉格找一个家庭，能够在她进城学习捷克语和钢琴期间接待自己。有一段时间，弗兰茨希望帮助她，动员了几个朋友，不过态度并不迫切，因此没有什么结果。不过卡夫卡并不在意，他的心不在这里。我们也许应该指出，他在年轻姑娘面前和在文学面前一样会走神。

说起老鼠,弗兰茨的话匣子就打开了,谈锋比平时健上百倍。这些夜晚的来客是屈劳唯一的"严重问题"和"伤口",它们的到来破坏了屈劳的安宁。他对这些老鼠是敬而远之,对其他名叫少女的"老鼠"也心怀畏惧。这些小家伙闯入他的房间,开始在里面"闹事",它们的喧闹吵得他睡不着。他说:"这是些什么样的家伙呐,不说话,吵,可怕。"他后来写作《女歌手约瑟芬或耗子民族》,也许就是从这里受的启发。他觉得它们始终在"窥视"自己,感到真正的恐惧。为了消除这种恐惧,他每晚都把一只猫带进卧室,可是并不见效。其实他内心一直仇恨猫这种动物,现在与猫做伴,又引出了另一种恐惧。每次猫儿大胆爬上他的膝头,他就把它赶走。那真是令人不安的存在:怎样在它审视的目光下脱衣、洗浴或者做体操?无论是猫还是老鼠,都有一双魔鬼的眼睛,因为都在"暗中窥视他"。屈劳这座天堂也有其反面。即使卡夫卡强装笑脸,好让朋友高兴,即使他写了一些长信,叙述夜间"可怕的遭遇",用以掩饰他不愿意说的事情,这种猫和老鼠的游戏还是透露出一种深深的忧愁。

1918年4月,向屈劳诀别的时刻到了。他的假到期了,没法再续下去,他只有再度成为"布拉格的公务员"这条路可走。他怏怏不乐地离开了这个村庄,离开了奥特拉,认为"从此就断了与这里的一切联系"。多亏奥特拉,也由于疾病的"保护",在这里过的八个月就像回到了童年。尽管"头发变得花白",他却发现自己从六岁以来"变化并不大"。难道这是为了延长母亲的照管?5月,弗兰茨回办公室上班。在布拉格,他又回到父母家居住,还是住在奥特拉空下来的房间里。他已经开始想念妹妹了。"我真想再见到你,扯扯你的耳朵,"他给她写信说,"我试着扯艾莉的耳朵,可是不怎么舒服。"只有奥特拉才有两只好耳朵。

他在布拉格过了夏天和秋天,只是在9月去波希米亚北部小住了三个星期,下榻在图尔瑙旅馆。那里离森林很近,环境"绝对比得上马里昂巴德",他住在那里觉得比住在疗养院里要好。"既然我开始成为真正的病人,就不再上疗养院了。"他的断言做得太快。在布拉格,他几乎对什么东西都不感兴趣,完全陷入孤独的状态。他不写信,日记也停了。他甚至要求停止与马克斯·勃罗德见面,说要把歌德的准则当作自己的准则:"还有什么,就守着什么,以此为限,不再扩展。"下午下班以后,他不是散步、游泳,就是到郊区的花园散心,好像要找回失去的乡野的魅力。他对奥特拉说心里话:"在这里生活,比在屈劳要难。"在那里,农场就好像是一种基布兹[1],有点像他做梦也想去看看的巴勒斯坦。他从未去过那个地方。他对马克斯·勃罗德说,由于无法移民该地,他就只能满足于"用手

---

[1] 基布兹,希伯来语,有"团结""集聚"等含义。它是一种基于公有制的集体农庄,最早由来自欧洲的犹太移民在巴勒斯坦北部的加利利湖畔建立。

指头在地图上旅游"。接下来，奥特拉也离开农场，去一家农业学校进修。这是弗兰茨多方打听之后，在弗里德兰给她找的，进修费用由他承担。两兄妹的亲密关系就这样持续了下去。不久前，弗兰茨还对奥特拉说："与你一起生活，比跟其他人都快乐。"他毫不犹豫地想让妹妹再度与他比邻生活。

四年后，也就是1922年，在一次次病假之后，弗兰茨因为病情加重，不得不申请提前退休，从而得以再次领略与奥特拉相伴的"美妙的孤独"。6月底，她在南波希米亚的普拉那接待了他。奥特拉租了一幢房子，带着一岁的女儿薇拉在那里避暑。森林、河流和花园把这个地方装点得"极其美丽"，缺点就是太吵，"吵得让人头晕"。因为弗兰茨是来寻求安静的，这点对他来说就不是什么好事了。他的房间在楼上，宽敞、明亮、视野开阔，美中不足的是对面有一家锯木厂。除了"吵得他头疼"的圆锯声，还有从货车厢上滚下简木的碰撞声。光是这两种声音就够吵了，可是附近还有一大群孩子，把他们沸反盈天的喧哗也加入进来，简直叫人无法忍受。弗兰茨到处遭到"敌人"的围攻：本来一夜失眠之后，想在早上或者中午睡一会儿，谁知那一点睡意也叫他们吵没了。甚至连工作也受到影响。他写信问马克斯·勃罗德："活下去还有什么意思？"

为了逃避吵闹，他跑进树林，或者凝然不动地坐着，像雕像一样僵硬，像"缩在洞里等着大难临头的动物一样待着"。

妹妹"作出令人难以置信的牺牲",把自己的房间让给他。隔着墙壁,奥特拉这个世上"最当心的女人",还有孩子,"不论白天黑夜,硬是没有发出一声轻微的响动来烦他"。这是唯一提到薇拉的地方。此外,奥特拉怀孕的事卡夫卡也只字未提,就好像他不愿承认她的母亲身份,或是只希望她生一个孩子。不过母子俩再小心翼翼,也无法让弗兰茨完全满意。他把自己与作曲家马勒相比,同样隐居的马勒黎明即起,在室外洗个澡,就到他的林中小屋里工作,让"无声的树墙"挡住外面的一切干扰。那么好的条件,叫卡夫卡怎么不心生羡慕?卡夫卡指出,要是换了他,"鸟叫声也许都会嫌吵"。晚上,四周终于安静下来,于是他就在"森林的黑暗中散步",或者坐在林边的长椅上,品尝他"特别喜欢的这个时刻"的滋味。

尽管如此,住在普拉那的日子仍旧很美好,这使他得以继续写作《城堡》。这要归功于奥特拉:"当妹夫不在,没有客人的时候,我和奥特拉单独相处,这时,我就觉得比什么时候都平静。"幸运的是,妹夫只是在周末才来这里与妻儿团聚。如果弗兰茨的心情稍好一点儿,这几乎就是屈劳的那种日子了。可是疾病的恶化加剧了他的"恐惧"和失眠,接下来神经系统也垮了。他说:"我只觉得焦虑,非常焦虑,别的什么也感觉不到。"

城市与大自然之间的对立在他身上显得很突出。一到普拉那,他就觉得再次"被放逐到远方"。他在日记里写道:"永远,永远，你都不可能再回城市。"这段令人心碎的话，发自一个只有两年寿命，尚不知柏林会为他提供最后避难所的人之口。面对普拉那的喧闹，他写信告诉马克斯，说自己渴望"一间安静的阁楼"。当然是在柏林，因为到那里后他不会再"挪动"。在乘火车前往普拉那途中，他生出对乡村的"恐惧"。透过车窗玻璃，他觉得看到巨大的"坟墓"在眼前闪过。只有用城市"生机勃勃的力量"，才能与这种阴森森的幻觉抗衡。就卡夫卡的情况来说，既然他尚不足以"与之对抗"，他就奉劝年轻朋友克洛普斯托克去柏林生活。与其生活在"靠不住"的布拉格，不如住到柏林去。他是"不能"缺了柏林的，因为柏林不仅是开向巴勒斯坦的一个港口，而且是一剂"良药"，是一门医学。时候一到，卡夫卡就会把自己交给这门医学。眼下，既然住在普拉那，他就谢绝了德国一次作家会议的邀请，因为一次旅行中有可能发生的事情、带来的"变化"让他畏惧。他说，这种畏惧其实只是对"死亡的恐惧"。他唯一的愿望是"悄悄地死去"，不要引起"众神的注意"。他觉得有人在窥视自己，这种感觉比任何时候都强烈。

7月初他写信给马克斯说："有人从一个黑黢黢的洞里监视我。阴森森的力量随意从洞里钻出来，毁灭我的生命。"他揣测自己大限将至，到了那时候，他就"再也无法离开波希米亚了"，到了那时候，陷阱就闭上了："不久，我就离不开布拉格了；然后，就离不开房间了；然后，就离不开床了；然后，就只能摆出临终的姿势了；再然后，就什么也不知道了。"届时他也许能够"放弃写作的快乐"，而眼前，他是不能离开书桌一步的。在他写给勃罗德的信里有这样一段话，我们也许会认为从中听到了福楼拜的声音："作家的生存取决于书桌，因此他永远也不能离开书桌；如果他想避免做出傻事，就只能咬紧牙关坚守书桌。"卡夫卡坚守着《城堡》，夏天时曾拿出一些篇章给朋友们阅读。这本"只为写作，而非为阅读而存在"的书，到9月就被他扔下了，而且，"看来是永远不会再捡起来了"。

1922年7月5日，他从普拉那写信给马克斯·勃罗德，这是他写得最美的书信之一，因此总是被人们提起。作为一种遗嘱，我们本应把它全文引用，因为它毫不遮掩地显示了他的写作条件是多么可怜："写作是一种甜蜜的美妙报偿。但它是什么的报偿呢？这一夜我像上了儿童启蒙课似的明白了：是替魔鬼效劳的报偿。"文学，是一条下到洼地的坡道，在那里骚动着一个个玩弄熟睡中的男人的女妖。作家由于被她们"邪恶地搂抱"，一边写作一边死亡。他的"可怕的恐惧"就是由此而来。形式虽有变化，程度却未稍减。"尚不曾活过"的忧郁实在烦人——在焦虑的夜晚，烦扰他的"内疚"说出了要求他作的牺牲是多么巨大："我本可活着，却没有活下来。"阴影就在那里，在逐渐扩大，在压迫他，准备把他捕捉。很快，他就只有束手无策地来观看自己人生的最后一幕了。经过那么多次排演，见过那么多个幽灵，终于，宣布死亡开始："我所写过的事情真的要发生了。我没能以文学来赎回自我。我用了一生来死亡。现在我真的要死了。我的生比别人甘甜,我的死则因此更加可怕。"作家是第一个被击中的,接下来就是"可怜的我":"奇特的葬礼——作家,也就是说,某种并不存在的东西把老朽的尸体送交给坟墓。"如果卡夫卡"有足够的作家资格,能够完全忘我地演出这个情节",那么,也就不存在从中引出一段叙述的问题,至少他是这么认为的。

在普拉那逗留期间,因为父亲住院,弗兰茨回了一趟布拉格探望病人。从城里回来,他"气色阴郁,闷闷不乐",便问自己在城里与海边轮流小住,是否比在乡下长住更为合适。在城市的炎热之中,他被夏季的裙子显露的东西迷住、压倒,心中的魔鬼被街道唤醒,人行道则成了克制自我的场所。在肉体的货架前,他既受到吸引,又感到乏味,认为在布拉格停留四天"已经够久了",因为他在给马克斯的信里说,"他总是遇到一些半裸女人,没法长久抵抗她们的诱惑"。在阳光下,她们展示"肉体奇特的天然状态"。那是"细润的、渗入很多水分的、有点虚胖的"肉体;是因其易于变质、一碰就肿而使人不敢触摸的肉体;是娇鲜的颜色转瞬即逝,"被汗水、油腻、毛孔和汗毛"玷污的肉体。脆弱的肉体——你才刚觊觎它,它就解体了。在那些肉体里,分明显示着"人生的短暂与无常"。城市是唯一能"看到什么"的地方,它如同兴奋剂,决不能忽视其危险。焦虑在生命的层面上显露出来。

弗兰茨觉得乡下的女人"迥然不同"。当然，有些到乡间避暑的女人，会把城里的毒素带过去。"比如那个美艳惊人、肥硕无比的金发女郎，每走十步就要伸伸懒腰，揉揉肚子，托托乳房，像男人一样扯扯背褡子。"他远远地看着她大肆炫耀，穿得像个"有毒的花蘑菇"，香得像个"最好的食用蕈"，就是不许自己走近。本地女人从不露肉，这引起他的另一种"欣赏"。她们的诱惑更容易抵挡。她们一直"比较冷漠"，到老都是如此，因此，"也许只能远远地爱慕她们"。这些乡下女孩爽快乐观，性情沉静，"并无半分妖冶"，但这并不妨碍她们"漂亮"。卡夫卡几乎动起了娶她们的念头。有一天他与一个木匠的妻子聊天，那女人才三十岁左右，笑容满面，眼睛湛蓝，却已生了七个孩子，当时他就想象自己是那个幸福满足的丈夫。一个丰满的姑娘，马夫的女儿，打扰了这种安宁。有天晚上，卡夫卡看见她站在一家农场门口，"撑着两只大乳房，射出动物般无辜而又专注的目光，一副准备战斗的神态"。夜幕降临时分，他牵着一条小狗，在村道上散步，碰到一位跟着男人从田里回来的女人。那妇人手持镰刀，不也是准备进行一场可能很激烈的斗争？一声性感的呼唤响彻田野，就像一股浓烈的干草气味。在森林边缘，樱桃林中的小道给人一种"几乎是卧房的私密感觉"。黄昏中挂在枝头的花朵"梦想"攀上高枝，具有一种色情的象征意味。邀请和烦恼：在这些夏日的傍晚，不论是在普拉那还是在布拉格，一切都透出一种让人头晕的女人气味。

不安而沮丧的欲望，它只是让行将就木的弗兰茨更觉得孤独。退休以后，一如在屈劳，他写给朋友们的信，尤其是写给在两个女人之间挣扎的马克斯·勃罗德的书信增多了。9月，奥特拉度完假之后，建议他把房子继续租下来。可是弗兰茨害怕独自住在这里，没有应承，尽管比起他所说的"一个人的孤独"来，他更怕"人群里的孤独"。他在疗养院就领教过那种孤独的滋味，他可能正是为了逃避那种孤独才到这里来的。如果奥特拉不在，他惧怕自己将面对一种"完全的孤独"。他用里尔克似的强调语气在日记里写道："孤独确实是我的唯一目的，我最大的诱惑，我的潜力。"他以"能够感知孤独"的方式过日子。然而，他却承认惧怕"自己那么喜欢的东西"：他惧怕孤独，正如同他担心失去孤独一样。

1922年9月18日，卡夫卡跟着妹妹离开了普拉那，生怕她撒手不管自己。在布拉格，他找到了家庭的锚泊地。刚从那里出来，他就坐到了书桌旁，即使"什么也写不出来"。晚上，温度计固执地停在37.7摄氏度的刻度上。

在普拉那，一如在屈劳，奥特拉对卡夫卡关怀备至，照顾周到。可是我们提及普拉那的夏天，却过于超前了。还是让我们回到1918年秋天，卡夫卡准备动身去舍莱森（Schelesen）的时候吧。这并不是真正抛弃奥特拉，因为在那儿，他很快就给她写了信："昨夜将近五点，我醒来，听见你在门外呼唤'弗兰茨'；你的声音很轻，不过我还是听到了。我马上回答，可是没有半点儿动静。你是想要什么吗？"妹妹经常走入哥哥的梦境。年轻姑娘来访，这难道不是她们表达心意的方式？

巨大的危险从卡夫卡身边擦过,
她却成了赎罪的牺牲品。
作为令他荒废写作的不幸面孔,
她成了被遗弃在荒漠上的姑娘。

第十二章 被点燃的年轻姑娘

他们在这里什么也干不成,除了相互逃避。当他们在疗养院的走廊上或散步的小道上擦身而过,或者在餐厅相遇,一个克制不住的灿烂微笑往往给他们彼此留下深刻的印象。在卡夫卡看来,这个"并不美妙的"微笑是一个几乎让人不安的信号,给他与尤莉叶的相遇打上了标记。在他"迷信"的眼里,这种"折磨人、侮辱人"的放纵并不能给人带来"幸福"。为了避免不幸的结局,两个被魔鬼附身的人尽量减少见面,并且放弃了一起就餐。卡夫卡从舍莱森写信告诉马克斯·勃罗德,说是"近五年来还不如近几个星期里笑得多"。尤莉叶或者奇怪的快乐。

在布拉格北面的这个小村庄里,卡夫卡从西班牙流感中恢复过来。那场彻底蹂躏了饱经战乱的欧洲的流行病,是在 1918 年 10 月中旬把他缠上的。这一来,他的肺结核病情进一步加重,不得不再次休假,并且持续到次年夏天。他是 11 月底来到舍莱森的。初来乍到时,他还是施居德尔旅馆唯一的房客。不久他就离开那里,回家过圣诞节,第二年 1 月初才去那儿继续进行康复疗养。

这一次,旅馆里又来了一位年轻的陌生女人,她和卡夫卡一起分享这个避难所。这是个适合幽居的地方,它"不停地""毫无理由地"引出他们的笑容。这两个在雪地迷路的大孩子是为了不哭才笑的,是为了驱除"着魔"住所的不适才笑的。在那里,他们被冬天困锁成了囚徒;在那里,卡夫卡梦见了北极的拉波尼地区。两个孤独的人,两个受难的灵魂,偶然聚到一起发出了欢笑,笑声中透出不可抑制的情欲的呼唤。

尤莉叶二十八岁,关于她的情况,我们几乎一无所知。她是一个瘦小的布拉格姑娘,做鞋帽的女工。父亲是郊区的一个鞋匠,虔诚的犹太教徒。她已经订了婚,可是战争夺走了未婚夫的性命。在一张照片上,她显得漂亮、瘦弱、羞怯,目光单纯清澈,透出惊讶,也有一丝调皮的神气。她与卡夫卡很相像,同样秀气的轮廓,同样的嘴唇,就像是他妹妹。她来舍莱森干什么?来疗治忧伤?"病可能是有的,"卡夫卡写信告诉马克斯·勃罗德,"但不会太严重。"他在信里把她描绘成一个"既普通又让人吃惊的人物"。她戴着一副乖女孩的假面具,其实有一颗"快乐胜过忧伤"的心。她想看"电影、轻歌剧、喜剧,喜欢涂脂抹粉,喜欢化妆品",并且乱用一些"让人反感的意第绪俗语"。总之,在卡夫卡笔下,她更是一个暧昧的女子,而不是一个冷酷的姑娘,属于"柜台小姐"一类。外表上她虽然并非毫无"动人之处",但卡夫卡还是认为她和围着灯盏乱飞的蚊蝇一样"无足轻重"。他同时认为她有"一颗勇敢正直充满牺牲精神的心"。此处有一个阴影,让卡夫卡想起菲莉斯的女友格蕾特。从他的描写来看,这姑娘略嫌轻浮,其实这是为了遮掩她的魅力。马克斯知道卡夫卡喜欢这类姑娘,不会上当受骗:从字里行间的意思看来,尤莉叶处处都讨他喜欢。

两人在那里住了六个星期。由于他们处在与世隔绝的状态,究竟是怎么过来的,我们只能从断情后卡夫卡写给尤莉叶的妹妹的信里略知一二。为什么写给她这个只有一面之缘的姑娘？因为她去舍莱森探亲时让他产生了"信任感"。在他看来，她的忧郁就是能理解他的保证，"各人有各人的做法"。卡夫卡给尤莉叶的信已经佚失，只留下这个冗长的解释。

来到施居德尔旅馆时，卡夫卡三十六岁了，觉得自己已经被疾病和与菲莉斯的流产婚姻后遗症折磨得"奄奄一息"。好歹存活下来，也是有条件的，就是"不能再经受任何冲撞"，只要受点刺激，痛苦马上就会无情地"死灰复燃"。在尤莉叶露面的时候，他的"抵抗力"已经"大大减弱"，经受不住，或者几乎经受不住尤莉叶的欢笑、快乐或者天真的举动。关在这幢几乎空荡荡的大楼里，年轻姑娘的身影总是萦绕心头、难以忘怀。弗兰茨开始心旌摇动。头几夜，他辗转反侧，难以入眠，白天，他就躺在阳台长椅上，盖床被子，面对着覆雪的山岭和森林小寐。诱惑在他周围转悠，没有再放过他。有一次他甚至中了圈套：一个年轻姑娘，"集冷漠和热情于一身的神奇女子"，扰乱了他的视野。

起初，他们还有所戒备，可是保持距离的结果却是让两人更为接近。卡夫卡后来对尤莉叶的妹妹说："我们这两个如此协调、如此融洽的人，如此情投意合，不问祸福都要结合，也需要与在祸福中结合的人保持距离，其实只是暂时疏远。"在这种表达面前，我们就只有张口结舌的分了。这肯定是他们在各自的伤口里认出了对方的缘故。婚姻夭折绝对不是轻微小伤。

不过，在这两个极度敏感、遭受过度的谑笑折磨的孤独者之间，色情的吸引显然占了上风，卡夫卡的谨慎就是这种威胁的信号。尽管"相互吸引"，他们还是表现得"勇敢"，"克制了自我"。在舍莱森，两人的来往始终是在精神层面。卡夫卡尽管坠入爱河，尽管为此"痛苦"，却没有越雷池一步。在这六个星期里，他们谈不上什么亲密关系，甚至于还是很生分地以"您"来相称。他们只满足于到各自房间说些体己话。那段时间"最重要的事件"，就是把她的"小手"握得"比需要的稍长一点"，否则，就是把一些书借给这个"十分无知"的年轻姑娘，其中就有马克斯·勃罗德关于犹太复国主义的论著。他告诉朋友，"她根本看不懂那些书"，说完又马上修正：尤莉叶失踪的未婚夫是个犹太复国主义者，她深入地阅读了那本书，甚至以让人吃惊的方式理解了书中的思想，尽管是用年轻姑娘独有的那种瞬间的感悟。她知道他本人也是作家吗？卡夫卡对此一字不提，只是写道，尤莉叶"性情平和"，也许会觉得他大声朗读的方式有些怪异。

在一个年轻姑娘面前，卡夫卡的爱情礼节局限于两种选择：要么结婚，要么疏远。他向尤莉叶解释说，婚姻当然是一个"至高无上的目标"，可是对他来说，与菲莉斯的两度断情却证明此路不通。他举出这个例子，"是因为没有别的理由"；他不提写作的问题，因为那很难说明白。从尤莉叶这方面来说，她也不想结婚生子。这位轻佻的鞋帽女工有一种包法利夫人式的模糊愿望，想过一种"快活的、光彩的、世俗的生活"。而在卡夫卡看来，由于他们都不想结婚，也就"不可能走到一起"，即使各自的动机不同。应该分手了。"那是个凄伤的时刻，"他对尤莉叶的妹妹说，"然而他们心照不宣，都相信事情不可能再往下发展。"可是他又有些犹豫不决，模棱两可，因为他同时佯装相信布拉格会为他们解脱相互的吸引。其实问题只是推迟解决。

尤莉叶先离开旅馆，留下弗兰茨独自住了三个星期，直到1919年3月底才走。分别期间，他们没有通信，但是分离的酵素正在发酵。弗兰茨一回到布拉格，他们就"飞着"赶过来重逢。尤莉叶变得大方自然，那份矜持已经不见了。春天，夏日，他们经常去森林散步，上浴场游泳，在夜里逛街。为什么要提出结婚来打破这种平静的融洽？卡夫卡对尤莉叶的妹妹说："我是不得不说出结婚的话。"他催促迟疑不决的姑娘表明态度。于是姑娘"畏怯地、违心地"顺从了那个不祥的想法。卡夫卡没有从柏林的错误里吸取教训——魔鬼遮住了他的眼睛。他固执己见，认为与尤莉叶结婚的前景要比与菲莉斯结婚"好得多"。他这句晦涩的话也许透露出内心已经撤围："我们可以想象更为美好的前景。"他有种神秘的自信："不论过去还是现在，我们都是如此亲近，甚至比尤莉叶感觉的还要近。"他强调，这不仅是"一场爱的婚姻，更是一场理智的婚姻"。

无论如何——与卡夫卡在一起，总是有一个无论如何——

他内心的"抵抗"仍然存在,不久就会破坏他的计划。欲望和恐惧没有放松对他的折磨,"平静"只在表面,内心在为未定的变化而战栗。6月的一天,与尤莉叶在里格公园的茉莉小径散步之后,他在日记里就自己的感受是否真实发出了质疑:"我的叹息是假的,对她的爱恋、信任是真的。她给我的安全感也是真的。"一个"魔鬼的声音"在他耳边渗出一丝疑惑,翻出了那些老问题,动摇了他的幻想。他,一个地位卑微,疾病缠身,由于头痛和失眠而"半疯"的公务员,怎样才能使一个"自信的年轻姑娘"幸福?恶性循环迫使他"重新忍受那些"可怕的烦恼。在痛苦之中,他觉得自己像个"正在遭受火刑"的人。

而作家呢,他藏在什么地方?卡夫卡偷偷地告诉尤莉叶的妹妹,他"整个人落入了文学的危险"。在与菲莉斯的冲突里,写作占据了核心位置,而在这里,写作却退缩成了一种幻想,而且作家的沉默也不是与尤莉叶这段情事中最小的谜团。大的障碍似乎避开了,原因就是这个时期卡夫卡没有写作。也许这就是他不顾一切要逃进婚姻的一个关键,但是另一个关键我们也不要忘记,奥特拉已经宣布结婚,这点肯定对他产生了影响。他选中尤莉叶,其实伴随着一种双重损失——写作与最亲的妹妹。

秋天,"一场比速度的赛跑"在他已经着手进行的事与躲进他内心的事之间展开。外部,一切事情都已经"确定",包括结婚公告和婚礼日期。战后在布拉格郊区建起来的大楼里,有一个带家具的单间在等待他们。租金很贵，可是卡夫卡"从不曾"有过金钱上的烦恼。可怜的尤莉叶沉湎在充满希望的未来里。她比菲莉斯更有资格得到这个形容词——可怜。弗兰茨给密伦娜讲过他们参观那间房子的情形。等到11月，也就是下个星期，他们就将搬进去居住。回忆是残酷的，"细节比激动的脉搏还要频密"。尤莉叶在他身边，蜷缩在长沙发上，心满意足，品味着这个"我们的家"。她以为幸福就在明天。我们也应该想象一下卡夫卡在这张长沙发上假装幸福的模样。看到这两个人把不幸和要命的幻想紧抓在手上，真叫人感动得落泪。婚礼定在星期日举行。可是到了星期五，他们得知预定的房子被别人租走了。婚礼办不成了。

  卡夫卡"已经作出努力了"。在他看来，这番临时变卦事件与其说是不幸，不如说是"转折"的信号。他耳边再度响起了"警告"。婚姻完了。卡夫卡向尤莉叶和奥特拉宣布：他"没有精力来继续筹办婚事了"。为了自己的解脱，他牺牲了"最谦卑、最娴静、最忠诚的女人"。1919年11月，卡夫卡写信给尤莉叶的妹妹说："是我有意毁了一种十分平静的生活，不过我并不惋惜。或者不如说，我对引起的痛苦非常难受，可我不知道换了别的方式我该怎么办。"几个月以后，他告诉密伦娜，为了结不结婚，娶不娶"一个可爱、善良、克己的姑娘"，他在秋天"经历了一番激烈的思想斗争"。为了这个着火的男子，尤莉叶先把自己点燃了。让我们同情这个"算得上天性迷人的"姑娘吧。

现在该拿尤莉叶怎么办？最好的结果是让她嫁"一个正派男人"。除非她同意在婚姻之外，订立一个"临时或永久"的"忠诚与挚爱"的条约。卡夫卡打算去慕尼黑，就邀她同去，因为她一直渴望"离开布拉格"。在一种受到保护的友谊里逐渐中断关系，以包扎"最好的、最单纯的女人所遭受的创伤"，这是他想出的馊主意，因为他陷入了变卦的陷阱。.

11月中旬，在放弃婚事之后，卡夫卡离开布拉格，重返舍莱森，来到他们相遇的地方。尤莉叶的身影在他心头浮现，她的欢笑在他耳边回响。对于这桩罪行，他要寻找一个罪人。如果不是他，那就是他父亲，就是那个根本瞧不起尤莉叶的赫尔曼·卡夫卡。在舍莱森住了十几天，他写出了著名的《致父亲的信》。他假装希望这封信能够使"他们两人生与死都更容易"。这封信并没有交到收信人手里，但是奥特拉读到了，这个指责就被人直接与卡夫卡和尤莉叶流产的婚姻尝试联系起来了。父亲出于社会地位的考虑，反对这门婚事，和同期不赞成奥特拉的婚事是一样的理由。弗兰茨从父亲的反对中看到了"额外的证据"，表明他的计划是站得住脚的。潜在的冲突上升到表面。在对父亲的阻碍所作的全面指责之中，积怨得到了总的爆发。不过作为指控人的卡夫卡是最可靠的吗？

父亲是个理想的靶子，因为他从来就被指定为要对一切负责的人："对我来说，你太强大了。"在游泳池里，"单薄、瘦小、虚弱的孩子"面对壮硕、高大、有力的父亲,已经觉得自己被"压扁"了,以至于"怀疑"起自己的身体来。他绝不可能长得和父亲一样壮实。说到他的性烦恼的根源,这里也许有一个迹象:他一直为自己的性无能而苦恼,他甚至在拿破仑身上发现了这个毛病,两人的毛病可作类比。这个毛病也许来自一种对照:在卫生间脱衣的时候,他瞥见了父亲的雄性象征。这种对照让卡夫卡产生了自己"性无能"的感觉。父亲粗暴的易怒的行为,大声骂人和恐吓人的习惯,喜欢讽刺别人让别人伤心,对家人员工态度"专横",凡此种种,都让孩子无法对他产生信任感。与父亲的力量相对的是儿子的虚弱。一方是权力与女人,另一方则是"逃避、苦涩和忧郁"。赫尔曼把主要心思都放在物质生活上面,在精神生活上面不可能优雅敏感,对于弗兰茨的文学或者朋友,显然只可能"憎恨"。从这里到儿子把恋爱上的困难归咎于他,只有一步路,而弗兰茨毫不犹豫地走出了这一步,把内心的苦恼都倾泻出来。

　　婚姻"是我一生最大的恐惧"。提到这个问题,卡夫卡得出这个结论:他未能结婚,过错全在于老爸。他在婚事上的"精神阳痿"来自家庭教育,来自家人反复灌输给他的"疑惑"。婚姻对他而言是禁区,因为这尤其是一个父亲的"领地",而父亲则让他相信自己是"无能为力的"。这是一个弗兰茨注定要失败的领地,尽管他"不论白天黑夜都渴望结婚"。所有的尝试都是徒劳的,预先就被禁止,父亲的轻蔑和"全面的"不理解堵死了这条路。

不久前卡夫卡与父亲的一次"简短交谈"就是证明。父亲侮辱起人来还是那么刻薄：在他看来，狡猾的尤莉叶要引诱他单纯的儿子，只要把迷人的短胸衣一穿，就能让儿子下决心娶她！七年前写作《判决》时，卡夫卡让那位父亲说出的就是同一番话，或者差不多同样的话。文学再一次走在了生活前面。赫尔曼把侮辱的利刃捅进儿子的身体："你是成年人了，住在一个都市里，随便见到一个女人就要娶，就没有别的办法了吗？真没有别的女人可以选择了？你要是怕做这种事，我陪你去。"儿子十六岁时，父亲对他说过相同的话，打消了他的热情：父亲当时劝胆小怕事的儿子"去做一件可以想象到的最肮脏的事情"。二十年以后，一切从头开始，父亲没有半点迟疑，说出了"最恶心的、最粗俗的、最可笑的"话。壮实的赫尔曼直截了当地说，有的是地方做这种事，用不着娶个郊区的小婊子。可是要做这种事，弗兰茨喜欢的恰恰是小婊子。

父亲也有苦要诉。看到儿子两次撕毁婚约，他内心十分难受。面对父亲的辩驳，弗兰茨的自辩有点站不住脚：菲莉斯或者尤莉叶虽然都是偶然遇上的，但是他的选择却"非常正确"。他大胆地写道，这是"理智的婚姻"，是"深思熟虑的结果"。诚然，两个年轻姑娘并不相似，但是选择尤莉叶"前景似乎要好得多"。后来他一字不差，把这番话重新对尤莉叶的妹妹说了一遍。这里说的前景，除了性生活方面可能更和谐，还有别的考量吗？与可怜的尤莉叶取消婚约，症结就在这里吗？父亲以其粗暴的方式，猜出了这个变故的眉目，尽管不知道事情的根本原因，也不知进行当中发生了什么变故。在卡夫卡以为朝着毁灭发展的时刻，尤莉叶却像一棵断绝了欲望的再生草，显出一张过得去的年轻姑娘的脸蛋。卡夫卡断言：不论是菲莉斯还是尤莉叶，都不曾让他"失望"，相反倒是"我对不住她们"。他让人把这种失望的压力带给父亲。赫尔曼或者走样的镜子。一个三十六岁的男子，困守在舍莱森的孤独之中，不知所措，只是无休无止地发出指控，就像是拿着身体连连撞壁，这样的指责，也真叫人奇怪，也许只是装装门面罢了。

11月底回到布拉格，卡夫卡继续与尤莉叶来往，整个冬季没断过。12月他们在植物园见了一面，回来后，卡夫卡在日记里记道："快乐与痛苦，无辜与犯罪感，就像两手紧紧握在一起，要将它们分开，只有切断肌肉，锯断骨头，斩断经脉。"三天后，他和尤莉叶冒着严寒，又在里格公园散了一次步。新的"诱惑"："这一切太沉重。"不管他做了什么，甚至朗诵了汉姆生的一部长篇小说，一道"黑浪"还是把他淹没。字里行间都显露出性的形式下面涌动的焦虑："又一次被拉去穿过那道狭长可怕、只可能在梦中战胜的缝隙。"

1920年的头几个星期，由于没有作品要写，也由于要把失望挡在一定距离之外，卡夫卡就在本子上写下了一系列片段，在这些简短的札记里，"我"隐退到"他"的后面。这是些忧伤的文字，没有直接提到尤莉叶，但是留心到这点的人，觉得自己被一切摒弃，"被排除在世界的节日之外"。退缩到他的"单人堡垒"，幽闭在"半夜三更的静寂"之中，经受着"一种缓慢的死亡"，被囚禁的人遭受着忧伤、虚弱、疾病和体内爆发的谵妄性欲念的折磨，得不到任何慰藉。他也不清楚自己真正要什么，只是反复思考着"损害"了现在的过去。甚至连监狱也没有，有的只是一只"笼子"。在那里面，他什么都可以干，"就是不能忘记自我"。刁钻的酷刑，那里面唯一的生存"考验"，就是生活障碍。

一段新的休假把他从这个地狱似的笼子里解放出来。1920年4月上旬，他动身前往阿尔卑斯山区南蒂罗尔梅拉诺[1]的一家疗养院疗养。两个月的时间里，有过具有决定意义的幕间插曲，尽管在与尤莉叶有关的事情上没有半点动静。即使他与尤莉叶还间或有接触，也没有留下任何痕迹。我们只知道5月底，疗养结束，尤莉叶的一封电报向他确认，她准备前往卡尔斯巴德与他相会。那是他归途中的一个站点。可是两人并没有见面，因为弗兰茨借口"身体有碍"，通过电话婉拒了尤莉叶的要求，其实是因为别处有人也在呼唤：在维也纳，他刚刚与一个姑娘开始了热烈的通信交往，此人正在等他。于是他把不肯给予尤莉叶的东西，给予了密伦娜。他在给这位姑娘的信中

---

[1] 此为意大利语地名，即德语中的"梅兰"（Meran）。

说:"我就是这样来与一个活人游戏的。"他并没有隐瞒这位"小姑娘"的存在。尤莉叶难道就不会起疑?在他们毁弃婚约之前不久,弗兰茨收到了密伦娜的头一封信,虽然把它拿给尤莉叶看了,可是维也纳与梅拉诺之间究竟策划了什么,尤莉叶是一无所知的。现在,他还可能与她在卡尔斯巴德见面吗?"我说也不是,不说也不是,或确切地说,我即使沉默也是在说话,因为我整个人就成了一个词。"这个词,这个名字,就是密伦娜。卡夫卡以他的方式为自己作辩解:先把忧愁抛开不提,密伦娜帮尤莉叶"摆脱了"弗兰茨,难道不是帮了她的"大忙"?剩下的事,就是"结清"一笔痛苦的情债,而且是"独自一人"。6月,在抵达维也纳之前,在一些语义含糊的便函里,卡夫卡让人好歹觉察了他与年轻姑娘的"真实情况"。他承认自己对尤莉叶"太严厉,该受谴责"。虽然"一切可能结束了",他却高兴不起来:"我可能对她造成了最严重的伤害。"他写信告诉奥特拉,请她去看望那个哀怨的小鞋帽工。

  7月初,他溜到维也纳玩了一趟,刚刚回到布拉格,尤莉叶就要求见面。在布拉格,他这回被逼到墙脚。一个"沉重的任务"在等他:讲清事情,中断来往。他去看了尤莉叶,并且把话说得"如此明确",以至于"这事无可商量",正如他对密伦娜说的那样:"我干的这行,可不是刽子手的活儿。"人家觉得他心里有了别人,责骂他,他却理解她的心情,一点不计较。新的爱情开始施加压力,他被迫挥刀斩断与尤莉叶的旧情。尤莉叶虽然非常沮丧，却并没有"从中作梗"。她没有做声，更没有指责弗兰茨，因为她已经悟出自己未战先输。面对她的"无比失望"，弗兰茨有点惊慌，赶忙向密伦娜求救："她要是弄出什么意外，就得请您出面来收拾了。"他担心鞋帽女工的状态，逼迫自己连着几个下午去看望她，一谈就是好久。那是些紧张的时刻，他在那时试着"控制自己"，可是枉然。在小广场上，尤莉叶挨着他，"浑身久久地颤抖"，他则不知如何是好，只是一遍又一遍地说，他和密伦娜"没有什么事情"。这真是痛苦的一幕，说出来"让人难受"。鞋帽女工说："我没法动身。不过如果你要赶我，那我也只好走。你赶我走吗？"他回答道："对。"她又说："就是这样，我也走不了。"弗兰茨"无以应对"。她求他，终于让他答应第二天再去看她。当"可怜的亲爱的人儿"鼓起勇气，清空自己的内心时，一腔怨忿从她心里倾泻而出，好在她没有冒险诽谤密伦娜，要不然，弗兰茨说不定会"揍"她一顿。他已经恼羞成怒，而尤莉叶虽然不知所措，却不明白，既然她喜欢的人可以做别人的丈夫，那她又为何不能把弗兰茨据为己有呢？可怜的鞋帽女工，还是太单纯。

尤莉叶的情绪渐渐平息下来，这时他就吩咐她给密伦娜写信。他马上把这件事通知密伦娜，并且唆使她"友好然而严肃"地回复。尤莉叶对这事怎么看呢？弗兰茨担心她"中途变卦"，希望赶在她寄信之前再找她谈谈。可是为时已晚，她已经把信扔进了邮箱，得跑到邮局去把它要回来。由于害怕，她把身上的钱都给了邮局职员，以换取他的服务。最后，这封信是由弗兰茨转交的，虽然他说他没有读过，而且在这么折腾一番之后，"心情稍有些沉重"。这件事再次表明书信在他的爱情战役里的核心位置。

从此，弗兰茨避而不见尤莉叶，连7月中旬的最后一次约会也放弃了。尽管"情深义厚"，却没法跟她言说，他只好给她寄去一封短信。对此，尤莉叶回了一封"慈爱的充满教训的"信。弗兰茨把信转给密伦娜，让她看看尤莉叶是怎样"不失明智"地抛弃他的。"我不会回信了。"他最后说。次日，尤莉叶给他寄来密伦娜的回复，她只用铅笔标出重点，却没有作别的评论。"看来，她并不高兴。"弗兰茨在日记里写道，认为那封信写得很笨拙。这话也有道理，因为弗兰茨从没有跟她说起过尤莉叶，密伦娜肯定地说。尤莉叶或者僭越者。一次让他不满的退缩："我的过错，您就不愿分担一点？"他悄悄地对密伦娜说，后悔引出了这么一番毫无益处且伤人的书信往来。最后的信号：他把引起争议的信寄回给虚假的陌生女人，并附上"几行亲切友好的话"。大幕落下，遮住了尤莉叶。他没有勇气再见她，"只希望万事皆顺"。这几句稍嫌卑劣的话说完，他们的故事就结束了。卡夫卡终于完全属于密伦娜了。

然而我们还是猜得出，这位鞋帽女工的日子过得并不轻松。过了一段时间（日期无法确定），她进了瓦莱斯拉维精神病院治病，从此失去了踪影。尽管卡夫卡有过错，而且他也是第一个意识到自己有错,但是把尤莉叶的失踪归罪于他却是不妥的。一些传记作家暗示,甚至在与卡夫卡相遇之前,这位被抛弃的姑娘精神就已经很脆弱。除了喟叹命运对这个如此爱笑的姑娘委实不公,我们还能说什么呢?第一个未婚夫死了,第二个又那么复杂,把她抛弃了。即使尤莉叶如人所言,确实疯了,那她也首先是个疯狂地爱笑,热爱生活与爱情的年轻姑娘。

也许真正的疯狂在别处——在与尤莉叶来往期间,卡夫卡一直没给她写信。与这方面的懒散相应的,还有另一方面的懒散,那就是写作。"一个作家不写东西,"两年后他对马克斯·勃罗德说,"不仅荒谬,而且会引起疯狂。"如果不写东西有可能引起疯狂,那么就可以认为尤莉叶是替他疯狂的,把打击转到了自己身上。巨大的危险从卡夫卡身边擦过,她却成了赎罪的牺牲品。作为令他荒废写作的不幸面孔,她成了被遗弃在荒漠上的姑娘。在那些与卡夫卡相遇在人生道路上的姑娘之中,她并不曾享有激发和唤醒写作的特权。或者换一种说法,卡夫卡之所以在尤莉叶面前自觉有罪,不仅是因为没有从她身上提取这种力量,而且根本不曾预计她有这种力量。相反,在他的生死关头,他认为在她身上看到了自己的失败,因而把她拖进了不祥的死胡同。年轻姑娘素来容易误入歧途,成为不幸的伴侣。有一刻,他动摇了,几乎准备向这个温柔女妖屈服。就在这时,天边忽然出现了披着文学光环的密伦娜,于是他蓦然奋起,抖擞精神,当然,做到这点,不无残酷。

没有密伦娜的痛苦,就不会有《城堡》。
这部作品是密伦娜的光荣。
她的美貌被白雪包裹。
卡夫卡亦用这块圣洁的裹尸布包裹了自己的爱情。

第十三章 在天使的注视下

在所有与卡夫卡有联系的名字里,密伦娜是最耀眼的一个。在卡夫卡经历的恋情中,与密伦娜的恋情是最狂热、最有杀伤力的,它折磨卡夫卡,最终把他毁灭。这个名字就像一个信号:在捷克语中,密伦娜的意思是"恋爱的女人"或者"被爱的女人"。接近过她的人,也是这样来描绘她的。他们把她描写成一个全身心奉献给爱的多情女子。起初,卡夫卡并不喜欢这个名字,因为这让他想到了一个"在波希米亚迷失落脚的希腊人或者罗马人",可是捷克语这三个音节的悦耳发音占了上风。"密伦娜,多么美妙,多么响亮!那样圆润饱满,那样韵味悠长,简直叫人没法呼喊!"他在给她的信里说。"它神奇地具有颜色和形状,就像一个女人,抱在怀里的女人,从世界上,或者从大火里抢过来的女人,她温驯地信任地依偎在你怀里。"唯有滑溜的重音"l"让他一怔,好像预感到她会从他手里滑脱。通过赞美她的名字,卡夫卡提前开始了和她的故事,并且沉迷于一个梦想。后来,美梦破灭,化作失望。

密伦娜温驯吗?肯定不温驯。不过还像个女人,而且是完整意义上的女人,甚至已经是已婚女人。不过卡夫卡急忙否认道:"对我来说,你不是妇人,还是个年轻姑娘。我还从未见过有你这么少女味重的姑娘。"对"少女味"这种事,卡夫卡是不会弄错的,他面前这个二十四岁的少妇依然保留了少女式的激情。

密伦娜十三岁时就已经不是那种规矩的少女了,在伏尔塔瓦河边拍的一张照片表明了这点。她穿一身条纹套装，衣服上了衬肩，扣了扣子，长裙起褶，垂及脚踝，足蹬一双系带的靴子，服帖的头发上罩顶贝雷帽，戴手套的手撑把雨伞，望着滚滚流去的河水，在想什么心事呢？她已经不是少女的身材了。1909年，久病在床、一直由她照料的母亲撒手人寰，把她交给了自己。于是，突然一下，她的生活就变得丰富起来。父亲是个著名的外科医生，他的警告却拦阻不住女儿对生活的狂热。她住在布拉格市中心，当她还是密涅瓦中学的调皮学生时，卡夫卡也许在那里遇见过她。那个中学是该城培养女性人才的苗圃。密伦娜在那里已经罩上了一圈天不怕地不怕的光环，和好友斯塔莎、雅尔米拉结成了一个三人帮。作为一个富有而不幸、不服管教的少女，密伦娜并不仅仅陶醉于汉姆生和陀思妥耶夫斯基的作品，或是油画和音乐。十四岁时，她去医院探望父亲的一个朋友，把初吻给了躺在病床上的他。她做了种种冒险之事，夜里在墓地行走，在可疑的旅馆开房间，追逐着那里的幻影。中学毕业后，她进了医学院，可是对音乐学院更加向往。她最喜欢光顾的地方是阿尔戈咖啡馆，因为那是文人骚客聚会的场所，要不就去为画家做模特。她与几个朋友形影不离放浪无羁的做派引起别人注意，尤其是她手里攥着滚烫的热钱。她渴望体验生活，就从父亲的诊所偷了一些可卡因。吸毒、同性恋、堕胎，在二十世纪初像外省一样封闭的布拉格，这种放荡行为自然非常扎眼。密伦娜热情地投入这股旋流，就如同一听到爱情的召唤，马上跳入水里，和衣渡过伏尔塔瓦河一样果断。堕落的孩子过着苦涩而醉人的动荡生活。"我从未想过自己会活到十六岁，"她后来说，"能够活到今天，是发生了什么奇迹呢？"

她十八岁那年，有天晚上去听音乐会，遇到了恩斯特·波拉克。这个银行职员比她大十岁，是个不知改悔的情场老手，善于引诱女人，思想不俗，颇受马克斯·勃罗德赏识。波拉克喜欢去阿尔戈咖啡馆与那帮放荡不羁的知识分子厮混，卡夫卡就是在那里认识他的。在那些常客中间，他甚至是卡夫卡"最尊重"的一个。经常有电话打过来找他，这点给卡夫卡留下了深刻印象。看到女儿竟与"一个咖啡馆文人"、一个"德国犹太人"来往，密伦娜的父亲不禁大发雷霆，把她关进了医院。卡夫卡没有想到，在密伦娜的父亲眼里，自己竟然也"像个黑奴"一样低贱。密伦娜小的时候，父亲的粗暴让她恐惧，可是现在都二十岁了，还受到这么粗暴的对待，姑娘内心自然不服，要反抗这位怪异、严格而又世俗的父亲。"一个典型的专制者"，卡夫卡在把他与自己的父亲作对比时这样认为。他不免要把那封著名的《致父亲的信》拿给她看。密伦娜在瓦莱斯拉维精神病院住了九个月，直到成年才出来。不久，尤莉叶也进了那家医疗机构。然而，密伦娜的热情冲出了高墙，她在里面梦游，梦见自己逃出了精神病院，跑向波拉克，并用从公园里偷摘的鲜花堆满他一身。1918年出院后，她嫁给了波拉克，与父亲断绝了一切关系，在维也纳选择了一套带家具出租的房子作为临时居所。接下来，她就为爱情作了自由的最初尝试。朋友们认为她的爱情可与《红与黑》中的玛蒂尔德或者《帕尔马修道院》里的桑塞维里纳公爵夫人相比，她的蓝眼睛透出了不可遏制的爱情力量。她埃及雕像般的面孔下面隐藏着热情，对一种错误的情趣过分看重。不过她也崇尚友谊，如果有谁想找地方临时住一段时间，她就会努力把用大量鲜花装饰的房间腾出来。

那几年正是维也纳战后的艰难岁月。密伦娜说："想来干点事情的人，都被那片沼泽杀死了。"为了生存，她给人教捷克语。赫尔曼·布洛赫就是她的学生之一。甚至她不惜损坏身体，到火车站给人挑行李。而波拉克则比任何时候更加朝三暮四。密伦娜还给布拉格的报纸写专栏，做翻译。1920年，她把卡夫卡的《司炉》翻译成了捷克文，由此开始了两人的通信。头一年，她曾经在阿尔戈咖啡馆接近作者，可是卡夫卡记不起她的面孔"任何特别的细节"："只记得您要动身之际，从桌子边走过时的身影和衣服。"他给她写信，提起那次"短暂而无言的会面"。那是此前他们唯一的单独相会，一次需要书信来证明确实发生过的相会。读着密伦娜的来信，卡夫卡终于"更清楚地想起她了"。"您的身体和双手的动作是那么具有活力，那么果断，这几乎就是身体的相遇。可是当我抬起眼睛，想看看您的面孔，信纸上就亮出一团光焰（多么神奇的事情！），我就只看见这团火了。"

1920年4月底，卡夫卡收到密伦娜的译稿，一打开信封，就"觉得几乎大失所望"："我想听到您的声音，而不是这种从古老坟墓里发出的为我们所过于熟悉的声音。"不过他还是肯定她的译笔"忠实"，"行文流畅"。他说提不出什么意见，因为这个短篇写得很糟，重读起来非常沉闷，可是她却把这样一篇东西译得这么漂亮，让他觉得"惊奇"。这篇译文只是让他们接近的一个借口，是两人走出的头一步，他根本就不想在这些横亘在两人之间的稿纸上耽搁时间。从密伦娜那里，他指望得到更多的表示。他的作品头一回成了一个女人主动接触的起点。大有希望的反响，他急于改变生活的心心相印、互相默契的信号。这样的诱惑他如何抵挡得住？机器立即开始发动。卡夫卡从未感受过这样的亲近。密伦娜简直像翻墙撬锁，潜入了他内心堡垒的心脏地带。这种乱来一气的做法既是机会也是危险。密伦娜的地位含糊不清，原因就在这里。如果作家的真实面孔体现在他的作品里，而密伦娜凭着敏锐的直觉，真的看到了，并且一字不差地辨读了出来，那么，在她面前，他就是赤身裸体、毫无遮掩的。她钦佩作家，不知是通过什么途径（是通过波拉克？）弄到他的作品的。她打算爱上与作品浑然一体的作家本人吗？有个朋友询问她刚刚发现的这位作者的情况，她回答说，他很英俊。卡夫卡不久读到了密伦娜发表在布拉格报纸上的文章，称赞她才华横溢："这可不是随便什么人写得出来的散文。"他们趣味相投。卡夫卡写信告诉她："我现在对您的文笔和为人差不多同样信任。"他把一种"先知的智慧"记到她的名下。

从1920年4月初起,卡夫卡就来到阿尔卑斯山区的南蒂罗尔,住进了梅拉诺的一家膳宿公寓。他就是从那里的阳台上开始给"密伦娜太太"写信的。或者更确切地说,是将动身前在布拉格写好投邮却没有收到回复的第一封信再次投寄。他又得到一次休假,但是厌恶了疗养院的治疗,只希望享受"和暖的阳光,清新的空气,宜人的田园,素淡的食品"。来到梅拉诺以后,他在大旅馆的豪华、自由与小公寓的熟悉、方便之间犹豫不决。他对奥特拉说,是去"家庭小酒吧",还是"公共大酒吧",他委实拿不定主意。在那些大酒吧,套餐巾的小圆环标出了年老的贵妇和退休老将军的位置。他们鼓着眼睛注视你,那目光简直可以把你吃掉。纯粹是出于"偶然",他来到"出色的"奥托堡膳宿公寓,人家在这里为他单开一桌。卧房阳台对着鲜花盛开的花园,鸟儿和蜥蜴与他做伴。他此行的目的,是增加点体重,"尽可能减轻症状"。在那里,尽管受到"平常那些魔鬼的纠缠",他对马克斯·勃罗德说他还是过得"很好"。也许,知道密伦娜在天边,刺激了利比多的恢复呢?后来,在需要作忏悔的时候,他向密伦娜承认,他在梅拉诺"白天黑夜"都在想着怎样"占有"收拾房间的女佣,"甚至还有更坏的念头"。不过,当一个"很乐意的"姑娘落入他的怀抱时,他在写给密伦娜的一段话里说,他却假装惊讶:"我不得不把她的话翻成我的语言,才明白她的意思。""三个小朋友"和他在江边玩耍,其中最大的一个才五岁,可是对他却并不友好。她们先是把他推到水里玩,然后又扔下他不再理睬。"几个小女孩或是出于理智,或是出于预感,想把我从河岸上抛下水,也没有特殊理由,可能是觉得我没有用处吧。"

他的"死对头"——失眠重新开始折磨他,原因就是"我与维也纳的通信"。医生让他喝缬草汤,说能熄灭被密伦娜点燃的心火。其实这是不管用的,"她本身就是一团烈火"。卡夫卡对马克斯·勃罗德说:"像她那样热情的女人,我还没有见过。"而卡夫卡以自己的方式拨旺了烈火——他写了一批又一批信,"一个失去理智的写信狂"。通信时间持续了七个月。通信才刚刚开始,就把一切都打乱了:"我的世界坍塌了,然后又建起来。"一些信没有日期(最常见的是只写个日子),似乎这段恋情,似乎所有真正的恋情都是被时间遗忘的。这些信大部分没有签名,寄往维也纳留局待领,领信人是某个名叫克拉默的人。密伦娜是有夫之妇,这个障碍像铠甲一样保护她,也使他免去许多麻烦。没有任何东西阻止他给密伦娜写情书,可是他并不知道密伦娜与波拉克已经分手,以为是她不许自己这样做。一个想象中的密伦娜,尽管相距遥远,也足以填满他的日日夜夜。他给维也纳"真正的密伦娜"写信,而另一个密伦娜,"比维也纳那个还要真的"密伦娜,他不倦地念着她的来信的密伦娜,就和他一起在梅拉诺,"在卧室里,在阳台上,在云中"。在他"那些文字周围，在你眼睛的光芒和嘴巴的气息里闲逛，就像在一个灿烂的日子里闲逛的时候"，或者沉湎于他最喜欢的习惯：把书信带在身上，从口袋里掏出来，放在桌上，又收回口袋时，书信的魔力取代了一切。阅读，再读，嗅闻，触摸，总之把那些信拿在手里"把玩"："我要是说想念你们，那是撒谎。"由于密伦娜在这些纸上的幸福前闹情绪，卡夫卡就恳求她说："不要说两个钟头的生命胜过两页书信。"越"可怜"，书写就越"清楚"。他把那些信熟记在心，因为它们来自他"生命中最美好的地方"。不久他就对密伦娜说，只要她再读一读她那些来信，就会在里面发现"一大堆问题"，或者被他风趣地称作"女子寄宿学校"的东西。

卡夫卡与菲莉斯交往五年，写的书信像长篇小说一样磨人。现在卡夫卡不再写那种书信，而是开始了一种敞开心扉的交流。一些生气勃勃、言浅意深的书信，是他写得最美的东西。在他的私密作品中，这些书信可能是自我披露最多的文字。因为他知道密伦娜了解自己，跟她说话，就比跟别人说话要"自由一些"。正是对密伦娜，他说出了与一个商场售货员共度初夜的隐情，甚至提到了如同烧红的烙铁般在他身体上留下记号的"小脏病"。他可以进入这样一种交流吗？密伦娜在当时一个专栏里似乎附和了卡夫卡对阅读作家书信集的特殊爱好："我们有权这样做，因为我们没有那样聪明，光读作品就足以相信和理解作家。因为我们一如圣多马[1]，需要触摸伤口，才相信它确实存在，而且很深。"不过这并不妨碍她要求马克斯·勃罗德在卡夫卡去世后毁掉她那些书信。因此，在那些书信里，我们再次只听到后者唯一的声音。那是一种狂乱的声音，因为听到回音是让人惊讶的事情，"尤其是现在，尤其是在这么迟的时候"。

卡夫卡觉得自己配不上密伦娜，配不上她所代表的这份难以接受的礼物。一开始，他就把自己的成绩与陀思妥耶夫斯基最初的文学成就放在一起，暗暗地进行比较。他用自己的方式渲染故事，给密伦娜讲述道，有一夜，照那位俄罗斯小说家的说法，有个他"一生中最美丽的一夜"，著名批评家涅克拉索夫读完《穷人》的手稿，凌晨三点赶到年轻作家屋里，去拥抱他，向他表示自己的热烈祝贺。他们一直聊到天明。当陀思妥耶夫斯基俯在窗口，看着涅克拉索夫远去的身影时，他不禁哭了起来：对他这样一个"卑微的"角色，人家怎么表现得那样高尚，那样善良呢？在卡夫卡看来，这个"焊接不上"的故事"包含了很多道理"。现在，该密伦娜去体会字里行间的意思了：他怎么敢向她要求恩惠呢？如果她了解他，如果她站在他的立场上想一想，误会就立即会冰消瓦解。可是她翻译的书信文章遮住了"他的双眼"："密伦娜，我不单纯了，变得非常邪恶。这也是我大谈特谈纯洁的原因。"三个月后，他在给她的信里说：

---

[1] 见《约翰福音》第二十章第二十节至第二十八节使徒多马对基督复活的验证。

"处在地狱最深处的人，比谁都纯洁。"难道她不是急于想知道"实情"，才邀请他上维也纳来的吗？卡夫卡觉得恐惧：如果密伦娜看到这个"瘦长的家伙"像幽灵一样不声不响地出现在她门口，一定会目瞪口呆，花容失色。

卡夫卡在书信里总是提到陀思妥耶夫斯基，现在把他们的相遇置于这位俄罗斯作家的影响之下，卡夫卡就觉得预示了他们爱情的前景，并且迫使自己扮演《白痴》里那位公爵的角色：密伦娜处在波拉克与卡夫卡之间，就像那个娜斯塔霞处在罗果仁与梅诗金之间一样。借用卡夫卡的说法，这是不幸的"三重奏"。他说，他并没有背叛波拉克，因为他们并非朋友，而且他与密伦娜的关系处在"另一个层面"。不过他觉得自己与波拉克"紧密"相连，"在许多事情上，两人的关系也许超过朋友"。那是"生死相关的"事情。当波拉克－罗果仁威胁着要扼杀这个假想的情敌时，这位情敌"委实不明白"发生了什么事情。这就是说，小说暗中的暴力得以形成，并且纠缠住卡夫卡不放，一直缠到梦里。他在夏天写给密伦娜的信里说："昨夜我为您杀了人。"似乎一开始，他就通过从陀思妥耶夫斯基那里借来的光亮，看到密伦娜在宣告他的失败："一个男子躺在灵床上。周围一片狼藉，充满臭气。现在死亡天使，即最光荣的天使来到他身边，注视着他。"从此，卡夫卡就在天使的注视之下，只要天使转身走开，他就完了。过了三个月，幻觉消失，他对密伦娜说："我是靠您的目光才活下来的。"

眼下，卡夫卡发现自己走在一条"非常危险的"道路上。这时是5月底，密伦娜来信提议，在离开梅拉诺时从维也纳经过。这个邀请让他恐惧。他说，密伦娜用一种有力地深入他的心底与大脑的声音"召唤"，他的第一反应就是后退："我不愿意，我不愿意（帮帮我，密伦娜，理解我没说出来的话），我不愿意（这可不是结巴），我不愿意上维也纳，因为这是我经受不起的道德力量。"他用几次订婚相继流产的状态来解释自己为什么躲闪，把两度与菲莉斯断情的事情告诉密伦娜，与尤莉叶"仍在来往"的情况也不瞒她，虽然"并无希望"。这下他被逼到墙脚，一想到要用别人的不幸来获取幸福，身体就发生了强直性痉挛，"就无法去"维也纳与密伦娜相会，也不能去卡尔斯巴德探望尤莉叶。不如逃到随便什么地方去吧。犹豫之间，他就把离开梅拉诺的时间推迟了。如果过半个月，密伦娜还是"这么强烈地"要求他去相会，那时再去维也纳不迟，虽说他认为放弃这次见面对两人都有好处。难道写信还不足以使他们在一种"美妙的境界相会"？"即使我永远见不到您，您也是我身上的一部分。"何必要冒险来破坏这完美的联系呢？难道她不清楚卡夫卡有病在身，是一个"在人世间熬了三十八年的犹太人"？犹太人总是"备尝艰辛"，一岁抵得上两岁。在"二十四岁的基督徒"密伦娜的"清新""娇艳"面前，越发反衬出他的"衰弱"和"焦虑"。老迈的男人与美丽的女孩——有一天他甚至大胆地称她为"我的娃娃"！还有一点也让卡夫卡担心——波拉克的态度。马克斯·勃罗德不久前告诉他，密伦娜在布拉格的女友雅尔米拉的丈夫自杀了，因为受不了妻子与别人的"柏拉图之爱"。卡夫卡提醒密伦娜："我们遭受着同一个魔鬼的折磨。"尽管几星期后，他否认这个"可怕故事"对他们有任何影响。然而这段"伴奏音"是个不祥的信号，也许促使他暗示密伦娜远离波拉克"一段时间"。为此，他答应向她提供金钱支持，并肯定地说，她无论决定去什么地方，他都不会在那里露面。

可是人家是在维也纳等他。去，还是不去？直到最后一刻，卡夫卡还在犹豫。他仔细观察城市的平面图，在上面标出密伦娜的房间。夜里总在做噩梦，梦见的都是维也纳的事情，不是地址出错，就是见面不成。6月底，他向密伦娜宣布动身的消息。几天之前，密伦娜在信里已经用"你"来称呼他。但愿她没有弄错："此行绝非玩笑。"卡夫卡孤注一掷。

6月29日，星期二，上午十点，维也纳。卡夫卡坐在火车南站附近的一家咖啡馆里，面前摆着一杯巧克力咖啡，匆匆忙忙写几句话，通知密伦娜自己的到来。他在里瓦旅馆下榻——一个带着幸福的名字。那里离车站也不远。他已经看出来，在那家旅馆不可能睡着觉。两人约好次日见面："周三上午十点，我在旅馆门前等你。"他请她不要从后面或者侧面过来，那样会吓他一跳。他给自己放了一天假，好从旅途的疲劳中恢复过来。不过这也是推迟惧怕时刻，让自己慢慢适应的办法。他无所事事地在周围闲逛，顺便到邮局，然后到去得最勤的地方看了看，甚至一直走到了密伦娜居住的勒桑菲尔德大街。悄悄地走近，想看看她，又不让她发现。在窗帘掀起之前的最后一次闪避。

从星期三到星期六，他们一起过了四天。唯一幸福的四天。卡夫卡后来是这样形容这四天的："头一天犹豫不决，第二天主意已定，第三天感到后悔，第四天幸福圆满。"在那个令人难忘的星期六，他穿着白衬衣，跟着密伦娜到维也纳的高地观光，焦虑的心结忽然一下就放松了，疾病也被他抛进了忘川。当然密伦娜也不知道他的病情有多么严重。她对马克斯·勃罗德讲述说："他走了一整天，没有咳一声。吃起来狼吞虎咽，睡下去雷打不醒。"甚至"恐惧"也消失了，或至少放松了对他的压迫。在山丘上，树脚下，他们躺在地上晒太阳，那真是美妙的一刻。密伦娜袒露出一只肩膀。他回忆说，先是右边那只，润洁的皮肤，鲜朗的肌肉，令他心醉神迷，难以忘怀："在森林里，你的脸一下翻到我的脸上面，一下又被我的脸压在下面，我还把头枕在你几乎赤裸的胸脯上。"这种爱抚打闹可能就是他们最亲密的接触了。一个月以后，卡夫卡向密伦娜重新提起这美妙的时刻，同意她说的"我们已经融为一体"。四天之中，密伦娜成功地驯服了卡夫卡的恐惧，让他把恐惧"放在一边"。正如六个月以后，她在分析卡夫卡的症状时对勃罗德说的，这种恐惧与"生活无耻的人有关,与过于裸露看了受不了的肉体有关"。他只要直视密伦娜的眼睛,就足以驱除恐惧。既然如此,在她看来,事情变得"简单又明白"。

不过,在林中草地这张"床铺"和真正的床铺之间,也就是白天与晚上之间,"有个深渊"——卡夫卡说,"有个我无法跨越的雷池。之所以无法跨越,也许是因为我不愿意"。在森林里,密伦娜的肉体沐浴在满世界的光明里,喜爱它,也就是拥抱整个世界;而在"床上的半个钟头里"——密伦娜有一天"轻蔑地"在一封信里提到这事,好像这是一件与"雄起"有关的事情——"却意味着一种特别艰巨的考验"。在维也纳会面的几个星期之后,又冒出了另一次也许更难躲过的见面之可能性。卡夫卡在密伦娜面前表白:"在白昼世界与床上的半个钟头"之间,隔着的是一条鸿沟,一个深渊,他无法跨越。深渊那边,就是属于黑夜的事情,"而这边是尘世,我占有着它"。现在,为了跳过去,"跳入黑夜之中",就得放弃他已经占有了的白昼的世界。那么,何必要冒这么大的危险,去做那惊人的一跳呢?"为了一场靠春药刺激、像变戏法一般的情事,为了靠点金石、炼金术和魔法指环煽起的激情?"卡夫卡说,"我对此害怕极了。"

在自己的拒绝中,卡夫卡从未发现自己竟是如此惧怕性事:"竟想通过魔术在一个夜晚抓住它,急不可耐地、气喘吁吁地、困惑而迷乱地抓住它,用魔术抓住白天暴露在众目睽睽之下的东西！"卡夫卡的反常秘密在这里露出了苗头。既然写作也属于夜间世界，为什么要提防性事，却又全身心在写作里冒险呢？这是个没有答案的问题。写作是孤立的条约，其疆域是死的；爱情的条约则要求情人一同毁灭，以德国小说家克莱斯特的方式，或者一同沉沦于邪恶之中，以相互制约。有可能以另一种危险来增加写作的危险，因为它可能掏空作品的养分，并且使之迷失方向。这个对手会把作品，以及与作品同在的作家打到死亡的地步。因此他更希望能靠爱情的神经冲动，来刺激写作。与密伦娜在一起，他用不着隐瞒自己的目的，因为她和任何别的"年轻姑娘"一样，是主动进入他的文学的。不过她对于卡夫卡身上那个魔鬼的部分并不陌生，可能还是同谋。她的爱并不与文学相克相碍，而是与文学相辅相成。至少这是卡夫卡的美梦，是他最疯狂最难把持的赌博：想在密伦娜身上否定女人的一面，却又做不到，他便朝最大的失望跌落。

这个女人在情感上的矛盾一方面让卡夫卡安心，另一方面卡夫卡又知道，她更迫切地期待他回应那种少女式的调情："我喜欢握着你的手，喜欢盯着你的眼睛，就这些。"因此，在她身边，他既极为不安，又"极为安宁"，既"非常自由"，又"非常拘谨"。他对密伦娜说，这就是"他明白这点后，放弃其他生活"的原因。他悬吊在一根细丝上，脚下是一直张开的陷阱，而恐惧随时可能一口把他吞下。密伦娜虽然精明强干，很快让他安下心来，却并未赢得胜利，甚至她还陪着小心，生怕在维也纳头次见面时碰撞他。她对勃罗德说,有人提醒过她,因此她"还没认识他本人,就已经知道他惧怕什么了"。卡夫卡说,"我的恐惧就是我的自我,就是我最好的东西",因此它是"值得被爱的"。如果密伦娜爱他,那就是爱他的恐惧:"我身上能够被你喜欢的,也许就这一点。"他希望这种恐惧不但不会成为障碍,反而会成为他们爱情的重力中心。他对密伦娜的信任达到这个地步,竟要让她进入自己的恐惧,好帮助自己将它克服。"你的信,写得最好的,就是那些分析我的恐惧有其理由,但是又努力解释为什么我不应该恐惧的信。"在这种双重压力,也就是恐惧和安宁的压力之下,他第一次看到了一个机会,一份希望——他并不是孤身一人。密伦娜的目光在搀扶他,不让他摔倒。"直视我的眼睛。"他恳求她。在密伦娜的眼睛里,卡夫卡是赤裸的;在这双眼睛里,他的赤裸是有益的。

在维也纳,时间过得那么快,"我们的身体刚刚亲密接触,忽然一下就要分开了"。7月4日,星期日,卡夫卡动身回布拉格。密伦娜起了个大早,把他送到火车站。她穿着一身漂亮的连衣裙,脑子里却在胡思乱想,好像"天空垮了下来"。在月台诀别之际,卡夫卡看到"天上虽无云,太阳却黯然失色"。火车还没开,密伦娜就先走了。似乎是为了追赶她的身影,卡夫卡跑去买了一张报纸。

因为护照问题,他在边境遇到一些麻烦。一回到布拉格,卡夫卡就给密伦娜寄去一封又一封信——星期天晚上就寄了三封——并且编上号,免得寄失。他回办公室上班,可是除了给密伦娜写信,倒在扶手椅上,看窗外的街景,又能干什么呢?他的心还留在他们"共同的森林""共同的郊区"。晚上,在妹妹艾莉留给他的公寓套房里,"一双浅蓝色的眼睛"照亮了他的孤独,使他依稀回到了维也纳那几天的秘境。"一种说不清道不明的优雅使那双眼睛炯炯有神。"他给密伦娜写信说:"如果人有可能因为幸福而死,那我可能就会这样。如果因为幸福,一个注定要死的人能够活下来,那我也就能活下去。"为密伦娜而陶醉,卡夫卡从未体验过这样的幸福。密伦娜将激发这种感觉,尽管过了维也纳这个至高顶点之后,开始了不可避免的坠落。卡夫卡虽然又落到乱糟糟的凡尘,但一心还是想着密伦娜。除了密伦娜,其他人都已形同路人。他说,这"不公平",因为牺牲了尤莉叶。他一回到布拉格,就着手与尤莉叶断绝关系。

密伦娜不在眼前,卡夫卡要怎样打发时间?他在两人共同的朋友家里逗留,只是想在谈话时多听一次她那可爱的名字。一个星期日,他去多年未去的阿尔戈咖啡馆,希望见到某个认识密伦娜的人。与别人谈论她,又不暴露自己的身份,这是处在思念中的恋人的"宝贵快乐"。

平时,他是那样渴望得到照片,可是现在能够安慰他的,不是照片这些"取之不尽用之不竭的东西"。从维也纳回来后,他收到密伦娜寄来的两张照片,可是并不感到满足。第一张,是她少年时与女友雅尔米拉的合影。卡夫卡在信末附言一个简单的感谢，欢迎这张照片的到来。然而，照片上的她还是个"注意仪表，出类拔萃，身子娇弱，不久就要从寄宿学校毕业的小女孩"。这张双人照让卡夫卡感到很满意，可惜的是雅尔米拉占的位置太多了点。他说，"她可不像你"，用一句话就排斥了这个女人不祥的存在，因为他并没有忘记，雅尔米拉的丈夫是自杀身亡的。另一张照片日期更近，虽然有点模糊，"说不上是最好"，但也算"不错的了"。卡夫卡看着照片，"心怦怦直跳，眼泪都流出来了"，因为密伦娜痛苦的面容让他怜悯。凝视照片这种酷刑他"一天要受上百次"。"你饿得要死，而我这里却有钱在睡觉。"他注视着密伦娜的病态愁容以及让她的眼睛显得凹陷的黑眼圈叹息道。就这样两张让人失望的照片，让卡夫卡意识到还没有得到密伦娜"真正的照片"。她坚持说自己只有这些，他却不肯改变主意。他渴望见到另一个密伦娜，与他见过和梦见的密伦娜不同，一个给他打开写作之路的阳光少女。而这两张照片是不合他的梦想的，不可能给予他写作的力量。卡夫卡给密伦娜写信说："不知被什么痛苦或者爱情的浪潮裹住、带走，以至于写不出东西。"与密伦娜来往，照片就不重要了。她本人就携带了一些凶兆，似乎在这两张照片上，有一个第三者插在他们中间。在头一张照片上，是雅尔米拉；在第二张上，是与密伦娜惊人相似的"一个神秘朋友"。他等着哪天再跟她谈谈这个朋友。其实他这是在隐射奥斯卡·波拉克，密伦娜儿时的朋友，后来死于战争。密伦娜经常提起他，尤其是因为他与密伦娜的丈夫同姓，这些都只可能让卡夫卡烦恼。总之，最好还是把这两张照片推开，因为它们揭示了太多的幽灵，同时在密伦娜与雅尔米拉的关系上，在他本人与奥斯卡的关系上，都隐隐现出一种混乱的感情。他更愿意把这段感情埋掉。

密伦娜的女友们的小诡计，现在更难摆脱了。他觉得她们是在从中搞破坏，让她离开自己。在维也纳，密伦娜在一种可怕的矛盾中挣扎：一方面渴望回布拉格，一方面又下不了决心离开波拉克。如果卡夫卡把这场"残酷的战争"看作是自己的事情，就不会向她施加任何压力，因为他"并不嫉妒"波拉克。有一段时间他甚至打算给波拉克写信。还是由密伦娜来作决定吧："我不会再和你丈夫打仗来征服你。战争只会在你心里进行。"作为一个普通的陪衬，他甘愿只做"大房子角落"里的一只老鼠。这种放弃意味着在他们这个"三重奏"内部，重新分配了角色。他把身体的占有留给丈夫。密伦娜不知所措，只好向她在布拉格的朋友斯塔莎与雅尔米拉求救。卡夫卡在他这边与她们见了面。这些来来往往把局面搞得更加复杂了。这些"其他人"，"不管是极其聪明，还是像畜生一样愚蠢，不管是极其善良，还是生性残忍"，都免不了要帮她出谋划策。卡夫卡要密伦娜提防这些人的馊主意，可是纯属徒劳。在密伦娜与斯塔莎之间，他觉察到"一种令人难以置信的，几乎神秘的相依为命的关系"。卡夫卡写道,当他把维也纳最新寄来的照片拿给斯塔莎看的时候,斯塔莎"有一刻的反应让人觉得不可思议",只见她"一声不吭,盯着朋友的肖像看了很久,那种神态真是异乎寻常"。他虽然并不嫉妒密伦娜的丈夫,却对她的女友大生醋意,而且毫不掩饰。"美丽、柔顺、苗条"的斯塔莎被认为很"可怕"。在卡夫卡的书信里,他从未对任何人作过更为严厉的评判。听到斯塔莎评论密伦娜的处境,"从那漂亮的嘴唇里流出一些蠢话",卡夫卡十分生气,对她毫不留情地进行挖苦。"以前"她也许有过几分聪明,"可是现在完全见不到了"。她让他生出恐惧,"这种感觉,只在堕落的天使面前才会产生"。他还诅咒断送年轻姑娘的婚姻,指责斯塔莎的丈夫把她搞得"灰头土脸":"她脸色憔悴,死气沉沉,自己却不知道。我如果想象地狱的情形,就会想到斯塔莎和她丈夫。"相互间这种固执的敌意掩饰不住双方围绕密伦娜的感情争夺。斯塔莎喜欢密伦娜,同时也可能嫉妒她追求自由的尝试。卡夫卡嫉妒斯塔莎,是因为他在斯塔莎的感情里,在她与密伦娜始于儿时的情谊的力量里,探测出一种比丈夫更危险的威胁。对雅尔米拉,卡夫卡也好不到哪里去,因为雅尔米拉让他惧怕,他一般是逃避她的:"这是个死去的天使。"危险的伙伴:由于遇人不淑,结交的都是魔鬼,密伦娜就有可能折损翅膀。后来卡夫卡重提这些"女人故事"和她们怪诞的"议论",对马克斯·勃罗德说:"当我听到诸如此类的议论——她真棒,他太差劲了，她爱他，他也爱她，她对他不忠，他只有服毒自杀，等等，我就觉得心里生出一种危险的感觉，表面上这是一种幼稚的反应，其实它毁灭了生命。"这些毁灭者付诸行动，开始歪曲卡夫卡与密伦娜的关系。卡夫卡只愿与密伦娜单独相处。因为就他的趣味来说，密伦娜过于为这些朋友所包围，而且是不好的包围。这是要命的误会。密伦娜天生就不是能过孤独生活的人，也不是喜欢两人独处的人，她的一生都可以证明这点。

密伦娜加强了呼叫，以寻找出路。7月，她想了解更多卡夫卡的健康状况，就转过来向马克斯打听，后者让她"迁就病人"。得知卡夫卡的病情，她感到"害怕"，答应劝他到一家疗养院住住。在勃罗德面前，她总要分析"弗兰克"的病情，这个名字是她给弗兰茨取的。（这个弗兰克与弗兰茨之间的距离，不就相当于卡夫卡的原作与她的译作之间的距离？）在一次长时间的推心置腹之中，密伦娜告诉马克斯，"世上最普通的事情"，弗兰克也不明白。其实这点马克斯和她一样清楚。在维也纳，她就亲眼看到卡夫卡站在一家邮局的窗口前，或者在给一个女乞丐硬币时茫然不知所措的情形。"他在金钱上的犹豫，就和在女人上的犹豫差不多。"世界对于他是个"谜"，他对掌握了谜底的人非常钦佩，原因也在这里。他所钦佩的人是善于经商的菲莉斯，他那家保险公司的经理，或者密伦娜的丈夫，因为其妻子让他不得不"尊重"这位丈夫。在这种情况下，卡夫卡就注定会遇到危险，而且密伦娜已经敲响丧钟："弗兰克不可能活下去。弗兰克没法活下去。弗兰克的身体总是这么差。弗兰克不久就会死去。"由于过于"明白"自己的情况，他也就不肯摆出假相，因为他不可能撒谎，更无法打起精神，只能像一个"脱得精光的男人"，"被推到衣冠整齐的人群里"。"没有任何避难的地方，没有一个安全的处所。"密伦娜补充说道，忘了自己就是他唯一的避难所。这种作者比作品更"惊人"的观点，密伦娜在纪念卡夫卡去世写的文章里几乎一字不差地表达了出来。在马克斯看来，在这 1920 年的夏日，她谈论卡夫卡的口气，就好像是在谈论一个死人。客观而敏锐的眼光，痛苦的坦率。

卡夫卡猜出了密伦娜与马克斯来往的书信的内容，受到了伤害。在密伦娜那几个"女友"恼人的伎俩之后，他从这两人的书信中感觉出一种"旨在打破好事"的"轻蔑"。马克斯说的只可能是"谎言"，卡夫卡恳求密伦娜不要背着他与马克斯通信，不要在"我们之间"添加任何障碍。可是坏事已经做了，亲友们已经说了他的坏话。9 月，两人的关系受到影响，他对密伦娜说："我不会再跟你谈论别人的事了。"别人的"僭越"立即在他们之间造成裂隙，虽说别人"毫无责任"，只不过是揭示"实情"而已。从此卡夫卡把自己封闭在孤独之中，对朋友也不再说实话了。

这些不合时宜的影响，加上 7 月中旬卡夫卡心情沮丧地出席了奥特拉的婚礼，这一切都再度激发了他的焦虑不安。他远离密伦娜，心里总是充满"恐惧"，失眠就更是有增无减。他给密伦娜写信说："你的身体有种神奇的影响，让我充满安心的激情，而不在你身边，这种激情就日渐消失。"独自在布拉格，遭受恐惧折磨，无人帮助他遏制这个"魔怪"，这就是密伦娜从他的话里"准确地"听出的意思。妹妹的婚礼再次激发了他那无尽的幻想："我们要是在一起，日子会过得多么轻松呀。""婚姻"这个词又冒出来了，作为一个悲伤的替代，以表达将他们分开的事实："我们两个都已结婚，可是你在维也纳，我却在布拉格身陷恐惧之中。"无情的笔录，在维也纳见面三星期之后，就概括了他们所处的僵局。卡夫卡说，只能是这样，因为他无法说服密伦娜，不然她就来到布拉格了，剩下的事情就是"安慰"了。密伦娜的犹豫证明了卡夫卡的失败。虽然书信每天早上还给他带来"忍受白昼"的力量，可是它们终究也只是一些替代品："只有亲自在场，才能拯救别人。"然而，当密伦娜谈起近期可能来一趟布拉格时，他又反对："我几乎想对你说'千万别来'。"但愿她留着这个机会，等他处在"最糟糕的境况"时再用。她何必要赶在他不得不动身的时候来呢？一想到她随时可能出现，他就"忐忑不安"。

沮丧和疲倦压垮了卡夫卡，他只渴望把头枕在密伦娜的膝盖上，"永远"在那里安息。渴望和密伦娜在一起，与渴望死亡，其实是一样的：死亡是他们无法结果的爱情的唯一前景。卡夫卡知道密伦娜痛苦后，发出的叹息中再次流露出与爱人同死的想法:"有时我觉得,既然不能一同生活,那就只有舒适地满意地躺在一起死去。"没有半点浪漫情调,有的只是毫无掩饰的失望。也许不要一个月,就可以实现这个大转变,从而打乱在维也纳时的狂热希望:"维也纳之行是否注了太多的水?我对幸福是否念得太多?"

布拉格一片酷热,背阴处都有36度。卡夫卡冒着酷暑来到墓地。应密伦娜的请求,他来寻找她弟弟的坟墓。这位弟弟小她三岁,还在襁褓中就夭折了。他不知道小家伙躺在母亲家族的地下墓室里,在小径上徒然找了好几个钟头。次日,尽管墓碑上的字迹几乎磨灭了,他还是找到了。"我在那里待了很久,"他在给密伦娜的信中说,"坟墓很漂亮,石头基座,坚牢稳固,没有鲜花。"他在墓前放了"五颜六色的石竹"。他虽然没有就他们的坟墓——他们共同的坟墓说一句话,可是在她弟弟的墓石前,在她童年就夭折的弟弟的墓石前,怎么可能想不到这点呢?密伦娜为什么要让他执行这样一个奇特的使命?也许因为那是一种在一起的方式。有一天他对密伦娜说,他们在死亡问题上是如此和谐一致。她就是他冥界的孪生姐妹。他们都有这种内心的创伤,在这个危急时刻,密伦娜的伤疤似乎被再度揭开。弟弟的死亡,母亲的死亡,沉浸在悲伤里的童年似乎一直在纠缠她,而卡夫卡难道不正是人间与冥界最好的调停者吗?作为对他信中那些愿望的回应,密伦娜似乎在自己的真正国度批准了他的想法:去吧,去找那些死人吧,你将和亲人在一起。卡夫卡对此过于确信：他用鲜花装饰的坟墓就是他自己的坟墓，一切都终将在这里安息。这是在冥界的散步，是密伦娜邀请有病的卡夫卡来的。不过，他并不感到悲伤："我觉得那里很舒服，感觉比城里好。我早就有这种感觉，我在城里久久地漫步，就像在墓地徜徉。"

回到家，似乎是为了再度感受她的存在，卡夫卡拿出她最近的译作来阅读。这是兰波的作品，由克洛岱尔作序。对卡夫卡来说，克洛岱尔并不陌生。1910年，在一次会议上，他就目睹过这位时任法国驻布拉格领事的风采，并记下了"他宽阔的脸膛和炯炯的目光"。1914年，他听人朗诵了《金头》。克洛岱尔与卡夫卡虽然仅有一面之缘，但怎么不会在对方身上认出相同的意愿，同样把女人视为妖魔？——在密伦娜搅起的风暴中，把她看作《正午的分界》中漪瑟的分身，也许并不过分，尽管她是个已婚妇人。

去维也纳，再见见面？不可能，因为作这样一次旅行要对办公室"撒谎"，要说自己病情加重，或者要采用密伦娜授意的办法：打一封假电报，说有个姨妈要死了，要求速见一面。即使他对办公室毫无感情"到了荒谬的地步"，他也不愿意欺骗它。他对密伦娜说："这是我的饭碗呀。"既然不能去维也纳，为什么不能在周末去两地中间的某城见面呢？虽然这是一种处在僵持阶段的战术，与菲莉斯交往时已经采用过，但终究不是吉利的信号。如果星期六前往格明登会面,他们可以在火车站附近一家旅馆过夜。而且这个办法每个周末都可使用,"至少理论上如此"!8月初,他老是想着这个主意,考虑着车次时间,以至于"脑子里整个成了一个火车站"。他生出一丝犹豫,这种夜间会面的场景再度提出了性的问题。他直截了当地把隐情告诉了密伦娜,不打算占有她,也让她作好思想准备。

8月14日,星期六晚上,两人在格明登相会。按布朗肖的话说,这次见面是一场灾难,几乎使他们"立即分手"。维也纳的欢聚才过去六个星期,就迎来了格明登的彻底失败。两人在一个肮脏的房间里不愉快地见了一面。对此,卡夫卡不愿意再提,只说在维也纳比在格明登"要好",尽管他到维也纳时,已经是"精疲力竭,焦虑得要死"。相反,在格明登,他"踌躇满志,充满信心","像个不动产主人"。在动身前夕寄出的信揭穿了这种所谓的信心,其代价就是失望。他从格明登给妹妹寄了一张明信片,在伤心的卡片上,他甚至并不掩饰自己的失败:"亲爱的奥特拉,我在这里很好,完全没有咳嗽。明早回来。一切都是命中注定。"密伦娜加上这些话:"他还没完。"是说没有把明信片写完,还是没有把恐惧完全说出来?在格明登,卡夫卡也许为了解释自己的行为,重提了密伦娜那个荒谬的问题:他在布拉格是否不忠?他给她写了那么多信,而且是那么浅显易懂的信,她还要提出这种荒唐可笑的问题,"还和他像陌生人一样说话"!而他来这里,本是为了听到密伦娜用甜美的捷克语对自己说"你是我的"。格明登之夜,或者结束的信号。

不久,在一封避而不提这个难堪回忆的信里,卡夫卡祝贺密伦娜用"生花妙笔"翻译了《判决》。这是他在八年前,也就是1912年,与菲莉斯相遇以后写的一个故事。"在那个故事里面,"他强调说,"字字与恐惧有关。"他尤其认为最后一句译得"精彩"。在此顺便再次提一下,卡夫卡有一天告诉马克斯·勃罗德,在写这句话时,他曾经想"狠狠地射一回精"。他是暗暗地告诉细心的女读者,在格明登可能没有成功的事情,文学却可以使其成功。

一种平衡游戏:两人见面之后过了几天,卡夫卡通知密伦娜,他重新过起了"军营生活"。也就是说,为恢复创作作准备性的"练习"。不变的规矩:开始改成下午睡觉,然后散步,晚上伏案写作。从"三更半夜",也就是凌晨一点开始,他"文思泉涌",写作进入高潮。不过,起初这个高潮并不稳定,仅仅是从9月中旬开始才有收效。预订的幸福被取消之后,文学担起了重任。这就是格明登的报复。

可是为什么还要写信呢?密伦娜的来信,昨日他只要"一口气读完",就可以觉得自己"倍加强健",可是今日几乎不敢拆开,要咬着嘴唇才能读下来。"没有比这更确凿的事情了。"他说,忧伤占了上风,就像流落街头的孩子寻找一个充满母爱的安全处所的无奈。夜里,在想象的"对话"里,他以"孩子的单纯和认真"对密伦娜说话,希望她"以母亲的慈爱与认真"作出回答。弗兰茨从未感受过这份母爱。在维也纳,度过了蜷缩在密伦娜怀里的幸福时刻之后,他在一封信里已经冒险地称她"密伦娜妈妈",就像让-雅克·卢梭在华伦夫人面前那样。既然他就是一个孩子,密伦娜何必还要一个孩子呢?也许这就是误会的关键所在:在他眼里,她既然已经结婚,就部分地具有了一个理想的母亲形象,而他则仍然是个孩子。即使他惹妈妈生气,妈妈也不会发火,只会温和地责备。春天,在两人开始通信时,卡夫卡曾满意地感觉到她显示出这份严肃,他在信里写道:"你什么都能够做,但是责备比什么都好;我真想做你的学生,时刻犯错,为的是让你责备一通。"从此,密伦娜的责备就像耳光一样时时响起来。将近夏末,密伦娜由于手头拮据,托他去看望住在布拉格的父亲,想从他那里得点资助。卡夫卡见到了密伦娜父亲的秘书兼女友弗拉斯塔,就向她说了密伦娜与有病无钱的丈夫住在维也纳的困难。他以为做得对,谁知不然,"做了件大傻事,笨得让人伤心",他责备自己说。密伦娜为这个谈判者的笨拙大为恼火,把他大骂了一通。两人书信往返,一封接着一封,误解加深,分歧扩大。要让"这最可怕的荒谬事中止",唯一的办法就是不再通信。该发生什么就发生什么吧。他知道自己失去密伦娜了。在格明登,"分裂已经非常明显",而发生了弗拉斯塔那件事之后,还不算"千百个细小的误会",面纱就已经撕破了:"我在你眼里再也看不到任何幻想。"正是"像只迷路的动物",失望地回到自己"洞窟"的时候。人财被剥夺一空的感觉。密伦娜的"恩惠",有一段时间曾让他觉得"幸福、自豪、自由、强大",现在不再起作用,它在日子的"浑水"里被稀释冲淡。卡夫卡的心情又变得沉重,他又看到了自己那张"木兽"一样可恶的嘴脸,又感受到那份永远的孤独。一瞬间——他对密伦娜说,被"从未见过的最奇妙的东西耀花了眼"——他就把一切都抛入了忘川。"这事不可能持久",不可避免地要被抹掉。正如大海退潮,在沙滩上留下许多漂流物一样。

焦虑再次紧紧地抓住卡夫卡,把他逼得"发疯"。寄给密伦娜的一幅画证明了这点,画上是一个被处以磔刑、像牲畜一样被人剖开肚子的"轻罪犯人"。过了一段时间,卡夫卡写信对她说:"酷刑对我很重要。除了自己忍受或者使人忍受酷刑,我没有别的事情可做。"密伦娜预感到,卡夫卡与菲莉斯来往时的那种精神状态,现在又旧病复发了。是否果真如此呢?"我只可能这样,从来都是这样,"他回答说,"总是生出同一些苦恼。"卡夫卡或者恶性循环。永远被送去遭受地狱之火的煎熬,正如9月那个梦境里的情形。那时正是他们互相变化,"你中有我我中有你"的时候,卡夫卡把那个梦告诉了密伦娜:"我成了你,你成了我。"密伦娜着了火,他试图用一些破衣烂衫捂熄她身上的火,谁知自己也着了火。两人在一起燃烧,表面融为一体。密伦娜最后死里逃生,完全成了另一副模样,"一个用粉笔在黑暗中绘出的鬼魂","死了一般"落到他怀里,除非这个影子不是他本人。如果用直接的办法来解析,那么就可以说,在这个尚未肯定地融合的梦里,隐含着一丝诀别的意味。在相遇之时他在密伦娜身上引发的"大火",最终也把他自己吞灭。在把两人焚烧之后,密伦娜这团大火只剩下一堆灰烬。

为什么她还要谈论"一种根本不可能实现的共同前景"?幻想已经过去了:"我们永远也不可能一起生活,住在一个屋里,坐在一张桌上。永远也不可能。甚至不可能在一个城市。"她抱的幻想肯定不会比他大。他们之间隔着"汪洋大海","滔天巨浪",他们没法渡海相会。悲伤的时刻,无底的坠落。他摔倒在地,全身散架,整个人成了碎屑。在布拉格他家的沙发上,卡夫卡反复思考他们的失败,就好像密伦娜坐在他身边,一起观看他的替身躺在地上,带着他们的爱情断了气。他对密伦娜说,维也纳的男人不曾存在,格明登的男人就"更不存在"。

"真实"的卡夫卡是另一个人,"不但大家都不认识,连他自己也不认识"。一个自毁的毁灭者。他给密伦娜解脱了所有责任:"还没入水,水罐就已经破了。"事情当然是这样,不过密伦娜受到的震动也是决定性的。

在不幸中,卡夫卡甚至羡慕那些东部的难民,他们聚集在布拉格市政府门前,等着去美国的签证。他为什么不是那些犹太孩子中的一个,"无忧无虑地"生活在准备横渡大西洋的父母和亲人中间呢?流亡就等于获救:他青年时期的幻想就会由于1920年秋天污染城市的"排犹仇恨"而得到确认与永存。他在街头徘徊,觉得在别人如此仇恨他的地方,唯有出逃,除此再无其他出路。集体受到的威胁,只是残忍的未来的序幕,在后来的日子里,他的亲人都遭到危险,加上个人内心的悲哀:"做犹太人仍是危险的,即使在你脚下。"不久前他多次对密伦娜说,想在布拉格做个局外人,做个与密伦娜无关的人。他一边翻阅广告,一边想:动身吧,既然去不了美国或者巴勒斯坦,就再去哪家疗养院住段时间。

卡夫卡放弃了密伦娜,也不再指望能够得到她的理解,打算躲到一个"极其清静的地方",就像退到冥界的前厅等死。死亡是免不了的,密伦娜所做的,不过是让其延迟,或者是加速其到来。眼下,卡夫卡自称作好了准备,"敢于赴死"了,只是因为"极为惧怕痛苦",才被拖住了手脚。在密伦娜的目光里,他忘记了"世界的痛苦"。在半月形的眼白衬托出的蓝色虹膜里,他读出了自己的命运:他的事情终结了吗?尽管遭受了挫折,发生了误会,这双眼睛却还保留着炯炯的眼神。可这难道不是谋杀者的眼神吗?在卡夫卡的爱情戏台上,密伦娜扮演的如果不是杀人者的角色,至少也是给自杀者递匕首的人。在牺牲的时刻,我们还能把促使卡夫卡对她发生好感的情绪称作爱情吗?"我爱的不是你,"7月份他写信给密伦娜说,"远不是你,而是我的生命,是通过你体现出来的我的生命。"而现在:"爱情,就是我拿你这把刀,在我的伤口里翻搅。"永无止尽的酷刑。一刀又一刀，死亡真是漫长。在为密伦娜抄录一本中国著作的一段话里，他认出了自己的烦恼。先生说："我的一生，是在抵御欲望和结束生命的斗争中度过的。"而学生则嘲弄说："你总说要死，却总是不见你死。"处于临终状态的先生说："这次确实要死了。一人曲长，一人曲短，其不同，也就是几句唱词而已。"对此，卡夫卡评论道："主人公躺在戏台上，受着重伤，唱着咏叹调，我们嘲笑他是不对的。我们花了好些年，也不过为了能倒下来时唱歌。"卡夫卡能唱的时间不到四年了。卡夫卡这部歌剧的最后一幕，也是最感人的一幕，就是他将唱出最完美的歌的一幕。似乎他等待的就是这个时刻，他对马克斯·勃罗德说，因为他"对文学的感情胜过一切"。我们应该认真琢磨这个"一切"，密伦娜也在这个"一切"之内。在写作的欲望面前，幸福的诱惑被推开了，因为它束缚了写作。是写作使卡夫卡推开了密伦娜。

　　密伦娜输了，文学欢迎她的不幸，就像卡夫卡与菲莉斯断情时那样。1920年秋，卡夫卡写了不少作品，但是都没有完工。其中有一篇是这样开头的："我爱上了一个年轻姑娘，她也爱我，可我却不得不离开她。"叙述者不知为什么要离开，只知道每次试着接近她，自己总要受伤，"因此痛苦不已"。卡夫卡的记忆出了岔子：焦距没有对准，密伦娜的影像过于明显。写作要求含蓄。要等到1922年年初，密伦娜的"巨大激活力"才能发生作用，而一部杰作也将从灾难里诞生。

如果根据作品可以估量出一个年轻姑娘的影响，那么密伦娜的影响是与她所代表的失败相当的。文学将把这场失败改编为一部伟大的作品，即使在它的未完工上面，也体现了爱情失败的痕迹。我们认出了《城堡》，卡夫卡在其中描写了自己的命运，只不过把它换了个面孔。要问密伦娜是否是书中的弗丽达，那个"不打眼的"，有点"憔悴的"，与土地测量员在满是啤酒瓶和垃圾的地上打滚的金发姑娘是无用的，甚至要探究两个主人公的放荡行为是否正是被那些书信掩盖的丑恶内情也是徒劳的。关键是卡夫卡从密伦娜身上汲取了描写这样一个色情场面的力量。米兰·昆德拉说，那是卡夫卡描写的"最美的色情场面"。同样，要想弄清尤莉叶是不是稚气的佩碧，即那个只能给卡夫卡提供阁楼以遮风挡雨，只能用简朴生活来让他安心的姑娘也是徒劳的。重要的是她有一张富于怜悯，也是卡夫卡用尽怜悯去描绘的面孔。文学这具让人捉摸不透的平衡器，它用一缕柔和的亮光包裹佩碧，而用黯淡的光线映衬出弗丽达的脏污卑鄙。这个女人，他先是把她抬起来，然后又使其堕落，而先前被他丑化的女人，他后来又作出补赎。与纯洁无瑕的姑娘相比，这群女人就显得肮脏。性与怜悯。《城堡》当然不至于被简化为这种二重性，但是它充满了卡夫卡的烦恼。正如布朗肖所强调的，在K.的寻找中，除了女性人物，整部作品"被一种折磨人、感染人、晦暗不明的力量所左右"。卡夫卡与密伦娜的"真实"故事自始至终充满了这种力量。没有密伦娜的痛苦，也就不会有《城堡》。这种力量是密伦娜的贡献。这部作品是密伦娜的光荣。她的美貌被白雪包裹。卡夫卡亦用这块圣洁的裹尸布包裹了自己的爱情。

要达到这个地步，还有一段漫长的日子要过。首先是结束书信那种酷刑的折磨——用写作来排斥通信。"要活下去，唯一的办法就是让我们沉默。"1920年11月，就是根据这道命令，他"满怀悲痛"，中止了两人的通信关系，然后去了马特利亚里，在一家疗养院遁世隐居了十个月。密伦娜曾试着发出一个信号，卡夫卡便请求她饶了自己。不再通信，也不再见面，这就是卡夫卡指望从密伦娜身上得到的"唯一恩惠"。可是密伦娜却不能接受这个事实，每天照旧往邮局跑，希望收到来自卡夫卡的一封信。1921年1月，她说自己已经到了"疯狂的边缘"，便再次转向马克斯·勃罗德，向他"倾诉自己的罪过"。她犯了什么"过错"，以至于遭受这样的打发？她说，她没有帮他，也没有带给他"一刻安宁"，因为她认为没有一家疗养院能够治好他的病。在维也纳美满幸福地过了几天之后，她为什么不跟他到布拉格去呢？她反思自己的过错，认为如果与她在一起，卡夫卡会"生活幸福"。她为什么要退却呢？卡夫卡把她的退却当成了自己的休假。"我太娇气了"，她说，没法与他一起过那种"极为清苦的生活"。她认为自己是个"只凭本能行事的小女人"，想要个孩子的"痴狂愿望超过了一切，超过了爱意与敬慕"。在郁闷之中,她肯定把他的"毛病"看重了一点,不过更可能的是,被她赋予特权的生命本能起了作用,潜意识之中,她可能惧怕与一个注定要死的病人结婚,因为还在童年时,密伦娜就曾经照料和看护临死的母亲。那个时刻是那样可怕,她受不了,逃出了房间。在卡夫卡面前改变心意的时候,这个记忆起了作用——她不要再见到死亡的磨难。

与空虚的残酷相对,在卡夫卡隐世遁居期间,密伦娜继续翻译他的作品。他似在又不在。翻译他的作品,就几乎接触了他,最紧密地接触他的作品,他的躯体,他的恐惧。"这件事吞噬了我的大脑和内心,"她说,"真可怕,被他这样抛弃,却又翻译他的作品,仿佛与一个死人对话。"她扔下自己来翻译他的作品,难道这不正是他所希望的吗?失去密伦娜,就是死亡——也就是在死亡中与她在一起。春天,马克斯要在布拉格与密伦娜见面。卡夫卡给他写信说:"你去与密伦娜聊聊,我是再没有这个福气了。你要是和她说起我,就劝她死心,只当我已经死了。"

他逃避密伦娜,甚至要求朋友把密伦娜逗留的时间通知他,免得偶然间碰到。"我爱她,可是我不能见她,"他在日记里写道,"我留意她的行踪,免得遇到。"他逃避密伦娜,尤其是因为他病了。这是他不能想象的事情,会毁坏他在她心目中的形象。

然而死人终于从坟墓里走出来了。1921 年秋天,卡夫卡回到布拉格,正好密伦娜也途经此地,他便同意与她再见一面。

不过这事马上加重了他的失眠。这是个重要的时刻：10月初，他把日记交给了她。在卡夫卡生前，密伦娜是唯一读到他的日记的女人，而且他从未向她索回。这个举动已经超出一般的信任，是最亲密的赠予——因为这部日记，就是卡夫卡本人。把日记交给她阅读，不仅像是交代后事，而且是翻过了一页，摆脱了一个见证。这个举动也服从一种复合的战略：他向密伦娜伸出救命的长杆，并给她微微打开一道门缝。对这个心意相通的女人，他没有任何事情要隐瞒：阅读我的日记，你就会知道我真正的为人。从建立通信关系开始，他不是一再对她说，"归根结底，作裁决的是女人"吗？那就让她来裁决好了。过了三个月，他打算询问她："你在日记里发现什么对我不利的情况了吗？"卡夫卡去世以后，密伦娜把他的日记交给了马克斯。她对这些文字怎么看，我们并不清楚，因为她没有就此发表一个字。沉重的静默。

把日记交给密伦娜并没有让卡夫卡轻松，也没有让他更加"自由"。他有一年多没有记日记，似乎给密伦娜的信取代了写日记，后来他又重新开始，不过坚持不记有关"密"的情况："不然，就太跟自己过不去了。"再说也没有必要了，因为他成了一个"活着的记忆"。1921年12月1日，防线被撕开了一个缺口。密伦娜在四次前来看望他未果之后，又乘上火车。他在日记里写道："我对她的启程并不感到悲伤，并不从根本上感到悲伤，我由于她的离去而无限地悲伤。"他又补充一句："当然，悲伤还不是最坏的事情。"他在日记里回顾密伦娜这几次来访的情形，对一些"细节"颇有印象，认为"一如往常，这几次见面是有感情的、诚挚的，但是稍许疲倦和拘束，就像探望病人一样"。她的探访到底如何？当死亡拦路、魔法冰消瓦解的时候，还有什么要说的？在躲闪的眼睛里看出了什么？她是否提及日记，或者是否将日记存放进忧愁的橱柜？可是密伦娜走远了。

从她那里得到的不可得的回答，并未终止的终止——令我们仿佛听到马勒的音乐一般。直到最后一刻，密伦娜都栖息在他的思念之中。似真似幻、驱除不走的前景。1922年1月，他着手写作《城堡》，在斯平德尔莫勒雪原的孤寂之中，他想象密伦娜不期而至，然后又把她推开。"如果你把我抛弃，那就太不义，"他写道，"可我却真的被抛弃了，而且是不时地被抛弃。真是可怕。"夜里他在积雪的道路上迷失了方向。在这片荒原中间，当他想起昔日在马里昂巴德与菲莉斯一同体验的意外幸福，古老的幻想便又悄悄地活动起来。马里昂巴德之"谜"：既然他解开了那个谜，他不禁又开始做梦——为什么不能在这片山区，与密伦娜一同体验同样的幸福？

1922年4月，一封寄到密伦娜寓所的书信，打破了一年半的沉寂。在这封信里，他称密伦娜为夫人，并且像头几封信一样，以"您"来称呼她。他正好在头天夜里想起一个共同的朋友，第二天就收到朋友的来信，由此"偶然"得悉她的消息，这就"促使"他提笔给她写信。为了让她原谅他的沉默,他列举了写信这种"与鬼魂的来往"的行径给生活造成的"种种不幸"。他说,写信,"就是在鬼魂面前把一身脱光;鬼魂们急迫地等待着这一刻。笔下的亲吻永远寄不到收信人那里,都被鬼魂半路上贪污了"。原先对书信的依赖在此变成了对书信的仇恨。书信被指责为造成混乱的工具,从此得不到他的信任,因为情感最深的书信也可能显得最危险。真遗憾哪,因为密伦娜"也许是世上我最愿意写信联系的人",即使只为了在字里行间提一句不可能将她忘却。

两人最好再见一面?1922年春,就在那封信之后,他们作出努力,终于在布拉格聚首。在这之前,有一些细小的信号被卡夫卡及时抓住了,但也暴露了他的期待。他在一间编辑室里,听见一个年轻女秘书用"清亮"的捷克语对着电话线那头说:"我过来帮您。"不久,他就打开门,迎进了密伦娜。这是最后一次:"M.来了,以后不会再来,"他在日记里写道,"这显然是明智的,也是正确的做法。"如果存在着让门仍然敞开的"可能性",他也许会留神把门关上。

两人后来还稀稀落落通了几封信,就像夜里一些灯光信号,时不时地闪烁一下。表面的静寂下面,"无止尽"的对话却以另一种方式延续着。卡夫卡仍然关注密伦娜在报纸上发表的专栏文章。他一开始就对她的文才表示欣赏,此时读她的文章更是感到愉悦。"我从中听到了您的声音。"有一天他跟她谈起那些文章。从密伦娜这方面说，写这些文章时，她心里想着卡夫卡。其中好些篇就是他们交谈的回声和延长。如密伦娜宣扬咖啡的好处，或者推崇自然的生活，又如她主张星期日去郊外，说火车是《救赎之路》（卓别林的一部电影名），描写晚上亮灯的窗户的秘密：那些窗洞对天打开，卧床不起的病人透过窗眼，看着云彩流过。凡此种种，都显现出两人是那样情投意合，以至于有人说，他们不可能不相识相认，惺惺相惜。即使是关于时装的文章，如她"为日常穿的简朴连衣裙辩护"的文章，也引来卡夫卡的附和——尤其让他高兴的是，有个年轻姑娘对密伦娜的文笔感兴趣。这是一些满载着作者的热情与智慧的专栏文章，其中洋溢着直面人生的才华，也充满对可怜人类的悲悯。文笔有庄有谐，言之有物，有的放矢。"我真正会写的东西，"她后来说，"就是情书。我所有的文章都是情书。"卡夫卡收到的正是这种东西。

1923年1月，卡夫卡这个只当自己"死了"、不再写信的人读了一篇"可圈可点"的专栏文章，打破了沉默。这是因为文章谈及的是婚姻及其障碍，很对他的心思。这篇"动人"的妙文名叫《魔鬼在家庭》，是由"一个勇敢得令人难以置信的人"署的名。在它火热的激情感染下，卡夫卡假装沉睡的感情全部苏醒了。密伦娜重新挑起了那个烦人的辩论，他们在一起的时候这种争论就没断过。同时他还把这篇文章看成"犹太教和一个天使的产物"。这样一来我们应该更明白了吧？密伦娜又一次成了天使。一个在灰烬上喘息的天使。然而读了她的文章,那个"已经患了不治之症的人"又开始梦想他们不可能实现的二人生活。

我们且来听听密伦娜是怎么说的,虽然我们没有她的书信,只有她的文章。她这是经验之谈,人一结婚,"无论遇上什么幸福的机会,都会置之不理","因为共同生活比单独生活要难"。人之所以渴望一起生活,就是想在孤独的世上找个"伙伴"。对此,卡夫卡回答说,"出于绝望而结婚",只可能是在"孤独之上再加孤独"。密伦娜又说,两人一起生活,要求"彼此给予对方保持沉默的自由、孤独的自由和拥有单独房间的自由"。她确信卡夫卡是同意这一点的。不过在对二人生活作思考的时候,她也说出了一些伤心的话。密伦娜写道:"女人可以对男人作出的最大承诺,或者说男女间可以作出的最大承诺,就是我们平时微笑着对孩子说的那句言浅意深的话:'我永远也不会把你扔下。'"卡夫卡在维也纳会面之后就曾再三安慰自己:"她不会把你扔下的。"在密伦娜这句话里,他怎么可能听不出那份安慰的意思呢?密伦娜没有恪守誓言,本就感到歉疚,尤其是在卡夫卡说"自己一门心思等着召唤"的时刻,失信就更显得残酷。因为卡夫卡所说的召唤只有一个,就是疾病的召唤,死亡的召唤。密伦娜的内疚来得太晚,天使在眼泪里偿付"宿债"。

卡夫卡去世以后,密伦娜在一篇专栏文章里旧话重提,又说起配偶分手的"可怕界线",重新提出找个伴侣就是为了一起直面衰老与死亡的思想。由于难以预测未来,半路将之抛弃,或者将多年编织的恩爱撕毁,来换取一种"新生活"的幻想,然而"即使你无论如何要出走,也有力气出走,到达另一个世界的岸滩时,也会精疲力竭,像只受伤的野兽。"她在文章中这样写道,描绘了自己惯常的苦恼。密伦娜并不愿意给人增加一分痛苦,因为她认为生活"没有意思,毫无光彩,充满失望"。她还写道,"生活只是一场单一的长久的失望,我们一直坐在候车厅里等着,可是我们等待的快车就是不来"。有一天,在维也纳,有一列快车出现了,可是她却把它放走了。

  1924年,在卡夫卡离开人世之际,密伦娜也与波拉克分手,转而与奥地利一个信奉共产主义的贵族结合。这种同时性让人感到困惑。次年,她回到布拉格,担任时装记者,在此度过了她人生中最得意的岁月。1927年,她嫁给了一位建筑师,生女儿时的难产搞垮了她的身体,从此她需要靠吗啡来镇痛,与丈夫的关系也受到影响。在那个时期的照片上,密伦娜的模样完全变了:当初卡夫卡认识的年轻姑娘到哪儿去了?20世纪30年代,她把记者工作当作了政治斗争。作为共产党员,她因为挺身反对斯大林的大清洗而被共产党开除。当希特勒入侵捷克斯洛伐克时,她投入了抵抗运动,并与犹太人一起,在布拉格街头戴起黄星袖筒。后来,她被盖世太保逮捕,投进了拉文斯布吕克集中营[1]。

密伦娜在集中营里表现十分勇敢,帮助与照料一些难友,把她们从死亡的边缘拉回人世。难友玛格丽特·布贝-纳曼就目睹了她的英勇行为。她虽然没有照料卡夫卡,却在集中营里护理了许多人。她坚定不移的态度,宁死不屈的操守,甚至走路的姿势,说话的方式,直视刽子手的目光,用捷克语唱歌的声音,无不表明她是个"自由的精灵"。密伦娜没有自暴自弃。在集中营,她继续写作,可是写出的东西都被毁掉了,没有一行字保留下来。自由,就是对古城布拉格一间酒吧的回忆,可惜她再也见不到这间酒吧了。她病倒了,在虚弱之中,她把自己比作童年在街角看到的弹一架机械琴的小猴子。密伦娜认为"痛苦不会增加一个人的价值",因为活着就是此人的唯一信条。从前她在一篇专栏文章里写道:"我热爱生活,热爱让人高兴的生活、使人惊叹的生活、光芒四射的生活,热爱各种各样的生活——平常的生活、节日的生活,表面的生活、深层的生活。"只有感到绝望的人才有这份饥渴、这份贪婪,才会像她那样喜欢跳舞,喜欢爵士乐,喜欢看电影,喜欢街头的明亮或者森林的寂静。在她充满生活热情的时候,司汤达或者卡夫卡的一部著作,比得上一个"灰色与蓝色浑然一体,融入茫茫雪景的傍晚"。她曾要难友们把卡夫卡的散文摆在一切文章之上。她于

---

[1] 拉文斯布吕克,原为村庄名,1938年,纳粹在该村附近建造了最大、最臭名昭著的女性集中营,其关押的囚犯大部分为女性。

1944年5月，也就是《城堡》的作者逝世二十年之后，在拉文斯布吕克去世。难友玛格丽特记得自己曾在集中营里听她讲述《变形记》，就是那只被准许"死亡"的甲虫的故事。在那时的恐惧生活里，卡夫卡的词语始终陪伴着她：纳粹烧毁了卡夫卡的全部作品，还想挖出她头脑里和心里珍藏的东西，就是她做姑娘时与卡夫卡相处的记忆，可是做不到。在铁丝网和碉楼后面，文学把他们聚集在一起，就像他们初次相遇时所做的那样。在他们之间，书籍一直在充当信使。

1920年7月密伦娜寄给卡夫卡的信，她还记得吗？卡夫卡用了很久时间才拆阅那封信。他于1923年年初给密伦娜回了信，话题之一就是他阅读查理-路易斯·菲利浦的长篇小说《玛丽·多那狄》[1]的感想。这是他写给密伦娜的真正意义上的最后一封信。卡夫卡在孤独之中为什么重提这本书？他想在这本书里寻找什么东西？有什么蛛丝马迹可能被他忽略？人家递给你一本书，有时比一封信或者一场谈话更能表明心意。

卡夫卡"慢吞吞地"并且"十分困难地"进入这部长篇小说，它搅乱了他的心境。在他看来，这部小说写得最好的部分"具有福楼拜的反光"。可是书中那种"不自然的简朴"，"假装的天真"，还有那些"讽刺"都让他难受，尤其是拙劣的译笔

---

[1] 《玛丽·多那狄》（*Marie Donadieu*），作者为查理-路易斯·菲利浦（Charles-Louis Philippe），此处书名及作者名皆参照《卡夫卡全集》中的译法（叶廷芳主编，中央编译出版社2015年版）。

更是让他恼火。由于缺乏情趣，这部小说"除了失望，什么都缺"。当然菲利浦不是卡夫卡"非常喜欢，有时甚至喜欢得发狂"的契诃夫。可是不快自有更深沉的缘由。"不管我怎么批评作品浅薄，都是不公正的，因为我的批评来自我的，而不是他的心灵深处。"下面的话说得更明白："个人的衰弱让我感到窘迫。是年轻姑娘把我置于困境。"

纪德、雅姆、克洛岱尔、拉尔博、法尔格[1]都喜欢查理-路易斯·菲利浦。这个作家饱读陀思妥耶夫斯基和尼采的作品，在外省度过穷苦的童年之后来到巴黎，并且在1909年去世，时年三十五岁。他的长篇小说《玛丽·多那狄》于1904年出版，描绘的是一个不知廉耻的年轻姑娘。这部作品凭什么吸引卡夫卡呢？玛丽睁着一双大眼，一眨也不眨，注视着万千事物、芸芸众生。她愿意让人把自己带到街上招客，她非常大方地委身于人，那份自然让想要她的人不知所措。她虽然喜欢大学生拉斐尔，并且始终不渝，可是只要拉斐尔离开片刻，就足以让她屈服于朋友的引诱，一颗心从此在两人之间摇摆，最后落得孤独一人。卡夫卡在这种旺盛的欲望面前节节后退：他不敢相信这个姑娘的真实性，因为他想象不出作者"竟敢接近"这样一个女孩。我们姑且把拉斐尔引诱玛丽的一场放到一边："作者在这个大学生宿舍有什么事情要做？还有读者的在场呢？到

---

[1] 瓦莱里·拉尔博（Valery-Larbaud，1881—1957），二十世纪法国著名作家、诗人。莱昂-保罗·法尔格（Léon-Paul Fargue，1876—1947），二十世纪法国诗人、评论家。

后来，这间小小的宿舍竟有了教授医学或者心理学系大教室。"卡夫卡不愿意看到这一点：年轻姑娘没有性欲。

为什么密伦娜建议卡夫卡阅读这部长篇小说，如果不是让他了解性欲其实没有罪，并且很容易调动，从而打消他的恐惧，那又是什么意思？密伦娜是想让卡夫卡睁开眼睛，看看年轻姑娘满怀欲望也令人产生欲望的肉体，来让他感受自己的饥饿。小说里的玛丽在两个男人间周旋，不就像当时的密伦娜？其中一个男人在遇到她之前不肯触摸姑娘们的身体。既然现在一切都已结束，这部重新找出来的小说就像一个烦人的提醒，在他们之间传递。卡夫卡之所以把它推开，是因为他说，罪犯不愿意听人议论杀人案。阅读这样一本书唤醒了一个真正的危险——而就此话题写一封信则更为危险。他对密伦娜说，"写信的魔法很快又在我身上折腾起来，又开始破坏我的睡眠"。因为无法继续下去，他只好放弃："请您不要再给我写信了。"一个纸上的年轻姑娘获得了胜利。

第十四章 波莫瑞的女园艺师

不要去诱惑魔鬼，灰堆里还覆有火种。在经过了与尤莉叶一团乱麻般的交往以及与密伦娜暴风骤雨的情事以后，卡夫卡采取守势，对少女，对自己的弱点都加以提防。从此他小心翼翼，觉得每个少女都代表一种危险。至少在一个时期内，严加防备成了他的一条新规矩。他只能这么做：隔段距离看她们，不要贴得太近。不过为了防止再度堕落，要把她们安排在周围。

卡夫卡与闵策的友情就反映了这种退缩。三年来往，虽然时断时续，他却在不停地克制对她的感情，不停地压抑和转移自己的冲动。虽然和平常的方式一样，两人的来往由膳宿公寓阳台上的笑闹、聊天与散步开始，但这次卡夫卡却要付出极大的努力来跟上十八岁美人的"大步行走"。他是在舍莱森遇到她的吗？是的，就是在十个月前出现了一条死胡同的地方。1919年卡夫卡第二次来这里小住的时候，他加倍小心，不让自己再犯同样的错误——不能让闵策成为又一个尤莉叶。一开始，一种令人不安的相似就把他拽住了：姑娘也显现出一种"受尽苦难的少女的歇斯底里症状"，"根本不讨他喜欢"。不过这并不妨碍她的"美丽"。卡夫卡写信给奥特拉说："她们外表上都十分美。你也该为自己是个姑娘而高兴。"

闵策是个独生女儿，稍稍有些堕落，因为父母离异，尤其因为父亲新近去世而受到伤害。她热爱父亲，相识不久她就把父亲的照片拿给卡夫卡看。相片有些模糊，但他还是看出了"一些轮廓，一个方正的额头，优雅的脑门，人也还精神，但是日子显然过得艰难"。他还注意到那男人"两手很不自在"。把逝者的相片递给这位貌似兄长,其实年龄正好比她大了一倍的人,就是对他发出的一种呼唤,一种无声的祈求——做一个替代的父亲,行吗?这个为他设定的角色是度身订造的:安慰者和监护人。他正是以一个"忠心耿耿的朋友"的身份来鼓励她,给她出谋划策的。尤其是闵策与奥特拉都喜爱大自然,他来呵护她也就更是自愿的了。卡夫卡虽然帮助她实现当园艺家的志向,但是完全抛开了个人的私情。对别的少女,他很少表现得如此无私。

在舍莱森见面之后,很快就有一封信寄到布拉格,让收信人"大喜过望"。这封信向他证实,那个少女是个"好姑娘,言而有信,值得信任"。她不仅恪守承诺,给他写信,而且附上了一些照片。他从这些照片上看出"好些原先漏掉的细节"。比如一种化妆的爱好,就为闵策招来了他的头一场教训——从此时到1923年春天,她收到的二十三封信,都带有一种说教的色调。打扮成"茶花女"或者埃及艳后克娄巴特拉的模样去炫耀,是多么稚气的行为!他称赞她是个"让人惊讶的"演员,"大胆放肆"——当然这是"褒义",他对她说——可以表现自己的感情,可是说实在的,这些赞辞都很可疑:她竟穿着这种可笑的服装,被一个蹩脚的摄影师"随意摆弄"。他劝她要有所防备,给一些拙劣的摄影师做模特,拍些低劣的照片来出卖,"当然不会在内心造成伤害",不过需要提防"令人肉麻的、虚假的、不自然的"东西，避免变得粗俗。他觉察真正的闵策要比穿着俗艳衣服引诱男人的"分身"要好。批评归批评，他还是把这些该受指责的照片保存了下来。

看了另一张照片，卡夫卡又作了一番提醒。他认为那张照片太温柔：漂亮的脸蛋和头发，"双臂蛇一样地扭摆着"，这一切"只有一半可爱，一半可笑，甚至一半丑陋"，它掩盖了"主要的东西"。以外表为荣是没有用的：闵策这个年纪的姑娘，在别人和自己眼里都是一个"梦"，可那是"年轻女人都有的美丽"。由于笨拙的女人硬要他觉得自己"年轻"，他就反驳说："我觉得自己老，可没有什么好抱怨的。"当心，小姑娘，还是改变你的说法吧。卡夫卡尚未决定接受你的好意，也不打算屈服于你那肤浅的魅力——他已经过了与顽皮少女调情的年纪了。

小姑娘采纳了他的意见。来年春天收到的"精彩"照片，让卡夫卡觉得舒服多了。"若有所思的眼睛，若有所思的嘴角，若有所思的面颊"，她让他想起一幅表现莎士比亚戏剧某个角色的版画。什么都不缺了，仍然是演戏，不过演的不再是情节剧。1920年夏天，她在农业学校拍的一张照片更应该得到赞扬。闵策坐在一堆厩肥前的独轮小推车上，"两条光洁健壮的胳臂黑黝黝的，抱着一只小猪"，显然过于用力，"扼得小猪有点透不过气来"。她低着头看镜头，头上扎着一条方巾。"你的目光把我抓住了。"卡夫卡对她说。他喜欢"坐在运肥小车上的闵策，超过坐在女王黄金宝座上的克娄巴特拉"。最后她也接受了这个看法。

卡夫卡"有意"不给姑娘邮寄自己的照片。由于姑娘一再要求,卡夫卡就于1920年2月回信拒绝:既然她认为在舍莱森见过他那双"明亮的、年轻的、安详的"眼睛,就不如保留那份记忆好了,因为他知道自己老眼昏花,眼球浑浊。即使"有朝一日",他的眼睛变得"更美更纯",也没有必要留影:"清澈的人眼自有力量直达你的内心。"他在千里之外努力抚慰一颗心。

一个目光"游移不定的"男人,一个寻找自我、乞求支持的少女。一开始,卡夫卡有些犹豫,不想给她帮助,假装认为她"用不着帮助,能够独自应付麻烦事":她的慌乱难道不是"某种快乐、无忧和自信的事情"?他抑制住自己的兴奋,邀请她在自己的不安本身中找到一种酵素,一份希望:"人家怕你,可是人家又不愿看到你别的模样。"他鼓励她实现自己的愿望。至于这个"有点变化无常的孩子",最好的办法就是送她进一间园艺学校或者一家园艺场。出于实用的观念,他搜集女子学校的资料,并且把地址与广告转寄给闵策。她应该专心学一门本事,而不要苦苦地挨日子。"驱走那些梦魇"好过被"那些梦魇驱走"。头一步即使迈得不大,也是开始给自己营造一片天地。相信世界阔大无边,无止无境,只是"她十九岁的幻想"。1920年2月的一句话说到点子上了:闵策表示反对,指责他夺走了她的希望。她不要哭泣，好好地理解耐心的老师的教导，因为老师与她所认为的相反，只是想引导她"相信自己"，相信她"较好的自我"。尼采年轻时也曾这样激励过人：成为你自己，一切都存在于你自身。这就是闵策应该把"给人以睿智的美好时刻"放在优先地位，不要屈服于"傻事"的原因。最大的傻事就是什么也不干，就是问她：干什么事呢？读什么书呢？

卡夫卡喜欢把一些书塞到年轻姑娘手上。他建议闵策读一读莉莉·布劳恩的《一个女社会主义者的回忆录》。从前他也劝菲莉斯读这本书。他说，莉莉这个热情的女权主义者和奋斗的社会主义者"像个战斗天使"，善于在战斗中给自己开辟道路，尽管她的青春时期过得非常艰难，她那个阶层的道德风尚也非常严峻。当闵策在波罗的海岸边进修农学的时候，他给她寄去德国作家冯塔纳回忆童年的文章，那里面提到了她所在的地方。后来，他推荐她阅读女园艺师斯蒂芙特的一篇叙述性作品《两姐妹》。在那篇文章里，一个少女着手从事一项"宏伟的事业"，改造一片贫瘠的土地。都是一些滋养梦想、帮助人体验梦想的书籍。

对闵策来说，根本的事情，就是离开她的出生地特普利茨，摆脱家庭的束缚。卡夫卡写信对她说：故乡这座城市总是一个"非常不好客的"地方，一个"充满回忆、伤感、鄙俗、耻辱、诱惑以及暴力的地方"。人们以为他在指责布拉格。1920年春天他在信中对她说,无论如何必须离开。他没有实现的愿望,闵策不久却实现了,因为她不是一个"胆小的女孩"。尽管遭到家庭反对,她还是进了一所园艺学校,离开了故乡。卡夫卡觉得高兴,因为学生超过了先生。"这是个奇迹",他惊呼道,"她竟然逃离了可怕的"特普利茨。在那里,人家把她"手脚绑住,不许她离开"。看到闵策做了这个"令人难以置信的举动",他非常激动,赶快把消息告诉奥特拉,与她一起分享那份得意。来年冬天,他在由他促成的功绩面前再度表达了自己的快乐:姑娘通过成功逃离特普利茨这个举动,"在周围广泛地传播了对生活的热情"。这使她发现,"世界,首先是精神世界,要比她生活其中的特普利茨—卡尔斯巴德—布拉格这个鬼三角大得多"。

卡夫卡是在梅拉诺或者马特里亚利的阳台上阅读这位幸运冒险家的来信的。这里的阳台就和舍莱森的阳台一样,他和闵策曾在舍莱森的阳台上一同欢笑。他"钉"在一张长椅上,"目视着她的一举一动",佩服她是多么鲁莽地越过一切障碍,奔向"广阔的世界",就像"鲁滨孙或水手辛巴达"的一个小姐妹。如果闵策抱怨疲倦或者低烧,他会觉得不安,虽然他对自己的状况表现得非常谨慎,几乎闭口不提折磨自己的"体内的敌人"。当她以一种稍许放肆的热情,把自己变成一个浪漫的歌手,歌唱"一种迅速而慷慨地糟蹋生命的行为"的时候,他只能回答,他在疗养院过的可不是这种日子:在那里,"我们什么都不糟蹋,因为我们就是被糟蹋的对象"。闵策去山区的一次远足让他想起了在容波恩的山居。1912年,他曾在那里美美地睡过一觉,"至今仍觉得甜美无比"。那时候,今日这个"女游客"还只是"特普利茨一个听话或不听话的小学生"。

卡夫卡说,姑娘着手抗击的世界,是个"既不忧郁也不欢乐的"世界,确切地说,她应该把它看作"一个烦恼的绝望的混合体"。在这个世界面前,卡夫卡并不满足于提出实用的建议,虽说是深思熟虑、具有决定意义的建议。年轻女友的"痛苦"他并非不清楚,因此也就触到了更私密的地方。两人的通信关系一建立,他就用里尔克式的强调笔法给她写信:"每个人身上都带着自己的魔鬼,它折磨他,毁掉他的夜晚。这也说不上是好是坏,因为这就是生活:没有魔鬼,也就不可能有生活。因此,你内心诅咒的东西,其实就是你的生活。"折磨她的魔鬼是"一种绝妙的材料",问题在于把它做成什么东西。比如说,要把它"领到乡间吃草",还要给它洗去城里的疫气。但愿她不会忘记欢笑,就像从前在舍莱森那样。姑娘并不需要成为"圣女","根本没有这个必要"。由于她提出了结婚的问题,他就变得谨慎起来。本来,有个孩子也许能够拯救她,可是"出于对抗的心理",她在婚姻面前退却了,难道不是这样吗?反过来,如果她想通过结婚来寻找家庭的安宁,那么她的所失要大于所得:"舒舒服服在卧室安营扎寨的魔鬼有可能大肆繁衍。"可是卡夫卡这番劝告,闵策并不想听,两年后,她跨出了这一步,于1923年3月向他通报了结婚的消息。卡夫卡当时在布拉格，假装把这个消息当作"天大的喜讯来接受"。难道这不是"最自然、最合情理、最容易理解的事情"吗？内心的想法他没有说出来："我们脑子里冒出一大堆问题，可是又不能写出来。"这大概是他最后一封信。他失去了闵策——姑娘在婚姻里消失了。

在舍莱森，他们订立了永不相见的条约。在来往的书信中，诱惑不时地冒出来，一方生出欲望，另一方则予以回避。从1920年2月开始，离开疗养院阳台几个星期之后，闵策提出要与他见面，但是卡夫卡没有让步："人们在暗处更容易相互理解。"他甚至认为最好放弃在布拉格见面的想法。他很"认真"地说："有意或无意的相遇"都不合适。过了一年，闵策又作了一次尝试，邀卡夫卡去波罗的海的一处海滨胜地见面，那里离她进修的地方不远。可是那地方选得不好，它让卡夫卡想起7月14日与菲莉斯断情的忧伤日子。不要"违反我们的协议"，他回信说。为使拒绝显得委婉一点，他用将来会去看她做借口来安慰闵策：等闵策嫁了人，有了孩子，料理自家花园时，他会去看望她的。可是执拗的姑娘并不气馁，1921年9月，她通知卡夫卡，准备到布拉格看他。于是他不再固执己见，只是请她动身前告诉他，好让他患病的神经有个准备。其实并没有什么意外的事情。为了迎接他"多情的、可爱的、有耐性的"女友，他应该抖擞精神，"集中全部力气"。"波莫瑞的女园艺师"并不知道,"好主意都悬挂在天上,在星星之间",还希望征询他的意见。她在布拉格只待了一天。我们只知道,她这次短暂的逗留"非常圆满",其余的事情我们就不清楚了。这也许是他们唯一的重逢。接下来,他们的通信变得稀疏了。

次年秋天,当闵策邀请卡夫卡去卡塞尔附近她家里做客时,他并没有拒绝,虽说他知道自己不会前往。这位"家庭主妇"向他保证,那里有森林,有花园,非常安静,他虽然有点动心,但是"明智"地回绝说,他并不适合旅行,也不适合见一些人,因为她可能不是一个人住。不过他最惧怕的,似乎还是她准备作的忏悔。这是个无用之举,他几乎劝她打消了这个念头。"向一个人忏悔,或者在沙漠呐喊,一般会得到相同的结果。"不过,既然她有这个愿望,那就写信向他忏悔好了。他将"尽力带着同情,洗耳恭听"。卡夫卡避开了,因为那些难以理解的唠叨的少女诉怨,他已经听厌了。冬天,闵策给他寄来一些鲜花,作为最后一次表示谢意,或者是在为自己觅得未婚夫一事求得他的原谅。卡夫卡把这束鲜花看作"一份安慰",其实它是姑娘发出的永别信号。

卡夫卡写给闵策的书信有个大疏漏,他从未提到自己的创作或者作品。看来,闵策无缘与卡夫卡作家的一面相交。从某个意义上说,卡夫卡与她的距离同闵策与写作的距离相当。在这个时期,由于对年轻姑娘已经看透,卡夫卡什么都不再指望。他的心思已经不在这里,尽管 1920 年 12 月,在去马特里亚利疗养院前夕，他曾经短暂地激情勃发。他恢复了从前的笔调，渴望在闵策那聚集了许多女学生的房间里"待一会儿"，听听她们交谈，并与她们"说说话，开开玩笑"。卡夫卡问她，她那些女友是什么年纪？但这一切只不过是个梦想罢了。情欲睡着了，或者被严加看管，也就没有来纠缠女园艺师。因此那些书信也就避开了种种诱惑。这一切，用卡夫卡也许并不真正喜欢闵策是无法解释的。帮助她，是一种间接方式，不至于引发爱上她的危险，因为他已经避开了年轻姑娘的魅力。他那些感人的书信既专注，又轻松，而且是认真的，不过好像缺了点情欲，因为没有了性欲而被打上了一种高尚的温情的烙印。他们之间保持着一种也许会让执拗的姑娘失望的距离——她就更要等待了。随之，他们的通信陷入了漫长的沉寂。在这个时期，卡夫卡承认自己"想不出什么话"来回复她。她赌气，恼火，而他则感谢她"用一种聪明的方式来容忍他"。

这个不大真实的故事，虽然平息了幕间的插曲，却得到了其秘密和宽恕。并不是疾病或者疲倦禁止卡夫卡与年轻姑娘来往，即使我们感觉疾病与疲倦痛苦地冒出头来。在卡夫卡与年轻姑娘们的来往之中，潜入了不自在的因素。对密伦娜的痴情使卡夫卡受到伤害，加重了他对性欲的疑惑，令他有意地远离性欲。但是这样做不无烦恼，也不无怨气，而几次粗暴对待闵策的行为就带有这股怨气的痕迹。他明智而暧昧的欲望，甚至他唯一的幸福就是来源于此——看到她实现自己的志向。在年轻姑娘像鲜花一样盛开的花园里，卡夫卡不许自己采摘，只许自己观赏，坐在扶手椅上品吸她们的芳香。

1920年12月底到1921年8月底，卡夫卡在塔特拉山区住了漫长的八个月。就是在那个山区的马特里亚利，这种对女性世界的疏远才最为明显。他是乘雪橇抵达"塔特拉别墅"的。在海拔九百米的高度，那座别墅既像又不像疗养院。病人和游客混在一起，互相接触。卡夫卡身体疲倦，发着低烧，比任何时候都虚弱，又遭受阵咳和气闷的折磨，被判定为"时日不多"了，只能躺在阳台上，观看流云舒卷，"沉浸在一种暮气之中"，觉得生命在渐渐地终了。但愿马克斯·勃罗德不要固执地跟他谈论治愈的事情："这是不可能的。"可是又能去哪儿呢？在乡间，他认为自己不会把疾病传染给别人，因为在马特里亚利时，病人吃剩的饭菜都被厨房里那些姑娘收去吃了，可是她们没有一个得病；而在布拉格，他的感觉就不一样，"我脑子里总想着一个危险"，他写信告诉妹妹，就是生怕把疾病传染给亲友，尤其怕传染给奥特拉的女儿。因此，春上，在勃罗德和奥特拉三番五次的奔走活动之下，办公室终于同意他延长假期。尽管马特里亚利不是伊甸园，他还是在这里住了下来。这里的床铺又脏又破，疾病就在那些寒碜的床铺上展现与加重。有人因为条件太差，忍受不了而自杀。几近绝望的心情：因为别墅非常"肮脏"，他看到别的病人吐痰不可能不感到"厌恶"。他把自己关在房间里，午饭晚饭都在里面单吃，不肯与其他病人打照面。

可这样做并不能阻止噪音追着他走：到处都有人吹口哨、唱歌、大叫大嚷。他说，"世界的有声"残酷地回应着"我生命中的无声"。晨光熹微之中，林中一块空地给他提供了避难所，他在那里昏昏欲睡。可是那么多问题在"折磨"他：如果不是在"心底"，又能在哪里找到安息？在马特里亚利，卡夫卡生活在"世界之外"。朋友们的来信似乎是来自反面的回声。与他们相比，卡夫卡发现自己在"冒险中游荡，就像一个孩子在成年的森林里游荡"。在这片荒漠，卡夫卡却遇到了一个人，尽管不是一个年轻姑娘。

"一个又高又大的小伙子，身体强壮，脸膛红润，极为聪明，而且确实没有私心，为人很有分寸。"他是这样给妹妹介绍罗伯特·克洛普施托克的。这是个学医的大学生，年方二十，尽管自己有病，却在马特里亚利负责照料病人，对卡夫卡悉心照顾，直到他临终的日子。他活像陀思妥耶夫斯基笔下的某个人物："在中世纪，人们准会认为他着了魔。"他心中怀着一些梦想，在卡夫卡看来，这使他显得"确实俊美"："他躺在床上，穿着衬衣，头发乱蓬蓬的"。卡夫卡写信对马克斯·勃罗德说，这张面孔让他想起霍夫曼短篇小说里的版画插图。为了延伸他们的交谈，卡夫卡要奥特拉寄些书来，其中就有柏拉图的《会饮篇》。对他的年轻朋友，这部著作"十分重要"。在此是否要提出卡夫卡"潜在的"同性恋倾向的问题？在那些书页里，暗含着许多迹象，通过提供一些扰乱人心的路径，促使人产生那方面的欲望。难道他没有在其中引入"年轻姑娘"这个主题？他的性孤独不止一个面具，因为它也许包含了手淫或者性禁忌。

在马特里亚利，卡夫卡只与这个小伙子经常来往。这个小魔头保护他不受其他魔鬼纠缠，并且替他充当代理人，来与整个疗养院打交道。这里并不缺乏可以来往的姑娘，有张照片甚至让人浮想联翩：卡夫卡坐在草地上，身边簇拥着一大群年轻姑娘。可是卡夫卡写信告诉奥特拉："遵照你的嘱咐，我未近女色。做到这一点并不太难，也没有给她们造成伤害。"然而一个十八岁的捷克姑娘的伎俩却让卡夫卡来了兴趣。这个姑娘是个小说迷，读了许多四个铜板一本的廉价小说。吃晚餐的时候，视野里只要出现某个军官的身影，姑娘就拼命跑回房间，把自己打扮成一个光艳的美人。可是在她梳发化妆的时候，军官已经吃完离桌了。"难道她穿上最漂亮的衣服，为的是这空无一人的餐厅，然后回房间睡觉？"尽管她不对卡夫卡的胃口，但是出于高尚的理由，他还是不让自己来描写"妨碍她成为逗人喜爱的姑娘的原因"。他只是尽力安慰她。

在他周围有三个年轻姑娘，其中一个有个"美丽的名字"，叫作阿兰卡；另外两个，一个叫克拉里卡，一个叫伊龙卡。"跟她们打招呼，不叫姓，只叫名——身体好吗，阿兰卡？"一个年轻姑娘，首先就是个美妙动听的名字。这也就是我们在此不引其姓只引其名的原因。在春天，一个名叫阿兰卡的布达佩斯姑娘正好准备出院。她并不漂亮，"两边面颊不大对称，眼睛稍嫌不正，又长着一个肉鼻子"，但是她年轻，"是那样年轻"！"样样东西都适合她美丽的身体，而且她又是那样快活、多情，所以大家都喜欢她。"而卡夫卡呢，在年轻姑娘住院的三个月里，他"有意"与她保持距离，没有直接跟她说过一句话。在疗养者的狭小圈子里，这样做意味着孤注一掷。诀别的早上，吃早餐的当口，这位姑娘朝"卡夫卡博士"走过来，用复杂的匈牙利德语"开始与他交谈，两人谈了很久"。阿兰卡满脸绯红，把卡夫卡当作"上了年纪的达官贵人来表示敬意"。卡夫卡一边听她说话，一边觉得膝头发抖。在年轻姑娘眼里，他"真的"变得那么老了吗？

他虽然强迫自己表现得持重，但仍然鼓励姑娘们读书。伊龙卡硬要向他借本书去读，他就把朋友奥斯卡·鲍姆的一部长篇小说递给这个姑娘。他告诉鲍姆说其实他是心甘情愿借给那姑娘的，因为她一辈子显然还没读过一本好书。他还补充说："她身上漂亮的地方，就是细腻的皮肤，薄得几乎透明。因此我想看看，一旦阅读的快乐焕发了她的神采，她的皮肤会是什么模样。"文学竟能对姑娘的皮肤发生作用，真是出人意料！然而，卡夫卡继续让马克斯·勃罗德安心，他"留在马特里亚利，不是因为任何女人"，今后不论在"什么地方"，也不会有女人能把他留住。他为什么说得这么肯定？好像是为了保护自己，因为他受了伤，幻想破灭，他写了一份觉醒过来的笔录："很奇怪，女人没有多少洞察力，她们只注意自己是否讨人喜欢，男人是否同情自己，是否在自己身上寻求同情，别的事情一概不加注意。然而一般而言，注意这些也就够了。"不过克洛普施托克的敏感最好是保持下去。只是这并不会禁止卡夫卡在早晨与一个年轻姑娘在 5 月漂亮的树林里走"一两次"。尽管这是徒劳无功的乐趣，他却"抓住不放"，连引诱者自己也没有注意到的眼神也不放过。虽说身边围绕着不少女性，且对他都很有好感，卡夫卡却作着这种潜在的、短暂的、"没有任何结果的"调情。再说，他下结论说，这也算不上什么"让人吃惊的大事情"。

1921 年春天，正是在马特里亚利，在密伦娜盘踞他心中萦绕不去的时候，他把自己的隐情告诉了马克斯·勃罗德。据他自己说，他为什么总是与年轻姑娘搞不到一起，这里面有个关键原因："两个年轻姑娘中间，总有一个的肉体吸引我。"他说，但绝不是他喜爱的那一个。他把自己爱慕的对象摆在"非常高的"位置，以至于"高不可及"。可是，既然碰都不能碰，他为什么还要选择喜爱她呢？

这些退隐和幻灭的日子也连带出一种并行不悖的疏远：在马特里亚利，卡夫卡什么也不写，就连日记都沉默了，也没翻开过"一本真正的书"。他把自己封闭在一种缓慢的死亡里。5月，他写信给奥特拉说："你如果不来接我，我真不知道怎样才能从这里走出去。"勃罗德打算去海边度假。他写信给勃罗德，承认自己也想到波罗的海去疗养疗养。"与其说是想，不如说是做梦。"难道他有了预感，知道两年以后，幸福这道最后的光亮会在波罗的海等他到来？

1921年9月，卡夫卡从马特里亚利回城，到1923年7月出发去波罗的海海滨疗养，两年之中，除了1922年冬天在山区，夏天在妹妹家小住过以外，他一直把自己关在布拉格，就像幽闭在一座"坟墓"里。为了有精神应付办公室的工作，他一下班回家，就上床睡觉，可还是经常缺勤。晚上他住在父母家，就像个局外人，不参加牌局，只愿意给母亲记记分。厌倦与疲乏折磨着他，尤其是漫长的星期天，他愁闷苦恼，百无聊赖，只能记下自己的"绝对的忧伤"。为了激发昔日的梦想，他参加了一部有关巴勒斯坦的电影的播映，可是并没有改变自己的心境。还不如重读《伊凡·伊里奇之死》呢，可是这部作品再次打上了《情感教育》结尾的色调。家庭、办公室、街道，这一切在他看来都是幻影，而"多少遥远一点的幻影，就是女人"。10月中旬，在把所有的日记本交给密伦娜之后，他开始记一本新的日记，他说，这与从前那些"不同"。在"残余的日子"里，他努力活下去，想通过拿绝望打赌，来尽可能从"可怜"状况里获得"最好的结果"。他成了一个"活着的记忆"，过去的经历在侵蚀他、折磨他。他凝视自己的废墟，发现自己由肉体开始被"系统地"摧毁。1922年1月初，卡夫卡的身心"完全垮了"。他先后迷上"钢琴、提琴、多种语言、日耳曼研究、反犹太复国主义、犹太复国主义、希伯来文化、园艺学、细木手艺、文学，作过多次结婚的尝试",可无一成功。他用这些总是夭折的冲动来衡量自己的失败。苦涩的总结:我们从中读到了这些"荒谬"的补充,如园艺学和细木手艺,而文学作为挫败的点缀,竟也厕身其间!紧接着,我们就要反复思考,是什么问题搅乱了昔日少年的"性单纯"。在这一点上,一切也都不可避免地被"糟蹋"了,就像密伦娜的不幸所确认的那样。卡夫卡虽然"羡慕所有夫妇",在办公室也羡慕"已婚男子的幸福",但也知道他是受不了那种"生活"的。除了这些想象的快乐,他还不断怀着一些有关女人的"幼稚希望"。在强迫自己退却之后,他说自己"不分白天黑夜",都遭受着一种无法满足的性欲折磨。在这份苦恼卷土重来之际,他以一条新规定来应对:"不让女人侵害这种生活"。可是他又何曾放弃过这份苦恼?

卡夫卡本来已经放弃了孤独,担心孤独会以疯狂的方式来威胁自己,可是在达到"极点"的时候,孤独却又准备将他还给写作。正是在斯平德尔莫勒的雪野上,密伦娜的爆炸在把卡夫卡掀翻在地之后,轰开了一个缺口。从1922年1月底开始,他在那里的巨人山疗养院住了三个星期。《城堡》似乎也是在那里动笔的。在旅馆的簿子上,人家给他登记的是约瑟夫·卡夫卡这个名字。这不是个错误,而是一个信号:人家借用《审判》里的约瑟夫·K.这个名字,来欢迎他这个作家入住。正如与菲莉斯的分手催生了《审判》,与密伦娜的分手孕育了《城堡》。他在日记里写道:"文学带来的神秘怪异的慰藉,也许有危险，也许是救赎。"如果"从虚无中可以诞生什么东西"，那么这部杰作，这部浸润着雪的气息的作品就是证明，因为它的完成，或者它的未完成，似乎都在挑战作者的"可怕"状况。这片雪野与他乘坐小雪橇，企图播撒他那些幻想的雪野一模一样。在消耗体力之后，他疲倦地睡过去，对于失眠者来说"委实是一个纯粹的时刻"。不过他情绪有点不稳：在斯平德尔莫勒的严寒之中，卡夫卡觉得自己被"彻底抛弃"，无法与任何人联系，是一个"被放逐的人"。他虽然证实了他人对自己有"巨大吸引力"，可是有他人陪伴的"幸福"却"显然是姗姗来迟"。"我无法爱别人，我离得远，我被排斥在外。"从此他置身局外，在村庄的"荒谬"道路上信步游荡，遭受着"恐惧"的折磨。卡夫卡投射在雪地上的"太长的影子"，就是追逐他的死亡。"我走投无路了。"那就写作吧。这个让人伤心的 1922 年却是个多产的年头。他写信对马克斯·勃罗德说，他通过写作来"呼唤末日，等待着他的平静末日早点到来"。他再次表达了这个意愿——在写作中死亡。照布朗肖的说法，他就是"为了在平静中死亡"而写作的。他退守在某种让他回想起加尔达湖畔那些幸福日子的"麻木"之中，可是在斯平德尔莫勒，没有一个年轻姑娘出现在他的阳台上。

她们在哪儿呢？春天，在布拉格，卡夫卡只在日记里给街头"瞥见"的几个姑娘的影子画了速写。这是一种固执叮螫的信号，一种回忆的信号，一种动荡不定的欲望的信号。参观一个画展给他提供了找回这些未曾触碰，也不可触碰的肉体的机会。他从那些画面上截取了一个片段、一个动作：一个"故事里的公主"全身赤裸，躺在长沙发上，偏着头，望着窗外的风景；一个年轻姑娘站着，臂膀贴腹，手托下巴，若有所思，"表情又稚嫩又深沉"，脸蛋却是"无与伦比"；一个农妇垂脚坐着，"一副让人生出情欲的放松姿态"，浑圆的踝骨让人心动；一个还在脱衣的年轻姑娘，"既撩人又迷人"，只有一个"满怀爱情"的画家才抓得住"那份别人理解不了的妩媚"。法国画家巴尔蒂斯曾断言，绘画是一种祈祷。他这句话让人想起卡夫卡关于写作的说法。倘若果真如此，那么卡夫卡观看的这些画作就是一些圣像。现在，这些梦寐以求的仙女就出现在你面前，你还等什么呢？他不是一直凝视着她们，想从中寻找、认出自己的梦想吗？他没有想到昔日绘画的快乐吗？从前有一天，他不是告诉菲莉斯，说自己曾是"一个非常喜欢绘画的人"，画起画来比干什么都"高兴"吗？可惜他没有画过年轻姑娘！可是谁知道，在办公室文件纸的空白处，他画没画过呢？

绘画的开端。目光的开端。1922 年春天，在散步时，他的目光碰到了一些少女，一些差不多成熟了但尚不知道自身魅力的少女（不过这只是假装不知道罢了）。一大群花蝴蝶：一个"腰杆笔挺，一头黑发剪得短短的"；另一个"金发白肤，相貌与微笑都有些模糊不清"；一些节日穿着军服游行的少女，其长腿踏着"激动人心的音乐"拍子，让卡夫卡想起自己年轻时小酒吧里那些"木偶"。这另一个是在一座果园附近见到的,"头发、鼻子、面孔都像果子一样光亮";那一个则是5月的流浪女,"一身脏兮兮的,穿着束缚疯子的紧身衣",披头散发,赤着脚满街乱跑。她似乎给卡夫卡提供了借鉴,让他看出了自己的潦倒混乱。这群少女是来拯救他的吗?他说,看到这些小家伙,这些"年轻的稚嫩儿,不知未来的新人",生出一种"纯洁的感觉"。一如乐于与孩子们相处的梅诗金和阿廖沙,卡夫卡在这些少女面前感到快乐,甚至快乐得流泪。

虽然在布拉格的人行道上,他还用目光接触年轻姑娘,但是早就不给她们写信了,要写也只给闵策写几个字。朋友克洛普施托克转来一个年轻姑娘的纸条,那是"一封优美而又残酷的书信",卡夫卡回复他说:"这是夜间诱惑人的声音,美人鱼也是这样唱歌的。"接下来他进一步表达了自己的怨气:书信"能够让我快乐,让我觉得可以赞美;不过从前在我看来,它们的意义更大"。可是时间一过,那些书信就成了一堆废纸:"我对一堆书信抱有幻想;有好些年头,我预先感受到了这堆书信的热力,等到把它们付之一炬,这份热力才冷却下来。"菲莉斯的书信、密伦娜的书信真的烧掉了吗? 1922年6月,卡夫卡仍然冒险给一位少女写信,不过这是为了求她安静:只是"一个微不足道的祈求",请她弹钢琴时安上消音器!

只有一个例外,一个年轻姑娘跨进了他与世隔绝的大门。普娅,十八岁,来自耶路撒冷,在布拉格攻读理科课程,给卡夫卡稍许带来了那边的气息。卡夫卡为了培养自己对巴勒斯坦的幻想,已经开始自学希伯来语,语言练习做了一本又一本。从1922年冬天开始,通过一个共同好友的介绍,美丽而活泼的普娅同意辅导卡夫卡,每周来他家授课两次。作为一个专心好学、求知欲难以满足的学生,卡夫卡进步很快,每次上课之前就把想学的词语开列出来。这种热情不可能为疾病所损害。有时,在上课之中,他忽然觉得疼痛,就使劲压着胸口。普娅说,要是她的讲授被卡夫卡的咳嗽打断,卡夫卡就用眼神请求她讲下去,尽管卡夫卡的母亲觉得不安,从门口探头张望,示意年轻姑娘让她儿子休息一下。通过教与学,也通过欢笑、交谈以及赞扬,比如夸赞"巴勒斯坦小妹妹"裙子漂亮,两人建立了一种联系。普娅的魅力,就成了耶路撒冷的鲜活的形象。卡夫卡饥渴地询问她那座圣城的事情,甚至希望姑娘回家时,带他同去该城瞻仰。姑娘说:"他很看重我,因为我是第一只从耶路撒冷飞来的鸟。"似乎她为卡夫卡打开了一道门缝。

卡夫卡总是善于从年轻姑娘身上汲取蜜汁,他已经把普娅当作访问那块福地的向导。当普娅不听父母的意见,决定到柏林游学时,他鼓励姑娘成行。他们后来在那里重逢。在那里,姑娘还给他上了几课,然后就消失了。她离开了卡夫卡,认为自己让他失望了。真是这样吗?她通过离开,也把自己在他眼里所代表的东西带走了吗?年轻姑娘被病人的衰弱吓怕了,承认自己并无充当护士的志向。这个职务自有另一个女人来替她担任。她的疏远也可以用嫉妒来解释。因为在柏林，有个姑娘很快就会来分享弗兰茨的生活，并且接替她来教授希伯来语。普娅还只是个指引人，就像是一个预兆，引出最后一个年轻姑娘来登台亮相。

1923年夏，在奇迹出现前夕，卡夫卡继续乘筏乱漂。"除了痛苦，什么也干不了。"他"几乎毫无间断地"度过了一些"可怕的时刻"。一年来，疲倦与晕厥把他压垮了，他说自己被死神"守着"，没有"避难的地方"。从普拉那回来以后，他就丢下了日记，6月又一度捡起来。要抓住什么才不致沉沦？要抱住哪根"想象的梁柱"，抓住哪根"救命稻草"，求助于哪个纸上的救星？在作品面前，他觉得自己越来越"畏首畏尾"。写作成了"我在尘世最重要的事情，就像妄想之于疯子，怀孕之于女人"。3月，他就这样来解释自己为什么需要孤独，以拒绝朋友克洛普施托克烦人的殷勤探访。现在，他就只是"灵怪"手上的一个玩偶，听凭它们钻到稿纸上，玩弄恶作剧，把写下的文字"颠来倒去"，就再没有别的作为了？有谁可以把他从中解救出来呢？"作为溺水者，他渴望得到援救。"在要命的时刻，有人把一个浮筒推给他，此人名叫朵拉。

朵拉，最后的也是最温柔的安慰天使，
卡夫卡求她：
"把手放在我额头上，给我勇气和力量。"

第十五章 在幸福门口

最后的梦想在波罗的海岸边等待着卡夫卡。他与大海睽违十年，1923 年夏重见大海，觉得"它更美丽，更活泼，更年轻，更加风姿摇曳、变幻万千"：它长着"机遇"一样的面孔，也就是说具有一个年轻姑娘——弗兰茨·卡夫卡遇到的最后一个少女——的面孔。卡夫卡是在沙滩上懒洋洋地打瞌睡时见到她的。

从布拉格来到米里茨并非一帆风顺。7 月初，他勉强摆脱病榻，陪同妹妹和两个外甥来度假。怎么抵抗得住城市的吸引呢？途中，他在柏林作了停留，见了马克斯·勃罗德的女友。他建议埃米去参观普娅管理的犹太儿童教养院，那里离城里只有两小时路程。可是由于疲倦，卡夫卡只好在半路上放弃了这个计划，与埃米在郊外走了走。埃米"有趣的孩子般的认真劲儿"使他增添了不少精神。那一天，命运也在犹豫不决，因为普娅并不是良好的幸运星。这只是一个引导问题：指引他走向最后一个少女的幸运星，明日将在米里茨出现。

旅途劳顿，把卡夫卡折磨得够呛，可是要一时挣脱"幽灵的控制"，这是必付的代价。早在 5 月，为了证明自己还能旅行，他甚至打算一直旅行到杜布利索维斯。"世界是属于我的。"他当时写信对密伦娜说。可是这样一次出游是要付出惨重代价的，而且"上天和地狱"似乎也要惩罚这份鲁莽。"即使卧床不起，也要到巴勒斯坦走走，为什么不去呢？"他始终存着一个"顽念"：动身去巴勒斯坦看看，虽然他心里"非常清楚"，此生他是去不了啦。他说，这种不可能实现的"出行"就像一个会计卷款逃往美国。不过在三个星期内，米里茨成了他的巴勒斯坦圣地。但他把此行看作一段"最长旅行的预先考验"也并非毫无道理。米里茨的夏天向他呈现了这样的幻景：在北部的沙滩上，出现了一小块真正的福地。他后来在信里对密伦娜说，在那个"远离布拉格的地方"，"突然产生了某种伟大的东西"。

面对大海，他好像找到了生命的音乐，并不觉得噪声有多么难受。从树林里一直到他房间的阳台，到处都响着柏林犹太人之家的孩子们的歌声、叫喊和欢笑。这就是从前他介绍菲莉斯前去探访的那个东部难民营。这个营地就建在森林边上，离他所住的旅馆只有咫尺之遥。沙滩上充满了孩子们的欢闹声。他坐在扶手椅上，看着那些"有着清澈、快乐的蓝眼睛"的孩子嬉戏打闹，心神非常愉悦。其实光是这些孩子的身影，光是他们说的希伯来语，就使他"心头一热，倍觉温暖"。他在给一个朋友的信里说，"在他们中间，我不只是高兴，而是来到了幸福的门口"。尤其让他快乐的，是一些少女在带着孩子们嬉戏。他不仅鼓励外甥格尔蒂与费利克斯去和那群孩子玩耍，而且自己也加入其中，很快就和那些少女建立了联系。这个瘦高瘦高、模样怪异、让人困惑的人物虽然年约四十，却显得那样年轻，富有朝气，姑娘们难免感到惊奇。

头一个被卡夫卡驯服的姑娘名叫蒂勒。她十六岁，那年进了柏林一家书店学做售货员，因此对卡夫卡的名字并不陌生：

她记得曾把这位作家的《运煤工》摆进橱窗陈列。虽说她的记忆可能有误，但是这故事却是美丽的。由于这本书的引导，少女被作者的魅力迷住了。战争把这条小小的美人鱼从波兰驱逐出来。后来她辗转去了特拉维夫，当了一名舞女。卡夫卡与这个小姑娘在沙滩上聊天，对她的苦难充满同情。小姑娘虽然不是卡夫卡在米里茨的意中人，再说她或许也并不乐意充当这个角色，却邀请他参加难民营的一场戏剧晚会，给他打开了富有魔力的圈子的大门。卡夫卡保留了对小姑娘的温情，并且以自己的方式冲淡了小姑娘离开难民营时的怅惘。小姑娘来向他告别，被旅馆的豪华气派吓住了，站在大堂一动不动地等他下来。大堂里，钢琴师在演奏格里格的一首曲子。卡夫卡捕捉了那一瞬间："您站在大堂里，微低着头，有些发愣，似乎在谦卑地向音乐鞠躬。"他在不久以后的一封信里写道："您能够永久地保持这样一种姿态吗？"沉思的少女的诱惑力。为了安慰她，他回到房间，拿出一大包用丝光纸包着的东西。蒂勒打开包裹，里面是一大罐包装豪华的红色巧克力。卡夫卡曾无意撞见蒂勒与女友萨比娜在一家糖果店，看着这罐巧克力发愣。卡夫卡对小姑娘解释说，按照犹太人的习俗，她应该在结婚之日打破这个罐子。"告诉我，蒂勒，"罐子问她，"您决定什么时候把我打破呢？"蒂勒带着一身的谜走了，不久寄了一些信来。卡夫卡在沙滩上，在孩子们的打闹声中拆读这些书信，打算不久后，在回去途中再与这位把他引上至福之路的姑娘见上一面。

7月13日，星期五，多亏蒂勒的邀请，卡夫卡首次进入犹太人难民营，以后就每晚必来。他高挑的有点摇晃的身影站在厨房门洞里。里面有个少女正在剖鱼。他微低着头，眼睛睁得大大的看着她，轻轻地说："一双娇美的手，竟要干这种活儿……"确切地说，这是一种牺牲。13日，星期五，几乎成了侍女的姑娘沾血的双手：这双重信号给他与朵拉的相遇打上了烙印。这是卡夫卡在生命的最后日子找到的友伴。他们坐在共用的餐桌旁，坐在一把长椅上，分享安息日的大餐。对他这个从未过过安息日的人来说，这是个皈依的节日。一群少女围着客人翩翩起舞，可是蒂勒却没有看出来，卡夫卡的眼睛只盯着一个姑娘。

那么多姑娘，卡夫卡为什么独独选中了朵拉？有关朵拉的情况，我们几乎是一无所知，因为卡夫卡在这方面表现得十分谨慎。8月，他从米里茨给蒂勒写信说："一个奇妙的好姑娘"。这一句就把要说的话说出来了。日记他也没记了，在那里面找不到有关朵拉的蛛丝马迹。而在他的书信里，有关朵拉的一切都被遮得严严实实。这份谨慎，比起写给菲莉斯的几页文字书信还有过之。这就说明了朵拉对于波罗的海的落水者是何其重要。幽灵一直在"窥视"他，谈论朵拉，写出她的名字，也许会惊动它们，引起它们警觉。如果闹出这种结果，那就是对他们爱情的亵渎。朵拉，或者是无声的爱慕。

朵拉十九岁，全名是朵拉·迪亚曼特。如果不把字母写漏，

"迪亚曼特"的意思就是钻石。这倒与她的熠熠光辉相宜——内心的光辉。我们找到了她两张极不相像的照片，它们仅仅提供了一种模糊的影像。其中一张颜色深暗，她有些羞怯，一双眼睛倒是热辣辣的很有精神；另一张略微低着头，看得见茂密的头发覆盖下的颈根，从额头、目光、微启的嘴唇的笑意上，无不显露出一份文静。她显得很有自信，似乎在问别人：你指望从我这里得到什么？她浑身透出贞洁与情欲混合的气息，只要接近她的人都可感觉到。后来，朵拉在谈论自己时也说，她是个"内向的姑娘，脑子里装满了梦想和种种预感，这一切大概都是从陀思妥耶夫斯基的一部长篇小说里得来的"。她出身于一个有着哈西德信仰[1]的犹太人家庭，祖籍波兰，为了活命，从那里逃了出来，来到德国谋生。这个大胆的举动吸引了弗兰茨。作为两个世界都待过的一个姑娘，朵拉在西方世界发现的种种现象让她感到困惑，便迷上了东方的犹太教，也就是从前演员洛维给卡夫卡启蒙的那种信仰。朵拉精通希伯来语和意第绪语，在她身边，卡夫卡十分满意地重新感受了这门信仰的清新魅力。她虽然来自远方，却由于富于这份独一无二的珍宝，反而变得最为亲近。正如布朗肖所指出的，1923年以后，"卡夫卡变得陌生了，我们都认不出他来了，只能来猜测他"。为了陪他走完这段最后的生命旅程，为了走近朵拉这个神话，还

---

[1] 哈西德派，犹太教（Judaism）的一个虔修派和神秘运动，18世纪起源于波兰犹太人。

是来倾听我们内心的感觉，以及波浪在米里茨沙滩上的细语吧：卡夫卡来日不多了，他虽然是孤身一人，却怀着爱情，也得到人家的爱慕。痛苦和幸福交织在一起——公然的结合，不可思议的偶然性。让我们把意大利诗人兼哲人帕韦泽的话重说一遍："死亡将临，将占据你的眼睛。"法国诗人弗朗西斯·雅姆希望"于死亡时看到年轻姑娘在生活"，卡夫卡也把他的祈愿当作自己的祈愿："让我死的时候，把一条胳臂放在正在抽泣的完美颈项上。"这个愿望，弗兰茨还是实现了。

正是在米里茨的那三个星期里，这个经常纠缠卡夫卡的梦想，就如意料之中的那样占据了他的心。怀着这个梦想度过的日日夜夜又知道什么呢？他到难民营去得更勤了。他对蒂勒说心里话："尤其是朵拉，我最喜欢和她在一起。"在沙滩上，他们一起朗读几段用希伯来文写的文章。他们之间缔结了某种重要而具有决定意义的关系，这种关系一直持续到他生命的最后一息。他们发现彼此间如此作出了允诺，便推翻了做不到的结论。说话之间，卡夫卡生出了在柏林安身的愿望。后来这个愿望就"可笑地"变大了，他希望有人与他一同去那里安身，因为他清楚病情不允许自己独居。这个打算形成之后，卡夫卡写信告诉密伦娜，说在米里茨找到了"一个不可思议的帮手"。不过他没有说出朵拉这个名字。因为他的快乐是那样弱不禁风。

卡夫卡在米里茨是否耽搁太久？从7月中旬开始，他就对克洛普施托克说，那些幽灵，也就是那些"密探"找到了他的踪迹。头疼又开始了。难民营让他恢复了睡眠,可现在又把睡眠夺回去了。老天格外开恩的日子结束了。8月初,他承认在米里茨没有原来快乐了。他对蒂勒说,他也"不像从前那样理解难民营了":"一个看得见的小东西搞坏了我的印象,而别的看不见的东西则更加败坏我的兴致。""失望之下,身心觉得疲惫",他就更愿意"疏远"难民营了。因此,当妹夫如约前来接家人回去时,他对于"动身离去也并非不乐意"。他不可能独自留下来,只能跟着他们走,因为他不能滥用难民营的殷勤好客。自从"一种个人关系影响了他与整个集体的关系以来",他就觉得自己成了个有点"不明不白"的客人。这次仓促的动身离开,与米里茨的不和始终是个谜:为什么要选择朵拉不在的时候动身?在这些紧张的日子之后,面对准备跨出的巨大一步,他感到害怕,想打退堂鼓了?8月7日,作为唯一的不可缺少的支持,卡夫卡怀着不久后再见的承诺,把朵拉留在海边,离开了米里茨。

归途在柏林停了一下,茫然失落,不知所措:"我不知自己身在何处。"他在给马克斯·勃罗德的信中写道。不安沮丧之中,他转向蒂勒,请她带着三个女友一同去戏院观看席勒的《强盗》。这是否是一场幕间插曲的回忆呢?蒂勒这时的心境已经完全平和下来。卡夫卡在不久之后给她寄了一些糖果,好像是要请她原谅自己选择别人的行为。他在糖果盒上写道,"神奇的糖果",告诉她一种特别的品尝方法:"您不需接触糖果,只要躺在沙发上，把盒子打开，放在旁边，尽管隔着一段距离，我却能够让它们一颗接一颗自动跳进您的嘴，就好像我在您身边似的。试试吧！"教授年轻姑娘做美梦，并且乐于看着她苦苦等待结果的模样！

眼下，与10年前引出魏玛那番调情的游戏大为不同，卡夫卡是垂头丧气地回到布拉格的。8月底，奥特拉换下艾莉，把卡夫卡带到舍莱森。卡夫卡最后一次独自一人，与这个事事都明白的妹妹待在一起。如果他的翅膀并不退缩，这就是奋飞之前的蹲伏。在乡间度过的这三个星期，卡夫卡努力增加一点体重。可是无效，"敌对的魔鬼力量太强"，使他无法实现自己的愿望。发烧，还伴生着其他"症状"。他对克洛普施托克说，他本应在次日去柏林与朵拉见面，可是这一来，柏林就和巴勒斯坦一样，也几乎成了他无法前往的地方。他还会跟跟跄跄挣扎着跑一趟吗？自从离开米里茨，去柏林的梦想就有增无减。而且，他在与奥特拉谈话的时候，在每天写给朵拉的信里，都肯定提到了这个愿望。可惜这些信我们没有拿到，那里面肯定燃烧着、战栗着他去柏林与朵拉会合的决心。奥特拉鼓励卡夫卡放下缆绳，大胆地开始一种新生活。与朵拉一起生活，这是他最后的，也是唯一的前景。

9月22日从舍莱森回来，卡夫卡在布拉格只休整了一天半。24日，他出发去柏林。他以为自己只在那里"住几天"，谁知一住就是半年。逃离——因为这确实是一次"逃离"——前夕，是一个焦虑的夜晚。他写信告诉奥特拉，说这是他经历的"最为难熬的夜晚之一"。绝望之下，他几乎准备放弃，甚至把发给柏林旅馆取消预订房间的电报稿也拟好了。早上，父母为他的状况担心，还在极力劝他留下。然而，他对密伦娜说，"带着残余的几丝力气，或者不如说，根本没有力气"，他开始对自己实行最后的拯救。"一个非常大胆的行动"，其重要性，他觉得只有俄罗斯战役才能相比。可是，他的大胆行动也与拿破仑一样注定会倒霉，这一点他预感到了吗？无论如何，这个命运的囚徒是打破了牢笼，而这是他最为痛快的胜利：他把它归功于朵拉。他对马克斯说，这是一次"辉煌的"动身。在把他带往柏林的火车上，他想到从前去见菲莉斯时那些徒然的旅行了吗？姗姗来迟的报复，那些丢失的时间都被拿来与胜利作抵押。他想起了多年以前写的那句话了吗："那个行将去世的家伙，在去世那一刻会是什么样子呢？"他悔恨自己没有在1912年动身，又想象自己在战后来到柏林会是什么情形："头一个任务，就是缩在一个角落，拷问自己……即使我会在那边，在我的洞窟里毁灭，我也要做能做的事情。"在这幅前兆性的图画里，缺了朵拉的形象。今日，柏林已不是菲莉斯的城市：他不会再见到她。当他在朵拉面前提起从前那些日子，用的是一种冷淡的语气，因为那时他来柏林，他的"未婚妻"甚至不来站台迎接。因此我们可以肯定，朵拉是张开双臂来欢迎他的。

现在卡夫卡在柏林"安顿"下来。城市并没有穿上鲜亮的衣装来欢迎他。罢工、动乱、排在什么都缺的店铺前的队伍，街道只不过是一长串破败凄凉的景象。发了疯的物价"像松鼠一样飞快地往上蹿"：短短两个月，房租就上涨了十倍！住宿和伙食越来越差。在这里生存下去成了日常生活中比较困难的问题。每次卡夫卡冒险走进市中心"可怕的"人群，出来时就是一副"可怜兮兮的样子"。可他并不愿意对周围的穷困浑然无知。他写信对马克斯·勃罗德说："正义与德国的命运休戚相关。"

既然柏林并非欢乐幸福之乡，卡夫卡为什么还要住在柏林？其实他不是让自己，而是让梦想住在那里。他和朵拉住在郊区施泰格利茨，没有搬离过。在那里，"生活是美好的"。他生活在别处，在"真实的柏林的残酷"之外。早上，他战栗着，"吮吸"张贴在区公所广场的报纸上的"毒素"，再到"别墅旁边的小径上走走，沉浸在秋天的静寂之中"。他住的那条街道——米格尔街，是最后一条还有"城市气味的"街道。在这个像一座花园的另类柏林里，他怀着"过一种几乎是乡村生活的"幻想。在只有两步路远的植物园与相距也很近的森林之间，"小移民"找到了一个"非常舒适的"避难所。在这个"十分安宁的"小岛上，幸福占了上风，使得一切都显得那么美好。终于离开布拉格的幸福，终于来到柏林，与朵拉相聚的幸福。到达柏林一周以后，他写信给奥特拉，赞美这种幸福说："当我在温暖的黄昏走出家门，从花草繁盛的古老花园里袭来阵阵芬芳，是那样幽微,又是那样浓烈。我想在别处,在舍莱森,在梅拉诺,在马里昂巴德,都不曾有过这样的感受。"最后,他写下了这样一句话:"是啊,这是一次屈劳之行。"还要怎样说才能更清楚地告诉妹妹,他仍紧抱着他的梦想?从头来过,从屈劳开始,如果不是意味着重新努力生活,至少意味着找到了安宁去世的机会。把柏林与屈劳作比较,也就意味着朵拉在这里充当了奥特拉的角色。卡夫卡还邀请妹妹来看看,以确认"他现在的状况"。

他邀请奥特拉,而且只邀请她一人。"柏林情事"是"我用尽全身力气,快速截获的",卡夫卡对奥特拉说。因此它是那样脆弱,卡夫卡只能小心保护,使它免受任何干扰,这样一来,就不得不把父母带着指责眼光的来访排除在外了。置身于他们的影响之外,不让他们见到朵拉,就成了非做不可的事情。"布拉格的闯人"构成了一种威胁:"这会让我难受,让我彻夜不宁。"奥特拉是不会作出任何指责的,因为她善意的目光就是一种保证:"即使全世界的人都来烦我,与我过不去,你也不会这样做。"让知道自己曾经多么绝望、为了获取幸福付出多大代价的人去接触自己的幸福,其实只是为了让她支持自己的幸福。10月,卡夫卡没有忘记向奥特拉祝贺生日,但是他"从来"想不起奥特拉的年龄:"在我看来,你没有变老。"奥特拉或者永远的年轻人:虽然嫁了人,做了母亲,她却仍然是那个有着逢凶化吉能力的年轻姑娘,是与昔日世界断绝联系的兄长最可靠的联系。一如往常,卡夫卡托她向办公室交涉。作为一个可以随意使唤的劳动力,卡夫卡带的外衣衬衣不够,就请她寄来:他是两手空空逃出布拉格的,现在打算在柏林度过整个冬季。奥特拉给他寄来一大包东西,衬衣、袜子、毛巾、床单、枕套、睡衣、外套、室内便袍、套装……可是最让朵拉感动、甚至流泪的,是连抹布和桌布都寄来了。在那个物质匮乏的年月,奥特拉向他们一次次伸出援助之手,寄来了许多生活必需品:牛油、大米、面粉、白糖、茶叶与咖啡,这些都是大受欢迎的东西。朋友克洛普施托克寄来的巧克力则是盛宴上最好的一道菜。有了这些原料,朵拉就给犹太孤儿院制作了一个"大蛋糕"。弗兰茨还免不了把需要接济的柏林朋友的地址告诉奥特拉。

11月中旬,善良的仙女奥特拉在柏林露面了。可是这时发生了一个"大事件":由于受到女房东的烦扰,卡夫卡和朵拉刚刚从米格尔街的寓所搬出来,在一个花园别墅租了一套带家具的两室房。新房还是在施泰格利茨社区。搬家的任务"全部"由朵拉承担。他们在这套房间里住到来年2月,虽然租金昂贵,房子却"富丽堂皇",卡夫卡觉得自己从未住过这样高级的房子。他写信告诉密伦娜说:"这房子太美了,不久肯定会失去的。"由此可见柏林之梦的不稳定。他们就是在那里,格伦威尔大街13日接待奥特拉的。朵拉与奥特拉是头一次见面,弗兰茨处在她们之间。关于这个时刻,卡夫卡没有留下什么文字记载。对于妹妹的这次来访，卡夫卡只对马克斯·勃罗德说："奥特拉在此，对见到的一切都觉得满意。"奥特拉对哥哥与朵拉表示祝福。卡夫卡打的赌赢了。可是她看到了什么？也许对一种如此不确定的隐退的未来抱有幻想？她在弗兰茨的眼睛里看出了什么？失望有可能流露吗？这次见面几乎就是永诀。这天，在奥特拉的内心深处，她失去了一个已经失去的兄长。原来束缚着她的义务，现在解除了。奥特拉把卡夫卡交给另一个女人照料。弗兰茨的生与死就是一些年轻姑娘轮班照顾的过程：奥特拉把目击证人的职责交给朵拉，让她陪卡夫卡度过最后一个冬季，一个春季。在妹妹即将动身离去之际，卡夫卡把一个玩具娃娃塞进她的箱子，送给她女儿薇拉。他说，她对柏林的想象将受到"决定性的影响"。作为交换，奥特拉把薇拉的照片寄给舅舅。在那上面，卡夫卡只看到一片"单纯和天真"，他指望从中受到什么影响呢？

这只柏林的玩具娃娃冒险一直来到布拉格，像双胞胎一样与另一个漫游世界的玩具娃娃相似。弗兰茨喜欢在施泰格利茨的公园里散步，有一天碰到一个小女孩在哭，说是把玩具娃娃弄丢了。朵拉讲述说，为了安慰她，卡夫卡硬说那娃娃动身旅行去了：他知道这件事，因为娃娃给他写了信。第二天，卡夫卡写了一封信，拿给小女孩看。在信里，玩具娃娃说明了自己想到别处走走的想法，并保证会继续报告自己的消息。借助卡夫卡的编造，丢失的玩具娃娃确实不断"发"来了消息：小女孩还不识字，卡夫卡每天都把它的新冒险经历读给她听。它长大了，上学了，过起了小女孩的生活。这个故事持续了好几个星期，到该结束的时刻了。卡夫卡犹豫了好久，最后痛下决心，在一封像是尾声的来信里，他让玩具娃娃嫁了人。他描写了玩具娃娃与意中人相遇的情形，描写了订婚仪式，为婚礼作的准备，新婚夫妇的房子，就像描绘自己的那些经历。玩具娃娃切断了线索，再也不找小女孩了。不过，小女孩被这个略显残酷的长篇小说迷住了，早已忘记了失去玩具娃娃的忧伤。卡夫卡非常喜欢童话，知道优美的谎言可以使人忘记痛苦。而我们也感觉得到，他十分认真地编撰这个故事，既是为了抹干公园里那个小女孩的眼泪，也是为了让朵拉感到幸福，受到启发。

晚上，卡夫卡常常给朵拉朗读作品。又有哪个年轻姑娘能够逃脱这种爱情的仪式？为了催她入眠，卡夫卡给她读格林兄弟、安徒生或者霍夫曼的童话，不然就是一次又一次地朗读他最喜欢的作品之一——《O侯爵夫人》。朵拉说，读了不下五六次吧。我们知道那是克莱斯特的作品，说的是一个离奇的怀孕的故事。一个英俊的俄国军官把侯爵夫人从疯狂的士兵手里解救出来，不久就向她求婚。侯爵夫人当时昏过去了，不知道救命恩人对自己施行了不轨。虽然有孕在身，而且十分明显，可是侯爵夫人死不承认，父母气恼之下，把她逐出家门，她便张贴布告，想知道施暴者的身份。当军官前来认罪，夫人却拒不相认。承认罪行改变了天使的身份，在夫人眼里他已变成了魔鬼，再也无法得到她的爱慕。救命恩人成了罪人，污点毁坏了爱情。在卡夫卡对这个作品的痴迷中，在他催人动情甚至感染了朵拉耳朵的快乐之中，显露出他对于性这种阴暗晦涩的力量的偏见。为什么在此想不到川端康成或者巴尔蒂斯笔下那些"睡美人"呢？因为她们也是在不知不觉的情况下遭受强暴的牺牲品。她们的放任引来了罪行：人只可能占有闭着眼睛、心不在焉的年轻姑娘，不过这也可能牺牲把我们与她们结合的魅力。

朵拉为了省电，好不容易弄来一盏油灯。在他们柏林的房间里，当挂钟嘀嗒嘀嗒的声音打破室内的沉寂，当卡夫卡就着这盏"神奇的"油灯，在朵拉身边写作的时候，一个这样的仪式就完成了。很快，朵拉就睡着了。魔鬼在替她守夜。卡夫卡无法忍受别人在场，干扰他作为作家的清静。他之所以接受朵拉的在场，是因为他尽情饮用她的睡眠和梦想的血液。朵拉，甚至通过朵拉的所有年轻姑娘，也许仅仅在这些时刻才是属于他的。独自一人，与睡熟的朵拉同处一室。如果说，卡夫卡在柏林感受到了幸福，那么幸福的顶点就在这种形式的拥抱中。等朵拉醒来，卡夫卡就给她朗读自己写的东西。朵拉说，他既不作解释，也不作评论。就像是验证一种夜的能力。过后，他要求朵拉把稿页烧掉。夜的孩子应该回归黑夜。通过把稿页投入火焰的这个净化行动，她就几乎除掉了罪恶：还是让我们来毁掉这种危险交易，这种狂欢的罪证吧。

"美好生活"可以继续。只是日子过得太快,不知不觉地,"还没做什么事",几天就过去了。卡夫卡初到柏林时在给马克斯·勃罗德的信里说。他每天将近九点起床,总是穿得整整齐齐,在周围散步。提篮采买是他触及城市脉搏的方法,是在人海中的沐浴。下午,他常常因为疲倦,不得不上床休息。乍到柏林,他被邻近一家园艺学校吸引,可是由于身体太弱,只得打消去该校求学的愿望。他转而对一所传授犹太文化知识的学校发生兴趣,想弄清辑录了历代解释犹太教口传律法的《塔木德》的意义。不过他却是跟朵拉学习希伯来语。两人在一起的时候,曾梦想在巴勒斯坦开一家比斯特拉小咖啡馆。她主厨,他跑堂:要截听生活中的流言传说,难道还有比这更好的位置?可是卡夫卡心在别处:在柏林或者漂浮的世界。没有报纸,布拉格就消失在一片朦胧之中。不知道那儿发生的事情"算不上什么大烦恼",即使他要打听穆齐尔最新上演的剧目。再说,卡夫卡很少读报,更愿意翻阅画册。出版商为了清偿版税,打开目录由他挑选:另一个黑夜探险家伦勃朗,在自己遥远的天堂安置许多年轻姑娘的高更,日本的版画或者中国的山水画。有一册荷尔德林的诗集,配的那些插图,就像他内心流亡中的罗盘。可是他翻开这本诗集了吗?只要翻开,就可读到这样的诗句:"生亦死,死亦生。"

退守着想象的柏林,弗兰茨和朵拉从不出门。剧院的门票非常昂贵。冬季，电影院放映的是《寻子遇仙记》[1]。柏林人在这个戴圆顶礼帽被人蔑视的角色身上认出了自己。有人愿意认为卡夫卡也看了这部电影，因为里面那个夏尔洛，就像《美国》这部长篇小说作者的兄弟。虽说卓别林的其他杰作都是在卡夫卡去世后才上映的，可是卡夫卡怎么看不到给这些电影增光添彩的年轻姑娘呢？

在施泰格利茨，访客很少。10月，"米里茨一个小女孩"来露了一下面，蒂勒都不愿提她的名字。她窘迫地看到朵拉把整个位子都占据了。埃米与一个过于遥远的马克斯·勃罗德的"长篇连载"陷入了泥沙，来这里倾倒苦水，寻求安慰。当她途经柏林时，马克斯本人也来到此城，三次探访卡夫卡。他见到老朋友与朵拉在一起获得了"真正快乐"，过着"一种田园诗般的生活"，给人以"解放与新生的印象"。在他看来，一种极为美妙的和谐把这两个人结合在一起，使他们"像孩子一般开心"。看到此情此景，又怎么可能怀疑他们不幸福呢？他们用手在墙上投射出像中国皮影般的影像，弗兰茨的手指是那样灵活，把这些影子舞得活灵活现。他们按照一种仪式，把双手浸泡在水盆里。演员洛维早就知道这个仪式的秘密：早上醒来，三浸其手，可以被除夜煞……

---

[1]《寻子遇仙记》是由查理·卓别林执导并主演的一部喜剧片，于1921年在美国首映。故事讲述的是一名穷苦的女人将孩子遗弃后，孩子被一个流浪汉抚养成人，并找回亲生母亲的故事。

在这种表面的轻松之下，不安却并未消除。虽说卡夫卡在新来乍到之时曾庆幸摆脱了折磨自己的魔鬼，但从 10 月中旬开始，他就改变调子了："夜里的幽灵找到了我的踪迹。"他向马克斯通报，好像敲响了警钟。然而并不存在向幽灵屈服、回返布拉格的问题："即使我要死在它们手上，在这里死也比在布拉格死要好。"只有一道路障可以拦阻他们，这就是沉默，就是不相信书信。卡夫卡之所以没有给朋友写出更多的书信，是因为他们都失去了年轻时的"单纯"。他写信告诉马克斯·勃罗德："我很愿意与人分享感情，可是不愿向幽灵敞开心扉。它们玩弄话语，舌头伸得长长的来读你的书信。"12 月底，他对密伦娜也作了同样的警告："老毛病甚至来这里缠上了我。"对她，他也不肯多说：关于他的新生活，透露给她只言片语"已经太多了"。从今以后，只有朵拉一人是清白的。这是无人分享的特权。面对"魔怪"的全面侵袭，卡夫卡采用沉默来筑起城墙，保护自己的清静。

把自己藏起来，作一番乔装改扮。拒不谈论每况愈下的病情：在他的书信里，他决不流露半点抱怨，只看得出他的病情的蛛丝马迹。12 月底，他又发起烧来。此时柏林人在遭受通货膨胀的蹂躏之外，又遭受严寒的袭击。煤炭匮乏。朵拉用一些蜡烛头来热饭。勃罗德说，卡夫卡是被 1923 年那个可怕的冬季"杀害的"——正如拿破仑是被俄罗斯的可怕冬季"杀害的"一样。1924 年 2 月，这个"手头拮据的可怜外国人"抛弃他"美丽的套房",与朵拉一起搬到采伦多夫避难,还是在柏林近郊。在此之前不久,他写信对马克斯说,他"怕自己病倒",无法偿清诊费。在他那种状态下,"病倒"只是死亡的委婉说法。朵拉的一个熟人是个医生,出过几次诊,并执意不要诊费,卡夫卡便把伦勃朗的画册送给他,以感谢他并无实效的工作,因为他知道自己命运已定,"为时太晚"。他更愿意死在柏林,而不是布拉格。孤身一人,只让朵拉相伴。在他们厮守柏林的最后六周之中,卡夫卡把自己关在卧室里,大部分时间躺在床上,稍微出门就累得筋疲力尽,干什么都要力气。他喘不过气,咳嗽,每晚体温达到38摄氏度。隔绝的生命,围闭的生命,甚至连电话也不能忍受。他的书信写得极为谨慎,曲里拐弯地掩饰病情:他劝克洛普施托克不要来看他,隐隐约约地说,他过着"一种略像幽灵的生活"。

在那边写作的文章,只有一篇逃脱了毁灭的命运。据该文的描写,柏林是卡夫卡的"地洞"。而据朵拉叙述,这篇文章是卡夫卡在冬天用了一个夜晚写出来的,不过并未完成。然而这似乎不大可能。这篇文章叙述的是一种陷入绝境、完全孤立无援的生活。就好像连朵拉也消失在那"另一个世界"的深处了。卡夫卡又一次把自己的恐惧借给了一只动物。《地洞》里的动物窥伺着死敌的临近,谛听着它挖掘的迷宫里"骗人"的静寂中那越来越近的脚步声。"地洞"是为抵御外敌而构筑的,抵挡不了内部的敌人,阴险的暗敌。躲在地洞里有危险。这篇叙述文章是一篇战略论文，一种推迟的死亡练习。仅是推迟而已，因为没法拒绝死亡的邀请。卡夫卡不是写信对勃罗德说，他觉得"艺术本质本身"，他的"生活"，"只能由一些针对幽灵的战略思考来解释"吗？兵营四周设了防，里面却发生了咄咄怪事；时候到了，当侵入者闯进来以后，动物由于在等待中受了欺骗，却觉得自己"比任何时候都要缺乏准备"。这就是卡夫卡在柏林的情形。

卡夫卡的状况让马克斯感到不安，2月份他路过布拉格的时候，就把这个情况告诉了卡夫卡的家人。舅舅勒维是个乡村医生，得讯后马上赶到柏林，却只能劝他去疗养一段时间。对他的建议，弗兰茨并不是坚决拒绝。他写信对克洛普施托克说："平平静静地去一家疗养院，把自己活埋在那里，我一直觉得这个想法不错。"然而，这个前景还是"非常可怕的"。可遗憾的是卡夫卡竟然同意动身。3月14日，马克斯·勃罗德前来出席捷克作曲家雅纳切克（又是一个喜欢年轻姑娘的人）的歌剧《耶奴发》在柏林的首演仪式，歌剧的脚本是由他翻译成德文的。17日，他离开柏林，带着弗兰茨作了最忧伤的旅行。他为什么不把卡夫卡留在柏林，让他在那里寂灭，免去这最后一次旅途劳顿呢？朵拉把卡夫卡送到火车站。这是与柏林永诀：一如耶奴发的儿子，把梦想埋进了冰原。

回到布拉格，弗兰茨又一次，但也是最后一次回到父母家里。再没有比这更能表明他失败的事情了。过去又把他抓住了。卡夫卡只打算在父母家里住几天，然后就进疗养院：可是没想到一住就是三星期。他感到无聊，就要求马克斯·勃罗德每天来看他。他不想让朵拉进入家庭圈子，不同意她来布拉格会合。他每天给朵拉写信，讲述他的梦想，或者扯托尔斯泰的事情。他想到了托翁在死亡面前的昏乱出走吗？朵拉在20世纪20年代末嫁给了一个共产主义战士，两人居住的寓所于1933年遭到纳粹搜查。照她的说法，那些书信都不见了，和卡夫卡的一些别的文件一起，被纳粹搜走了。接下来，她离开德国，去了莫斯科。在那里，她丈夫遭到逮捕，被关进集中营。为了照顾有病的女儿，朵拉于1938年逃出俄罗斯，来到英国，在撰写了一些有关卡夫卡的笔记之后，于1952年在那里逝世。

　　如果能看到这些书信重新出现，那该是多么美好的事情啊：卡夫卡向我们表示的最后的意思，也许就是要我们去找朵拉。至少，也不排除这种可能：朵拉为了保存一份回忆，不愿与别人分享，而自愿把它们毁掉了。朵拉说，"卡夫卡的任何事情，大家都不应该知道，因为没有人能够理解他"。她不同意在卡夫卡去世后出版他的作品。不让任何人对卡夫卡生出喜爱之情，她就可以一人独掌秘密，如果人家命令她交出秘密，她就把卡夫卡留下的东西全部烧毁。我们知道，卡夫卡曾作出安排，要求毁掉他所有的手稿和书信，只同意放过已经出版的著作，但即便如此，也不同意将它们重印。我们也知道，马克斯·勃罗德未按卡夫卡的本意来实践这个安排。如果没有他的"背叛"，我们就不可能读到《审判》《城堡》和《卡夫卡日记》，卡夫卡作品的一个重要部分就会惨遭截肢。他不是预先就说明了朋友的态度吗？1918年，当马克斯告诉卡夫卡一些类似的安排与他本人有关时，弗兰茨问答："这东西将来不会执行，不过会引起重视。"我们还是不要把马克斯·勃罗德对他的文学情谊与朵拉的爱情狂热来作对比。

一回到布拉格，卡夫卡的病情就变得复杂。喝水的时候，他觉得喉头有灼痛感，咽喉受到了侵蚀。面对这些晚期症状，卡夫卡对克洛普施托克说："看来，事情来得快了。"4月初，他只能"小声"说话了。他把失音与刚刚完成的叙述相提并论，并未放弃微笑："我认为，我对动物叫声的研究开始得很及时。"在布拉格的这三个星期过得多么悲苦，谁说得出来？然而，正是3月，在布拉格，卡夫卡写完了他最后的作品《女歌手约瑟芬或耗子民族》。写作，还在写作。按本雅明的说法，这是用"一千零一夜"的方式来"延迟死期"。写作伴随危险，却又有别于危险。在写作中死亡。如果不写作，他就完了；而正因为完了，他才写作。作家，至死都是作家。综观卡夫卡的一生，他最神奇的成就，也许就是在这样的灾难之中完成了这样一部杰作。一如约瑟芬这个少妇，他身上拥有"用之不竭"的力气；也如她一样，他处在"不胜即死"的境地。

《女歌手约瑟芬或耗子民族》是对艺术的一种讥讽和忧伤

的思考，是一个女歌手与听众间发生误会的故事。勃罗德跟卡夫卡讲述过《耶奴发》的首演情况，卡夫卡写这个作品，是不是受了该剧的启发？这个女歌手的形象，是不是与卡夫卡年轻时见到的那些小酒馆歌手有关？抛开那些逸闻趣事，人们从中听到的，是作者有节制的抱怨，是他的绝唱。鼠众遭受着"某种厌倦，某种绝望的蹂躏"，已经"太老，听不懂音乐了"。它们争先恐后赶着出席女歌手的演唱会，尤其是处在忧伤沮丧中的时候。可是它们听不听她演唱呢？她的歌声，一种适度的鸣唱，它们根本听不明白。人家更看重的是笼罩着她的演唱的那种静寂。对约瑟芬，人们没有给予任何特权：她不但要演唱，还得和其他人一样劳碌。这样一来，她就听任一种可悲的命运推着，往下坡路上走。很快，她的声音喑哑了，唱不出来了。对于她的听众来说，这并不是什么天大的坏事；而至于她本人呢，既然已经被人遗忘，也就终于摆脱了"这种人间流放的折磨"。然而，当她离去之后，音乐就从我们的生活中消失了。当一个作家去世，我们会失去什么？会缺失一种特殊的东西，会觉得空虚，因为在约瑟芬身上，有某种"属于我们可怜而短暂的童年的东西，某种一去不返的幸福"。某种"悄悄地、轻轻地，在呢喃声中，像说体己话似的，有时甚至嘶哑地表达的东西"。在失声的时候，卡夫卡向约瑟芬借用了一点艺术。他以描写一种"次等"艺术来封笔。还有什么事情，比他对这种艺术所作的谨慎赞扬更让人惊讶，更有现代意义吗？

剩下的事情，就是去奥地利等死。4月5日，他住进维也纳附近的维也纳森林疗养院。朵拉赶来照料他，住在附近一家农庄。疗养院坐落的"位置非常好，装饰豪华"，不过他觉得"让人感到压抑，于病人无益"，而且费用"十分昂贵"。他写信对马克斯·勃罗德说："得让《女歌手约瑟芬或耗子民族》来帮我一把。"卡夫卡求他找地方发表这篇作品，后来这篇小说在复活节那天由《布拉格新闻报》发表。总之，正如不久前他对密伦娜说的："我会口袋空空而去。"医生们诊断，除了肺结核，卡夫卡还患有他们无法医治的喉结核。五天以后，有人把他送到维也纳，住进哈谢克教授大学医院。他们乘的是敞篷车，途中朵拉一直用身体护着他，给他遮风挡雨。在大学医院住的一星期是一种折磨。尽管有朋友出面打招呼，医生还是不肯让他住单人病房。对他而言，卡夫卡只是大病房里的"十二床"。有一晚，卡夫卡看着邻床的病人断气。他说："他是被他们害死的。"照一个女护士的说法，他的喉咙是一个"巫婆的小锅子"。他说自己"无缘无故地哭泣"。面对医生粗暴的自负，朵拉就去向克洛普施托克求援，因为她得到允许，可以在每天下午开始时去见病人。于是这位忠心耿耿的朋友就扔下医学课，匆匆赶来。直到最后一刻，他都守在弗兰茨身边，悉心照料，让他觉得自己"就像在守护天使怀里，非常安全"。朵拉和克洛普施托克决定让卡夫卡离开这个不吉利的地方。4月20日，他们把他送到维也纳乡间的基尔林村，住进霍夫曼博士的疗养院。卡夫卡进过那么多疗养院,在这最后一家疗养院里,他感受到临终的幸福。尽管病痛难忍,可是有朵拉日夜守护身边,他还是感到满足。

这座小疗养院坐落在一大片树林当中。朵拉为卡夫卡争取到了一间漂亮的房间。阳台朝南,对着一片郁郁葱葱的绿地。他常在阳台上晒太阳。在写给弗兰茨父母的一封信里,朵拉带着明显受他影响的迷人笔调,提到山谷里升起像香膏一样"馥郁醉人的气味"。一个可以让人惬意地辞世的美好春天。卡夫卡的喉咙剧痛不止,注射止痛剂也不起作用,几乎无法进食、饮水、说话。医生无能为力,爱莫能助,只能让他多挨几日,示意朵拉带他回家。可是朵拉断然拒绝。即便在这里用尽所有方法,药石无效,回天乏力,卡夫卡也不会回布拉格等死。也许是朵拉促使医生说了善意的谎言:他假装在病人身上观察到"全面的好转",使得弗兰茨快乐得要哭。尽管他对这个结果"将信将疑",还是感到"莫大的安慰",卡夫卡在给父母亲的信里这样说。照马克斯·勃罗德的证言,卡夫卡告诉朵拉,他从未这样强烈地希望活着。他像个模范病人,极力强迫自己接受那些无用的处方。"他想活下去,"勃罗德强调说,"要是早点遇到朵拉,我相信他的求生意志一定能够占上风。"这位朋友也许有点盲目乐观。卡夫卡明白自己的病况,知道"一切完了,除非出现奇迹"。他用便条来与朵拉或者克洛普施托克进行交谈,免得发声费力。在一张便条上,他这样写道:"我们总是谈论我的喉咙,好像症状只可能好转,可这不是真的。"朵拉出现得并不太晚:她来得正是时候,帮助他告别人世。卡夫卡在1914年发现了支配自己生命的"基本规律":他渴求的东西都能得到,但"几乎总是在最后一刻","虽不太晚,但差不多太晚","在心脏的最后几搏中"才得到。朵拉的在场验证了这条规律。朵拉,最后的也是最温柔的安慰天使,卡夫卡求她:"把手放在我额头上,给我勇气和力量。"

在基尔林,朵拉和克洛普施托克一刻也不离病榻。卡夫卡在写给父母的信里说:"没有他们的照料,真不知我会变成什么样子。这是一种在远方无法想象的帮助。"尽管觉得痛苦,卡夫卡还是与他俩一起分享自己最后的幸福和"短暂的欢乐时光"。他们给他带来草莓和樱桃,卡夫卡把它们拿到鼻子下贪婪地嗅着,它们的香气成了他的快乐。可是他吞咽是那么困难,即使是酸奶或者果泥也无法入喉,吃似乎成了他一种"艰难而又无用的努力"。渴则更让他难受。他吃得很少,进食时饮几滴啤酒或者托考伊葡萄酒,但是解渴却是痴心妄想。由于自己不能"冒险大口饮水,就只能看着朋友喝来让自己获得痛快之感"。在亲笔写给父母,或者由朵拉按他的口述给他们写的信里,渴让他回忆起一些童年往事:他真想像从前去游泳时那样,与父亲喝上一大杯啤酒。现在,他能够美化过去了,同时他劝阻父母前来探视,因为他向他们隐瞒了自己的病情。而克洛普施托克则从另一方面提醒他们当心,他们的探视对儿子可能是件

"可怕的事情"。于是他们放弃了动身的打算。就连奥特拉似乎也没来基尔林。只有马克斯5月中旬来过一次。最后一次忧伤的会面,弗兰茨抱怨自己"这么可怜,让人扫兴"。韦费尔[1]前来探望,被请求少开口说话。他寄来自己新出的长篇小说,卡夫卡试着阅读,"速度极为缓慢"。

这部大书太重了,病人一则捧不起,二则也拾不起阅读的兴致。韦费尔想象,1883年,威尔第的荣誉蒙受了一道阴影,只好在威尼斯游荡,而瓦格纳却在那里大出风头,享尽荣华,然后突然去世。卡夫卡阅读的最后一部作品,故事发生的时间竟是他出生的那一年,这难道不是一个信号?两个巨人失之交臂的故事。这部《威尔第》是一首献给意大利音乐的颂歌,在卡夫卡眼里,亦肯定是对创作的一种浪漫思考。在这部与《女歌手约瑟芬或耗子民族》相反的"歌剧传奇"里,最牵动他情思的也许是威尼斯,因为它唤醒了他的旅行回忆:"年轻时,我去过威尼斯、里瓦、德森扎洛。"他在一张手谈的便条上写道。飘忽不定的回忆,里面浮出卡尔斯巴德附近"一座美丽的林中小村庄"。菲莉斯像一道影子一飘而过:"有一次我本该陪她去波罗的海(与一个女友一起),但是我不好意思,因为我太瘦。"往事都回想起来了:去过的地方,认识的年轻姑娘。当朵拉不再给他重读歌德的诗歌时,他就一边翻阅一部名叫《在永恒的

---

[1] 弗兰茨·韦费尔(Franz Werfel, 1890—1945),小说家、剧作家、诗人。1924年4月出版《威尔第》,确立其小说家声誉。

春之岛》的游记,一边展开遐想。"我眼睛的自然状态是闭合的,"他在给马克斯的信里说,"可是把玩书籍本子让我快乐。"他一时忘记了抚弄书卷,说出这句并非编造的话:"永恒的春天在哪里?"它在别处,在加尔达湖岸边,在魏玛的花园里。那里奔跑着一个年轻姑娘。它在这里,在窗边,甚至在朵拉饰满鲜花的这间卧室里。

对那些鲜花的怜悯。一如弗兰茨,它们也死于干渴。看到它们"那样干渴",他就要朵拉摘掉叶子,剪短花茎,好让它们直插瓶底,"汲取更多的水分",尤其是芍药,"是那么娇嫩"。从前,他经常对菲莉斯说,在花丛中,觉得自己是"局外人"。在他看来,这种冷漠与缺乏音乐爱好有关。现在,看到花儿枯萎,他感到不安,明白这些朋友是在关注他的末日。他们一起祈求再活一段时间。他的目光再次触及朵拉亲手扎成的花束。"耧斗菜颜色太艳",与别的花搭配在一起不协调,他注意到,"英国山楂花缩得太进去了"。基尔林的病房里有一束丁香,花茎插在透明的瓶子里,花朵像白雪一样开在瓶口。在我们看来,它就像马奈在病床上画的那束丁香。静观着花儿鲜活的、喘息的肌体,而不是那些死气沉沉的静物:"丁香很奇妙,不是吗?死的时候还要饮水,还要让自己陶醉。"为失去的春天陶醉:"昨晚还有蜜蜂在叮白丁香。"蜜蜂的亲抚就是年轻姑娘的亲抚。他留心每个信号:鸟儿飞进房间是来报告什么信息?朵拉浑身打颤。好几夜来,总有一只猫头鹰在弗兰茨的窗前出现。对这另类的警报怎么看待？马克斯·勃罗德来探望的时候，听他们说了这件事情，照他的说法，卡夫卡准备与朵拉结婚。弗兰茨写信给朵拉的父亲求婚，朵拉的父亲则把这件事交给一位拉比处理。拉比一声不吭，摇了摇头，不同意在男方临死时完成这么一件大事。在基尔林秘密拟订的这个计划有什么意义？只是最后一次结婚的尝试。通过否认死亡，他们莫非希望出现奇迹？卡夫卡希望在死亡时实现从不曾实现的愿望？对热情的朵拉来说，婚约也许具有绝对意义，她没准会跟着丈夫步入坟墓。一具兼作"婚床"的棺材：我们不要忘记卡夫卡对克莱斯特那个举动的痴迷。爱情与文学混合在同一种疯狂之中。

卡夫卡一生是凄伤的，它的终结却超出了凄伤。它以某种方式放射出光辉。6月2日，星期一，去世前夕，卡夫卡在病榻上改正最后一部作品集的清样。他同意把这部集子拿来出版，是为了有助于付清疗养院的高昂费用。《女歌手约瑟芬或耗子民族》就收在这个集子里。书名借用的是集内一篇叙述性作品的标题：《饥饿艺术家》。对于这个饿得要死的人来说，这是多么残酷的书名。在这篇作品末尾，我们困惑地注意到，那个身居囚笼在街头卖艺、为众人所抛弃的禁食者被一头年轻美丽的豹子所取代，似乎生命取得了胜利。在重写这几页之前，卡夫卡曾在一张小纸片上草草写下这句话："这也许会让我过于激动，然而我还是要再度体验一回。"正如布朗肖所强调的，"很少有人像卡夫卡这样写到临终的情形"。克洛普施托克叙述,卡夫卡看完校样,泪水久久地在脸上流淌。卡夫卡为什么流泪?为他至死仍在写作。十年前,在日记里,他认为自己"能够心满意足地"躺在灵床上。但他又补上一句,"假设痛苦不过于剧烈的话"。写作的恩典,在写作中死去的作家缓缓寂灭。卡夫卡在1914年就曾指出:"我最好的作品,都得自这种态度:要死而无憾。"并且认为,在那些"最成功"的段落,"都有一个人死亡":"那些描写其实都是游戏,因为我用垂死人物经历的死亡来让自己消遣。"他像别人梦想生一样梦想死,总感觉死亡的承诺陪伴着自己,在年轻姑娘的眼睛中看出死亡的邀请。不过所有这些变化、排练、准备都还不是死亡,而是写作。然而今日他不再游戏了:他已经用了一生来观看自己死亡,这回是要"真"死了,就像孩子们说的那样。

星期二凌晨,将近四点光景,朵拉被弗兰茨沉重的呼吸惊醒,赶紧唤来克洛普施托克。1924年6月3日,庄严的时刻来临了。朵拉有张天使的面孔,克洛普施托克却换上了一副魔鬼的面孔。"你在折磨我,你总是在折磨我。"卡夫卡在剧痛之中,总是急切地要求朋友给他注射吗啡。"杀死我吧,不然,你就是折磨我的刽子手。"在挣扎中,他推开女护士,一把夺过呼吸导管,扔得远远的。打针以后,要过很久才能让他平静下来。"艾莉,别靠这么近。"他对托着他的头的克洛普施托克小声说,误把他当作妹妹,生怕她受到传染。克洛普施托克打算离开一会儿,去清洗注射器。"您别走。"他对朋友说。"我不会离开的。"

克洛普施托克说。而卡夫卡接住话头说："可我却要离开了。"

1918年，卡夫卡在日记里写道："一个人去世以后，一时间会形成一种专门的善意的沉寂：即使是在尘世，在与死者有关的事情上，一种世俗的活动停止了，再也看不到垂死咽气的情形；一个错误似乎得到了清除，即使对活人，这也是一个缓气的机会：这也解释了人们为什么要打开死者房间的窗户——直到这一切显示出只是一种表象，痛苦与哀号开始的时刻。"

弗兰茨的遗体停放在疗养院的小教堂里面。朵拉不忍离开。不要扔下他呀，他是"这样孤单"，她一声又一声地呼喊。她守在卡夫卡身边，一如昨日在柏林，在他伏案写作的时候，一如不到一年前在米里茨沙滩上。保护他不受幽灵扰乱。守灵之后，朵拉迷迷糊糊地打了一会儿盹，克洛普施托克听见她在梦中喃喃地唤着弗兰茨的名字。"他虽然孤单，可是认识了朵拉，他就知道什么是爱情了。"克洛普施托克写信对马克斯·勃罗德说。

照克洛普施托克的说法，卡夫卡是孤单的。他生就一副严肃的面孔，可是温雅的性格揭去了这个面罩。他现在成了"死人的宾客"，与他1920年写的一个人物一样了。在那年的一个作品片断里，他描写了那个人物在教堂地下室的奇遇。他可以与她再次相见了，她，一个有着所有年轻姑娘面孔的陌生女人。死亡的面孔欢迎他。让我们重读这篇作品吧。下到教堂地下室里。那里停放着许多棺木，有两具是打开的，呈现着"刚刚离开的床铺的凌乱情形"。客人在这里遇到一个假装扫地的侍女。她披着一块头巾,把它扯下来一看,原来是一个从前认识的年轻姑娘。姑娘似乎在演戏,嘻嘻笑着,看他冒险深入此地。"您打算跟我们待在一起?"她问。他答:"为了您,我没准情愿留下来。"他们一起在地下室里散步,"紧紧地挽着,就像一对情侣"。姑娘恳求他别走。"我是那样盼望您来。"她说,伸手指着她的棺材。那是一具年轻姑娘的棺材,里面铺着绣了花边的美丽垫褥。她坐到里面,用目光邀请他进去会合。客人抚弄着姑娘"丝一般光滑的浓发"。就到留在她身边的时刻了吗?死亡,一个穿着破衣烂衫,拿着巫婆扫帚的年轻姑娘:莫非它长着最后一个引诱者的面孔?死亡也是一出戏。

卡夫卡认为后人的评价要比当代人正确。因为人只在死亡的孤独中才成为自我。他在 1920 年的日记中写道:"死亡状态之于一般人,就像周六傍晚之于烟囱工,他们在那个时刻洗去身上的烟炱。"密伦娜提前作出了评价,她在 6 月 7 日的布拉格《民族报》上宣布了这个几乎无名的作家的死讯。"他受世界惊吓,满怀真理,独自走他的路去了。"密伦娜写道,他的"身体虚弱得几乎令人难以置信,精神却讲究得几乎让人害怕"。他为人"腼腆、不安、温和而善良,可是写的作品却是残酷无情,让人痛苦。他看见世界上充满看不见的魔鬼,看见他们在撕裂和消灭没有防备的人。他过于清醒,过于明智,以至于无法在此世生存……"密伦娜的文章给卡夫卡在德语文学中谋得了应得的一席之地——由她来签发这张"通往永恒的护照",也确实是一件美事。

一个住满少女的永恒世界。和6月11日一样明媚的少女。那天下午,众多少女簇拥着朵拉,就像群蜂围护着蜂王,把卡夫卡一直送到布拉格的犹太人新公墓。几年以后,卡夫卡的父母也安葬在那里,与早逝的儿子做伴。我们且在这个墓园作最后一次散步,把一束由少女们扎成的鲜花献在他墓前,向他永诀。除了书中提到的这些姑娘,让我们把所有陌生的,但一直记着卡夫卡的目光某日曾在她们身上停留过的姑娘加进来。她们悄悄地组成了一个悲伤的唱诗班。在墓坑边上,我们看见了羞怯的赫尔米娜,在舍莱森的阳台上,她曾让他复诵一篇希伯来语课文。他斥责她,因为她想杀死一只在他长椅上方翻飞的蝙蝠。也许还有安娜,邻家那个溜进电梯的十二岁小女孩。她现在长大了。趁电梯在两层楼之间滑行的时间,他问她读了什么书。有特鲁德,他曾带着十四岁的她去看《卡门》。那天,他送给她一本《沉思》,还在上面题词,说这本书是用大号字印的,算得上是儿童读物。奈莉,特鲁德的妹妹,记起有次在马里昂巴德偶然相遇,卡夫卡为她系紧连衣裙腰带的事。尤其是她没有忘记,有次散步,两姐妹吵架了,事后她收到卡夫卡写的一封四页纸的长信。她忘不了失去长信的痛苦,因为她知道,再也收不到这样的信了。她们是那么悲伤,就是再过三十年,也完全可以像朵拉一样说:"弗兰茨是最善于说话和做事的人。"

恐怖盯着她们中间的大多数，如卡夫卡的几个妹妹：艾莉、瓦莉、奥特拉，她们和密伦娜一样，死在纳粹的集中营里。他未能保护她们免遭恐怖的迫害。还是让我们怜悯这些牺牲了的年轻姑娘吧：这些影子几乎总是穿着夏季的白裙，稍低着头，若有所思地望着镜头。

在布拉格公墓，拜谒者络绎不绝：今日，又有一个少女，持一册弗兰茨·卡夫卡的作品在手，在他的墓上放上一块石子[1]。

---

1 犹太民族有在墓碑上摆放象征永恒的石子来寄托哀思的习俗。

什么是爱？这其实很简单。
凡是提高、充实、丰富我们的生活的东西就是爱。
通向一切高度和深度的东西就是爱。
——弗兰茨·卡夫卡

一页 folio

始于一页，抵达世界
Humanities · History · Literature · Arts

出品人	范新 柳漾
策划编辑	恰恰
特约编辑	苏骏
校对	周杨
版权总监	吴攀君
印制总监	刘玲玲
装帧设计	山川 at 山川制本 workshop
内文制作	陆靓

Folio (Beijing) Culture & Media Co., Ltd.
Bldg. 16-B, Jingyuan Art Center,
Chaoyang, Beijing, China 100124

一页 folio
微信公众号

官方微博：@一页 folio ｜ 官方豆瓣：一页 folio ｜ 联系我们：rights@foliobook.com.cn

图书在版编目（CIP）数据

卡夫卡与少女们 /（法）达尼埃尔·德马尔凯著；管筱明译. -- 北京：北京联合出版公司, 2019.11
ISBN 978-7-5596-3476-4

Ⅰ. ①卡… Ⅱ. ①达… ②管… Ⅲ. ①卡夫卡 (Kafka, Franz 1883-1924) —传记 Ⅳ. ① K835.215.6

中国版本图书馆 CIP 数据核字 (2019) 第 154307 号

© Éditions Pygmalion, 2002 (department of Flammarion).
Simplified Chinese edition copyright
© 2019 Folio (Beijing) Culture & Media Co., Ltd.
All Rights Reserved

卡夫卡与少女们
Kafka et les jeunes filles

作　　者	（法）达尼埃尔·德马尔凯
译　　者	管筱明
责任编辑	李　红　　徐　樟
特约编辑	苏　骏
装帧设计	山川 at 山川制本 workshop

出　　版	北京联合出版公司出版
	北京市西城区德外大街 83 号楼 9 层 100088
发　　行	北京联合天畅发行公司
印　　刷	北京盛通印刷股份有限公司印刷
经　　销	全国新华书店经销
开　　本	880 mm × 1 240 mm　1/32
印　　张	12.25
字　　数	235 千字
版　　次	2019 年 11 月第 1 版　2019 年 11 月第 1 次印刷
ＩＳＢＮ	978-7-5596-3476-4
定　　价	68.00 元

版权所有，侵权必究
本书若有质量问题，请与本公司图书销售中心联系调换
电话：64258472-800

Daniel Desmarquest

跟着姑娘走，就是去受刑。
她是一种劝说，
劝他接受心里经常惧怕的命运。

在被剥夺幸福权利的人那里，
一具肉体是最后的救生浮筒，
性是一切。